Erfolgreich studieren mit Soft Skills

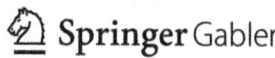

springer-gabler.de

Studienwissen kompakt:
Die neue Lehrbuchreihe für alle Studiengebiete der Wirtschaft!

Opresnik et al.
Allgemeine Betriebswirtschaftslehre
2. Aufl. Brosch. € (D) 14,99 |
€ (A) 15,41 | * sFr 19,00
ISBN 978-3-662-44326-2

Holzmann
Wirtschaftsethik
Brosch. ca. € (D) 14,99 |
€ (A) 15,41 | * sFr 19,00
ISBN 978-3-658-06820-2

Arndt
Logistikmanagement
Brosch. € (D) 14,99 |
€ (A) 15,41 | * sFr 19,00
ISBN 978-3-658-07211-7

Franken
Personal: Diversity Management
Brosch. € (D) 14,99 |
€ (A) 15,41 | * sFr 19,00
ISBN 978-3-658-06796-0

Egner
Internationale Steuerlehre
Brosch. ca. € (D) 14,99 |
€ (A) 15,41 | * sFr 19,00
ISBN 978-3-658-07350-3

€ (D) sind gebundene Ladenpreise in Deutschland und enthalten 7% MwSt. € (A) sind gebundene Ladenpreise in Österreich und enthalten 10% MwSt.
Die mit * gekennzeichneten Preise sind unverbindliche Preisempfehlungen und enthalten die landesübliche MwSt. Preisänderungen und Irrtümer vorbehalten.

Jetzt bestellen: springer-gabler.de

Andrea Hüttmann

Erfolgreich studieren mit Soft Skills

Die eigene Persönlichkeit wirkungsvoll stärken

Andrea Hüttmann
Fachbereich Communication Skills
accadis Hochschule Bad Homburg
Bad Homburg
Deutschland

ISBN 978-3-658-09969-5   ISBN 978-3-658-09970-1 (eBook)
DOI 10.1007/978-3-658-09970-1

Die Deutsche Nationalbibliothek verzeichnet diese Publikation in der Deutschen Nationalbibliografie;
detaillierte bibliografische Daten sind im Internet über http://dnb.d-nb.de abrufbar.

Springer Gabler
© Springer Fachmedien Wiesbaden 2016
Das Werk einschließlich aller seiner Teile ist urheberrechtlich geschützt. Jede Verwertung, die nicht ausdrücklich vom Urheberrechtsgesetz zugelassen ist, bedarf der vorherigen Zustimmung des Verlags. Das gilt insbesondere für Vervielfältigungen, Bearbeitungen, Übersetzungen, Mikroverfilmungen und die Einspeicherung und Verarbeitung in elektronischen Systemen.
Die Wiedergabe von Gebrauchsnamen, Handelsnamen, Warenbezeichnungen usw. in diesem Werk berechtigt auch ohne besondere Kennzeichnung nicht zu der Annahme, dass solche Namen im Sinne der Warenzeichen- und Markenschutz-Gesetzgebung als frei zu betrachten wären und daher von jedermann benutzt werden dürften.
Der Verlag, die Autoren und die Herausgeber gehen davon aus, dass die Angaben und Informationen in diesem Werk zum Zeitpunkt der Veröffentlichung vollständig und korrekt sind. Weder der Verlag noch die Autoren oder die Herausgeber übernehmen, ausdrücklich oder implizit, Gewähr für den Inhalt des Werkes, etwaige Fehler oder Äußerungen.

Gedruckt auf säurefreiem und chlorfrei gebleichtem Papier

Springer Fachmedien Wiesbaden ist Teil der Fachverlagsgruppe Springer Science+Business Media
(www.springer.com)

*„Wenn es jemanden gibt, und sei er auch
ganz allein,
der es wagt, in Übereinstimmung mit
seinen Vorstellungen und Grundsätzen
zu leben,
dann werden viele andere Mut
bekommen
und ein wenig von ihrer Würde
wiederfinden."*

Für Stephan, Jan-Niklas und Nils-Lasse

Vorwort

Mit einem Hochschulabschluss in der Tasche haben Sie gute Karten: In Deutschland etwa waren im Jahr 2013 nur 2,5 % aller Akademiker erwerbslos – unter Arbeitsmarkt-Statistikern gilt dies als Vollbeschäftigung (vgl. Bundesagentur für Arbeit 2013, S. 18). Wenn Akademiker erwerbslos sind, so sind dies 50 % von ihnen weniger als drei Monate (vgl. Bundesagentur für Arbeit 2013, S. 21). Im Laufe ihres Arbeitslebens verdienen Studierte durchschnittlich 2,7 Mal mehr als Menschen ohne Berufsausbildung (vgl. Fehling 2014). Akademiker haben weitaus seltener zeitlich befristete Arbeitsverhältnisse als Nicht-Akademiker (vgl. Bundesagentur für Arbeit 2013, S. 16) und zwei Drittel der über 60- bis 64-Jährigen, die noch in Lohn und Arbeit stehen, erwarben einst einen Hochschulabschluss (bei den Erwerbstätigen ohne Berufsabschluss ist in dieser Altersklasse nur noch jeder vierte berufstätig) (vgl. Middelhoff et.al. 2014). Es lohnt sich also in vielerlei Hinsicht zu studieren.

Dennoch liegt Deutschland mit einer Studierendenquote von 46 % im OECD-Durchschnitt noch recht weit hinten (vgl. Wolter 2014). Dennoch bricht jeder dritte Universitäts- und jeder vierte Fachhochschulstudent in Deutschland sein Studium ab (vgl. Haerdle 2014). Hochschulen und Kultusministerien suchen händeringend nach den Gründen für die immer noch viel zu hohe Abbrecherquote, sind bisher aber noch keiner eindeutigen Ursache auf der Spur. Wählen viele Einsteiger schlicht den falschen Studiengang und brechen dann ab, weil die Realität nicht mit ihren Erwartungen übereinstimmt? (Bei einer Anzahl von 16.082 registrierten Studiengängen im Wintersemester 2012/2013 deutschlandweit wäre das nicht weiter verwunderlich [vgl. Leutloff 2013]). Kommen viele Studierende nicht mit der Anonymität der großen Hochschulen zurecht? Kapitulieren sie im Angesicht von Stofffülle und mangelnder Hilfestellung? Studien zufolge leidet jeder siebte Studierende unter depressiven Verstimmungen, viel zu viele greifen gar zu Psychopharmaka, fühlen sich überfordert und massiv unter Druck (vgl. Trenkamp 2011). Kein Wunder, dass der ein oder andere da die Flügel streicht.

Mit dem vorliegenden Buch habe ich vor dem beschriebenen Hintergrund drei Ziele im Visier: Erstens möchte ich viele junge Menschen dazu ermutigen, ein Studium zu beginnen. Ich bin der festen Überzeugung, dass sehr viele Erfahrungen und Fähigkeiten, die wir im Laufe eines Studiums machen bzw. erwerben, von größtem Nutzen für unser gesamtes Leben sind. Ich bin zudem ganz sicher, dass die Investition in Bildung (und zwar nicht nur die monetäre Investition, sondern auch die zeitliche und die energetische) in der aktuell so unsicheren und sich so rasant verändernden Welt mehr Sinn macht als alles andere. Zweitens möchte ich zweifelnde Studierende dazu bewegen, entgegen negativer Zwischenstimmungen am Projekt Studienabschluss dranzubleiben und es vielleicht noch einmal unter anderen gedanklichen Voraussetzungen zu versuchen. Drittens schließlich würde ich gerne dazu beitragen, dass zaudernde Studenten wieder sicher, unglückliche wieder zufrieden und geplagte wieder ausgeglichen werden.

Hochschulen sind oft nicht durchschaubare Gebilde, in denen hohe Ansprüche verkündet werden, aber wenig Transparenz herrscht. In Hochschulen wird häufig eine Sprache gesprochen, die nur wenige auf Anhieb verstehen. Durch Hochschulen weht nicht selten eine nebulöse Aura und ein Wind der Wichtigtuerei. Wer sich davon beeindrucken und passiv treiben lässt, wird nicht glücklich und kommt nicht zurecht. Wer eine Hochschule erhobenen Hauptes und mit Abschlusszeugnis in der Hand verlassen will, der darf sich nicht einschüchtern lassen, der muss mutig seinen eigenen Weg gehen, der muss sicher Entscheidungen treffen, der muss Persönlichkeit zeigen, der muss bereit sein zu lernen und zu wachsen – und genau dann wird er beginnen, die Hochschule zu lieben …

Sind Sie neugierig geworden? Dann kommen Sie mit! Stärken Sie Ihre Persönlichkeit und bilden Ihre Soft Skills aus, denn diese tragen neben Ihrem Intellekt zu einem Großteil dazu bei, ob Sie Ihr Studium schaffen oder nicht, ob Sie die Noten bekommen, die Sie anstreben, ob Sie eine unvergessliche Zeit verbringen oder nicht. Die meisten Studierenden scheitern nicht an der Begrenztheit ihres Verstandes, sondern als Folge ihrer ineffektiven Verhaltensweisen, also in Ermangelung von Soft Skills im Lebensgepäck. Lernen Sie also, sich so zu verhalten, dass Sie Ihre Ziele erreichen. Studieren Sie so, dass Ihnen Ihr Studium Freude bereitet und Sie einen ordentlichen Abschluss hinbekommen. Ich zeige Ihnen, wie das geht!

Literatur

Bundesagentur für Arbeit (2013) Gute Bildung – gute Chancen, Der Arbeitsmarkt für Akademikerinnen und Akademiker in Deutschland. Nürnberg. http://statistik.arbeitsagentur.de/Statischer-Content/Arbeitsmarktberichte/Akademiker/generische-Publikationen/Broschuere-Akademiker-2013.pdf. Zugegriffen: 15.03.2015

Fehling, J (2014) Lehre, Abitur, Studium – Mit diesen Abschlüssen ist der Weg zur Million frei. Focus online. http://www.focus.de/finanzen/karriere/ausbildung-abitur-studium-lebenseinkommen-im-vergleich-mit-einem-studium-ist-der-weg-zur-millionen-frei_id_3573693.html. Zugegriffen: 15.03.2015

Haerdle, B (2014) Rätselhafte Studienabbrecher: Plötzlich waren sie nicht mehr da. http://www.spiegel.de/unispiegel/studium/studienabbrecher-in-der-statistik-wie-viele-bleiben-a-988295.html. Zugegriffen: 16.03.2015

Leutloff, J (2013) (Leitung Redaktion) http://www.hauptsache-bildung.de/2013/bachelor-und-master-studium-anzahl-der-studiengaenge-in-deutschland-im-wintersemester-201213/. Zugegriffen: 07.02.2015

Middelhoff, P/ Schmergal, C/ Schrep, B (2014) Im Unruhestand. http://www.spiegel.de/spiegel/print/d-127078968.html. Zugegriffen: 26.01.2015

Wolter, A (2014) Eigendynamik und Irreversibilität der Hochschulexpansion. Die Entwicklung der Beteiligung an Hochschulbildung in Deutschland. http://www.boeckler.de/impuls_2014_07_4-5.pdf. Zugegriffen: 07.02.2015

Trenkamp, O (2011) Ausgebrannte Studenten – Lost in Perfection. http://www.spiegel.de/unispiegel/studium/ausgebrannte-studenten-lost-in-perfection-a-741692.html. Zugegriffen: 07.02.2015

Danksagung

Sehr herzlich bedanken möchte ich mich bei „meiner" Lektorin Ulrike Lörcher, die mich im Vorfeld zu meinem Buchprojekt immer wieder kontaktierte und mich zu meinem Vorhaben ermutigte. Auch während des Arbeitens stand sie mir mit Rat und Tat zur Seite und half mir mit wertvollen Tipps weiter. Liebe Frau Lörcher, ich weiß Ihre ruhige und lösungsorientierte Art sehr zu schätzen, und es tat sehr gut, mich von Ihnen unterstützt zu wissen.

Bedanken möchte ich mich darüber hinaus bei meiner Chefin, Gerda Meinl-Kexel, geschäftsführende Gesellschafterin der accadis Hochschule Bad Homburg. Sie hat von Beginn unserer Zusammenarbeit vor neun Jahren sehr viel Vertrauen in mich gesetzt, an mich geglaubt, mich an herausfordernden Aufgaben wachsen lassen und mir den Rahmen gewährt, den ich mir für das Arbeiten an der Hochschule gewünscht habe. Liebe Frau Meinl, ich genieße unser vertrauensvolles Zusammenarbeiten und bin Ihnen sehr dankbar dafür, dass Sie mir stets eine Plattform „gebaut" haben, auf der ich wachsen durfte. Vielen Dank!

Dankbar bin ich darüber hinaus „meinen" Studierenden und „meinen" Coachees. Es ist für mich ein Geschenk, dass Sie sich immer wieder vertrauensvoll an mich wenden, sehr private Geschichten und Anliegen in meine Hände legen und die Dinge, die wir gemeinsam erarbeiten, mit viel Mut und Zuversicht umsetzen. Die Gespräche mit Ihnen gehören zu den wirklichen Highlights in meinem Arbeitsleben, und es gibt für mich (fast) nichts Schöneres, als zu erleben, wie Sie einen anderen, einen für sich besseren Umgang mit den Dingen, die Sie beschäftigen, finden. Vielen herzlichen Dank auch an alle, die Beiträge zu meinem Buch geliefert haben und dazu bereit waren, sich als Urheber der zum Teil sehr privaten Geschichten zu erkennen zu geben.

Zuletzt und am allermeisten möchte ich meinem Mann Stephan und unseren Söhnen Jan-Niklas und Nils-Lasse danken. Lieber Stephan, vielen Dank, dass Du mich in meiner Berufstätigkeit immer unterstützt und gestärkt sowie an mich geglaubt hast. Viel bedeutsamer allerdings ist die Liebe und Geborgenheit, die Du mir gibst. Ich bin zur richtigen Zeit am richtigen Ort ... Lieber Jan-Niklas, lieber Nils-Lasse, ich danke Euch von Herzen, dass Ihr da seid. Euch bei mir zu wissen ist eine unendliche Bereicherung und ich bin sehr stolz auf Euch. Danke, dass Ihr meist Verständnis für meine Arbeit habt und mich irgendwie immer habt spüren lassen, dass Ihr auch ein bisschen stolz auf mich seid.

Inhaltsverzeichnis

1	**Einleitung**	1
	1.1 Wie Sie dieses Buch lesen sollten	1
	1.2 Aus meiner beruflichen Praxis	2
	1.3 Was sind Soft Skills?	6
	1.3.1 Mein Soft-Skill-Modell	7
	1.3.2 Worin liegt das Potenzial von Soft Skills?	11
	1.3.3 Wann und wie lernen wir Soft Skills?	14
	Literatur	21
2	**Die Kunst, sich selbst zu führen**	23
	2.1 Erkenne dich selbst	23
	2.1.1 Stärke deine Stärken	24
	2.1.2 Nimm deine Schwächen unter die Lupe	30
	2.1.3 Was für ein Typ bist du?	36
	2.1.4 Erkenne deine Bedürfnisse	42
	2.1.5 Lerne aus Rückmeldungen	46
	2.1.6 Überwinde deine Ängste	54
	2.1.7 Räume dein Mind-Set auf	58
	2.2 Mache dir ein Bild von deiner Zukunft	63
	2.2.1 Gestalte deine persönliche Vision	65
	2.2.2 Brich deine Vision in Etappenziele auf	71
	2.2.3 Übe dich im Adlerblick	73
	2.3 Agiere unabhängig und eigenverantwortlich	75
	2.3.1 Triff deine Entscheidungen alleine	76
	2.3.2 Sei ehrlich mit dir selbst	79
	2.3.3 Mache dich frei vom Urteil anderer	83
	2.3.4 Du bist dein Maßstab	86

		2.3.5	Da wo du bist, da willst du sein	90
		2.3.6	Gestalte dein Leben pro-aktiv	94
	2.4	Sorge gut für dich		98
		2.4.1	Ernähre dich vernünftig	99
		2.4.2	Höre auf zu rauchen oder fange es niemals an	100
		2.4.3	Bewege dich	101
		2.4.4	Schaffe Raum und Zeit für Ausgleich	103
		2.4.5	Übernimm Verantwortung im Straßenverkehr	103
		2.4.6	Umgib dich mit Menschen, die dir guttun	105
	Literatur			108
3	**Die Kunst zu kooperieren**			**111**
	3.1	Wertschätze das Andere		111
		3.1.1	Jeder verdient Respekt	112
		3.1.2	Jeder trägt seine individuelle Brille	116
		3.1.3	Die Menschen sind verschieden und das ist gut so	122
	3.2	Gestalte deine Beziehungen aktiv		126
		3.2.1	Erkenne deinen Anteil an Beziehungsgefügen	127
		3.2.2	Kommuniziere konstruktiv	131
		3.2.3	Mache Frieden mit deinen Feinden	140
	Literatur			143
4	**Studentische Kompetenzen**			**145**
	4.1	Studentische Selbstführungskompetenzen		145
		4.1.1	Sage ja zu deinem Studienfach	145
		4.1.2	Begegne der neu gewonnenen Freiheit mit Selbstverantwortung	151
		4.1.3	Lerne zu lernen	157
		4.1.4	Besiege lästige Begleiterscheinungen	169
		4.1.5	Nutze den Gestaltungsspielraum in Prüfungssituationen	181
		4.1.6	Erweitere deinen Horizont	187
	4.2	Studentische Kooperationskompetenzen		191
		4.2.1	Suche dir passende Wegbegleiter	191
		4.2.2	Knüpfe Kontakte zu Lehrenden und „Gatekeepern"	195
		4.2.3	Bekenne Farbe im Miteinander	199
		4.2.4	Schnuppere in das echte Leben	208
		4.2.5	Bewirb dich Erfolg versprechend	209
	Literatur			217

**5 Die wichtigsten Lebensprinzipien – Was du sonst noch
über das Leben wissen solltest** 219

Glossar 225

Literatur 229

Über die Autorin

Prof. Dr. phil. Andrea Hüttmann studierte an der Justus-Liebig-Universität Gießen und der Oxford Brookes University Anglistik, Hispanistik, Lusitanistik sowie Betriebswirtschaftslehre. Als wissenschaftliche Mitarbeiterin lehrte und forschte sie fünf Jahre am Institut für Romanistik der Universität Gießen und am Consejo Superior de Investigaciones Científicas in Madrid und schrieb ihre Doktorarbeit über das zeitgenössische spanische Theater. Seit 2007 ist sie Professorin und Leiterin des Fachbereichs „Communication Skills" an der accadis Hochschule Bad Homburg sowie seit 2015 Leiterin der internen Hochschulkommunikation. Ihre Lehr- und Forschungsschwerpunkte liegen im Bereich der Soft Skills, der Persönlichkeitsentwicklung sowie der Human- und Unternehmenskommunikation. An der accadis Hochschule etablierte Andrea Hüttmann feste Coaching-Programme für die Studierenden, innerhalb derer diese Rat und Unterstützung bei Entwicklungsvorhaben, ihrer Karriereplanung oder persönlichen Fragestellungen ersuchen können. Die Programme werden zum Teil von der Hochschule über Stipendien finanziert, können aber auch individuell (übrigens auch von externen Studierenden) gebucht werden. Ein neues Coaching-Format an der accadis Hochschule ist das sogenannte *Coaching-to-go*, das die Studierenden zu festen Sprechzeiten kostenlos und spontan nutzen können. Darüber hinaus berät und begleitet Andrea Hüttmann (systemischer Coach und wingwave®-Coach, zertifiziert für die Motiv-Struktur-Analyse MSA®) Unternehmen und Privatpersonen (www.andrea-huettmann.de). Ihre Schwerpunkte in diesem Bereich liegen in der

Begleitung von professionellen Veränderungsvorhaben und Bewerbungsprozessen sowie in der Erhöhung der persönlichen Wirkkraft. Unternehmen berät sie in Fragen der Etablierung effektiver Kommunikationsstrukturen. Andrea Hüttmann lebt in Bad Homburg, ist verheiratet und hat zwei Söhne.

Einleitung 1

Zusammenfassung

In Kap. 1.1 gebe ich Ihnen zunächst einige Anregungen mit auf den Weg, wie Sie das vorliegende Buch am besten lesen sollten. Im Anschluss gewähre ich Ihnen Einblicke in meinen beruflichen Alltag und erkläre, warum sich hinter den klassischen Sorgen und Problemen von Studierenden in der Regel kein Mangel an intellektuellem, sondern eher an Soft-Skill-Potenzial verbirgt (Kap. 1.2). Anhand des von mir entwickelten Soft-Skill-Modells zeige ich Ihnen daraufhin, was Soft Skills eigentlich sind (Kap. 1.3.1) und über welches Potenzial sie verfügen (Kap. 1.3.2). Schließlich mache ich Sie damit vertraut, wann und wie Sie Ihr Soft-Skill-Repertoire idealerweise erweitern können (Kap. 1.3.3). Im Laufe des Gesamtkapitels werden Sie verstehen, warum das rein „kosmetische" Behandeln studentischer Fragestellungen, Sorgen und Nöte keinen Sinn macht und inwiefern sich mein Soft-Skill-Modell als Navigator für das Aufdecken der Ursachen Ihrer Anliegen und als Ansatzpunkt für deren Lösung anbietet.

1.1 Wie Sie dieses Buch lesen sollten

Das vorliegende Buch enthält eine Anleitung zum Ausbau und zur Stärkung Ihrer Persönlichkeit, deren „Besitz" Sie dazu befähigen wird, effektive Verhaltensweisen (Soft Skills) im Leben im Allgemeinen und im Studium im Besonderen zu entwickeln und anzuwenden. Nun können Sie sich vorstellen, dass der Ausbau einer Persönlichkeit kein Prozess ist, den Sie innerhalb einer Woche „abhaken" können, sondern der sich vielmehr als eine länger dauernde Angelegenheit darstellen wird. Aus meiner Erfahrung ist es durchaus möglich, innerhalb eines Jahres ein solides

Fundament für die Entwicklung Ihrer Persönlichkeit zu schaffen. Nehmen Sie sich also ein wenig Zeit für dieses wertvolle Projekt und erklären Sie mein Buch zu Ihrem Begleiter auf diesem Weg.

Welche Art des Lesens empfehle ich? Am besten Sie lesen das Buch einmal mehr oder weniger zügig durch und deponieren es dann an einem Ort, an dem Sie es immer wieder zwischendurch für ca. fünfzehn Minuten zur Hand nehmen und in Ausschnitten lesen können (also z. B. auf dem Nachttisch, neben der Toilette oder für die weiblichen Leser in der Handtasche). Nach dem ersten Durchlesen werden Sie die Grundidee verstanden, also die Samen für Ihre Entwicklung gesät haben. Nun gilt es, den Samen Zeit zum Wachsen und Gedeihen zu gewähren und ihnen Ihre liebevolle und aufmerksame Pflege zukommen zu lassen. Nehmen Sie das Buch also immer wieder zwischendurch zur Hand und lesen genau die Ausschnitte, die Ihnen gerade passend erscheinen. Tragen Sie zudem immer Ihr kleines Notizbüchlein bei sich (hierzu später mehr), damit Sie interessante und wertvolle Erkenntnisse jederzeit notieren können. Im Laufe der Zeit werden Sie so deutliche Veränderungen in Ihrem Erleben der Dinge und vor allem in Ihrem eigenen Auftreten und Handeln erleben. Seien Sie am Anfang nicht ungeduldig, wenn Sie nicht sofort konkrete Tipps zum Meistern Ihres Studiums erhalten. Das ist gewollt und beabsichtigt. Am Ende werden Sie sehen, wie die Dinge sich ineinanderfügen und Sie im Studium, aber auch in Ihrem Leben jenseits des Hörsaals und Seminarraums selbstbewusster auftreten und die Dinge für sich stimmiger gestalten können. Seien Sie zudem darauf gefasst, dass sich immer mal wieder ein innerer Widerstand regen wird. Auch das ist normal und gewollt. Ich werde Sie im Laufe des Buches häufig zum Umdenken und zum Hinterfragen Ihrer gewohnten Denk- und Verhaltensmuster auffordern. Das wird Ihnen nicht immer angemessen erscheinen und Sie manches Mal anstrengen. Portionieren Sie darum Ihre Lektüre-Einheiten und deuten Sie den sich meldenden inneren Widerstand als ein positives Signal. Wenn er sich zeigt, sind Sie an bedeutsamen Wendepunkten angelangt. Ich wünsche Ihnen viel Freude beim Lesen und Ausprobieren erster Schritte auf neuem Terrain!

1.2 Aus meiner beruflichen Praxis

Seit einigen Jahren betreue ich an meiner Hochschule Studierende auch als Coach. Pro Jahrgang wähle ich dabei bis zu sechs Studierende aus dem ersten Studienjahr aus, die ich jeweils über einen Zeitraum von fünfzehn Monaten begleite. Die Anliegen, mit denen sich die Kandidaten um das Coaching-Stipendium bewerben, ranken sich in der Regel um folgende Themengebiete:

1.2 Aus meiner beruflichen Praxis

- Mangelnde Disziplin
- Schwierigkeiten, effektiv zu lernen
- Unzufriedenheit mit den Prüfungsergebnissen
- Schlechtes Zeitmanagement
- Orientierungslosigkeit in Bezug auf berufliche Perspektiven
- Unsicherheit, ob das Studium das richtige ist
- Prüfungsangst, Blackouts während der Prüfung
- Rede- und/oder Präsentationsangst
- Mangelnde Kontaktfähigkeit
- Mangelnde Durchsetzungsstärke

Sorgen und Probleme also, die vielen von Ihnen bekannt sein dürften …

Über die Jahre konnte ich feststellen, dass wir, die Studierenden-**Coachees** und ich, in der Regel nach ein bis zwei Sitzungen bei einem ganz anderen Thema als ihrem ursprünglichen Startthema (z. B. Motivation oder Prüfungsangst) ankamen (für die Coaching-Praxis übrigens nichts Unübliches). Mir wurde so schnell klar, dass die meisten Schwierigkeiten von Studierenden sich nicht mit einfachen Tipps und Ratschlägen beheben lassen, sondern dass es immer wieder gilt, mit ihnen gemeinsam hinter die Kulissen zu blicken und den wahren Verursachern von lästigen Begleiterscheinungen auf den Grund zu gehen. Sind die Lebensumstände, die gewählt wurden, die individuell passenden? Eignen sich die gedanklichen Konstrukte zur Bewältigung der alltäglichen Herausforderungen? Werden Verhaltensweisen gewählt, die zu den gewünschten Ergebnissen führen?

Dennis[1] etwa, der über große Motivationsprobleme in den Lernphasen klagte, berichtete mir in unseren Sitzungen immer einmal wieder zwischen den Zeilen von seinem Jugendtraum, einer Laufbahn bei der Polizei. Diesen hatte er zugunsten angeblich verheißungsvollerer Zukunftsaussichten (einem Studium der Betriebswirtschaft) an den Nagel gehängt. „Woher will dieser junge Mann die Motivation für die Prüfungen in seinem Studium nehmen, wenn er im Herzen scheinbar etwas anderes machen will?", so fragte ich mich. Gesagt habe ich ihm das natürlich nicht, denn im Coaching gilt der Grundsatz, dass der Coachee seine Wahrheiten, in geleiteter Begleitung des Coaches, selbst herausfinden muss. Und genauso war

---

[1] Alle Beispiele, von denen ich berichte, basieren auf realen Begebenheiten aus meinem beruflichen Alltag. Die Namen der Protagonisten der von mir aufgeführten Beispiele wurden aus Gründen der Vertraulichkeit geändert (wie in diesem Beispiel). Andere Studierende bzw. Alumni bekennen sich bereitwillig als „Urheber" beschriebener Erfahrungen (diese Beispiele finden Sie im Laufe des Buches als eingerückte Zitate und mit dem Namen und der jetzigen Tätigkeit der sich äußernden Person versehen.) Einige Erlebnisberichte stammen von mir selbst. Ich habe mir erlaubt, sie einzufügen, da sie für mich Schlüsselerlebnisse darstellten, an denen ich meine Leser sehr gerne teilhaben lassen wollte.

es schließlich auch: Dennis verließ uns nach einigen Semestern und wechselte die berufliche Karriere. Man kann sich natürlich fragen, warum er nicht gleich zur Polizei gegangen ist. Doch jeder von uns weiß, dass wir uns manchmal aus rationalen Gründen, wegen eigener Bedenken oder der Bedenken anderer, gegen einen Herzenswunsch entscheiden. Erst kürzlich erhielt ich von Dennis eine E-Mail, in der er sich für das Coaching bedankte und mir berichtete, wie glücklich und erfüllt er jeden Tag seiner Karriere bei der Polizei nachgehe.

Maximilian klagte ebenfalls über Motivationsprobleme und Unzufriedenheit mit seinen Leistungen. Heute gehört er zu den besten Studierenden seines Jahrgangs. Im Laufe unserer Zusammenkünfte erkannte er, dass es Zeit für ihn war, die Illusion aufzulösen, das Studieren eines anderen Faches an einer anderen Hochschule in einem anderen Land würde ihm ein besseres Leben bescheren. Für ihn war der Schlüssel zu seiner Problematik, dass es ihm gelang, seine momentane Lebenssituation zu akzeptieren und für sie und sich Verantwortung zu übernehmen. Er ist heute ein glücklicher Student und freut sich über seine guten Leistungen.

Miriam schließlich kam mit dem Wunsch zu mir, in Präsentationen oder auch bei Teamarbeiten selbstbewusster und durchsetzungsstärker auftreten zu können. Im Verlauf unserer Sitzungen zeigte sich, dass ihr genereller Fokus in den Zusammenkünften mit anderen viel mehr bei den anderen und ihrer Wirkung auf diese als bei sich selbst lag. Sie wünschte sich, ernst genommen und respektiert zu werden, stellte aber fest, dass sie sich selbst und ihre eigenen Wünsche viel zu wenig respektierte. Nachdem sie das erkannt hatte, setzte sie sich zum Ziel, mehr auf ihre eigenen Bedürfnisse zu achten, diese gegenüber anderen zu artikulieren und für deren Berücksichtigung zu kämpfen. Der Respekt und die Anerkennung der anderen folgten umgehend.

Die drei Beispiele zeigen, dass die jeweils wahrgenommene Problematik der Studierenden –Motivationsprobleme beim Lernen, Unzufriedenheit mit den Leistungen, mangelnde Durchsetzungsstärke – tiefer liegende Ursachen hatte. Dennis war im Grunde am falschen Ort, Maximilian erlag der Illusion, woanders wäre alles besser, Miriam setzte gedanklich den falschen Fokus. Alle drei Studierenden litten – zumindest temporär – unter den Folgen einer in Teilen geschwächten Persönlichkeit: Dennis lebte nicht das, was er eigentlich leben wollte; Maximilian brachte sich um den Erfolg, weil er nicht zu dem stand, was er tat; Miriam konnte ihre Kraft nicht entfalten, weil ihre Aufmerksamkeit nicht bei sich, sondern bei anderen war.

Wohlgefühl und Stärke aber sowie die Fähigkeit, im richtigen Moment das passende Verhalten zu zeigen, ergeben sich als Folge einer aufgeräumten Persönlichkeit, und diese gilt es, von unten aufzubauen und nicht hier und da zu „reparieren". Eine rein „kosmetische" Behandlung von Anliegen der dargestellten Art macht daher wenig Sinn und wäre in ihrer Wirkung nur von kurzer Dauer. Tab. 1.1 zeigt in der Übersicht mögliche Auslöser für konkret empfundene Defizite. Schaut

Tab. 1.1 Mögliche Ursachen für konkret empfundene Defizite

Konkret empfundenes Defizit	Mögliche Ursachen
• Mangelnde Disziplin • Schwierigkeiten, effektiv zu lernen • Schlechtes Zeitmanagement	• Ermangelung eines Lebensplans • Wenige bis keine Vorstellung von der eigenen Zukunft • Studium fühlt sich nicht sinnhaft an • Wenig Kenntnis eigener Stärken/wenig Bezug zur eigenen Intuition • Mangel an der Erfahrung, dass Einsatz sich auszahlt • Mangel an der Erfahrung, dass Erfolg und positive Gefühle oft erarbeitet werden müssen • Wenig Fähigkeit zur Selbstorganisation • Rebellion gegen bisher erfahrenen Druck • Angst vorm Scheitern (lieber gar nichts tun, als zu merken, dass große Defizite vorhanden sind) • Als Resultat o.g. Aspekte häufig schwaches Selbstbewusstsein
• Orientierungslosigkeit in Bezug auf berufliche Perspektiven • Unsicherheit, ob Studium das Richtige ist	• Keine Kenntnis der eigenen (intrinsischen) Motivatoren • Rebellion gegen Erwartungen Dritter stärker als das Spüren eigener Bedürfnisse • Wunschbild und Realität passen nicht zusammen • Verhaftetsein in Traum-/Wunschvorstellungen
• Prüfungsangst • Blackouts während der Prüfung	• Unbewusste Angst vor Autorität • Wenig Mut • Wenig Zutrauen zur eigenen Leistungsfähigkeit • Keine Kenntnis eigener Handlungsoptionen • Aufmerksamkeit ist auf Angst und mögliches Scheitern, nicht auf Mut und pro-aktives Agieren gerichtet
• Rede- und Präsentationsangst	• Schwaches Selbstbewusstsein • Oft keine gute Beziehung zu eigenem Körper und Aussehen • Unüberwundene negative Erfahrungen aus der Vergangenheit • Siehe Zeile „Prüfungsangst/Blackouts während der Prüfung"
• Mangelnde Kontaktfähigkeit • Mangelnde Durchsetzungsstärke	• Angst, sich nicht wehren zu können (lieber kein Kontakt als unerwünschten) • Angst vor Ablehnung • Unkenntnis eigener Gestaltungsmöglichkeiten innerhalb von Beziehungen • Beeinträchtigende vergangene Beziehungserfahrung • Guter Kontakt zu anderen wird als bedeutsamer empfunden als die eigene inhaltliche Überzeugung

man sich die dort aufgeführten Beispiele an, wird klar, warum es beispielsweise wenig Sinn macht, rede- oder präsentationsschwache Studenten lediglich in der Ausbildung ihrer Formulierungsfähigkeit oder Körpersprache zu unterstützen oder warum es nicht zwangsläufig zum Ziel führt, wenn man schlechte Noten mit dem Erklären von erprobten Lerntechniken bekämpft.

> **Fazit** Hinter den sichtbaren Symptomen, Sorgen oder Nöten von Studierenden (wie von allen Menschen) verbergen sich meist tiefer liegende Ursachenkomplexe, deren kosmetische Behandlung nur kurzfristig Linderung verschafft. Wer nicht im Innersten aufräumt, wird seine Themen nur kurzfristig erleichtern, aber nicht langfristig lösen. Kosmetik vermag nur von innen strahlende Menschen noch ein wenig schöner zu machen. Wer dauerhaft „in seine Kraft" kommen will, der braucht eine gefestigte Persönlichkeit, die ihn dazu befähigt, im richtigen Moment das Richtige zu tun.

1.3 Was sind Soft Skills?

> So ist die Schule nun einmal. Das Wichtigste, das wir dort lernen, ist, dass man die wichtigsten Dinge nicht in der Schule lernt.
> (Haruki Murakami, *Wovon ich rede, wenn ich vom Laufen rede*)

Mitte der 90er-Jahre, als der US-amerikanische Wissenschaftsjournalist und Psychologe Daniel Goleman sein für Furore sorgendes Werk *Emotionale Intelligenz* veröffentlichte, begannen sich die Soft Skills zu einem viel beachteten Phänomen zu mausern. Sie wurden allerorts diskutiert, wurden zum Gegenstand einiger beachtenswerter Bücher, ihr Erlernen wurde von ihren Anhängern zum Allheilmittel gekürt, ihre Kritiker werteten sie als Strohhalm, an den sich die weniger Begabten klammerten, und schließlich verschwanden sie wieder von der Hauptbühne des wissenschaftlichen Diskurses, ohne einen wirkungsvollen Nachhall zu hinterlassen.

Da sich also weder eine gängige Definition noch ein allgemeingültiges Verständnis davon etabliert hatte, welche Skills denn nun eigentlich in das Spektrum der Soft Skills fallen, haben die meisten Menschen heute nur eine sehr schwammige Vorstellung davon, was Soft Skills sein könnten. Die recht kurze und zum Teil wenig zielgerichtete wissenschaftliche Diskussion um die Skills vermochte darüber hinaus wenig an dem Ort zu verändern, an dem, neben der Familie und dem sozialen Umfeld, Soft Skills erlernt werden könnten – unserem Bildungswesen.

1.3 Was sind Soft Skills?

Dennoch betonen Wissenschaftler verschiedener Disziplinen nach wie vor die hohe Bedeutung und das ungeahnte Potenzial der ominösen Soft Skills. Der Zukunftsforscher Carl Benedikt Frey etwa sagt: „Im Moment ist unser Schulsystem darauf ausgerichtet, dass Leute Informationen aufnehmen und verarbeiten […]. Faktenwissen bleibt natürlich wichtig, aber es ist viel zu wenig. Wir müssen sicherstellen, dass Kinder schon sehr früh gutes Sozialverhalten lernen […] – Menschlichkeit ist unser größter Vorteil gegenüber den Maschinen" (Schipper 2014, S. 19). Angela Dietz, Kommunikationsexpertin und Coach, ergänzt: „Persönlichkeit, Teamfähigkeit, Reflexionsbereitschaft, Querdenken, Ideenvielfalt, Mut, Engagement fürs Gemeinwohl [sind, AH] Eigenschaften und Kompetenzen, die Menschen nach dem Schulabschluss und die Gesellschaft dringend brauchen […]" (Dietz 2013, S. 214). Und Herbert Renz-Polster, Kinderarzt und Wissenschaftler, führt aus: „[…] mit den eigenen Emotionen klarkommen, sozial kompetente Wesen werden, innerlich stark sein, Widerstände überwinden, empathisch sein. All das, was manchmal […] ‚Soft Skills' genannt wird, das sind ja in Wahrheit unsere Kernkompetenzen. Darin liegt unsere Hoffnung auf Erfolg" (Musall und Pieper 2014, S. 14). Soft Skills scheinen also von großer Bedeutung für das Zurechtkommen des Menschen in der Gesellschaft und für seine Chance auf Erfolg zu sein, darin ist man sich einig. Was man sich konkret unter Soft Skills vorzustellen hat, wozu sie uns befähigen und wie und wann wir sie am besten lernen können, davon hat indessen kaum jemand eine klare Vorstellung. Im Folgenden will ich versuchen, Ihnen am Beispiel des von mir entwickelten Soft-Skill-Modells einige Antworten auf die aufgeworfenen Fragen zu geben.

▶ Es existiert weder eine gängige Soft-Skill-Definition, noch ist festgelegt, welche Skills ihnen zuzuordnen seien. Einig ist man sich indessen dahingehend, dass Soft Skills den entscheidenden Beitrag dazu leisten können, ob Menschen in der Gesellschaft gut zurechtkommen und zu persönlichem Erfolg gelangen.

1.3.1 Mein Soft-Skill-Modell

Das von mir entwickelte Soft-Skill-Modell (Abb. 1.1) ist kreisförmig aufgebaut und besteht aus vier Schichten:
Die innerste Schicht, also den Kern des Phänomens, nenne ich in Anlehnung an Gardner/Hatch *intrapsychische Faktoren* (vgl. Gardner und Hatch 1989, S. 8). Dieser Bereich umschließt alles, was ausschließlich mit uns selbst zu tun hat: Das Bild, welches wir von uns in uns tragen, das Maß an Wertschätzung, welches wir uns entgegenbringen und die emotionale Tonalität, in der wir aufgewachsen sind

Abb. 1.1 Soft Skills nach Hüttmann

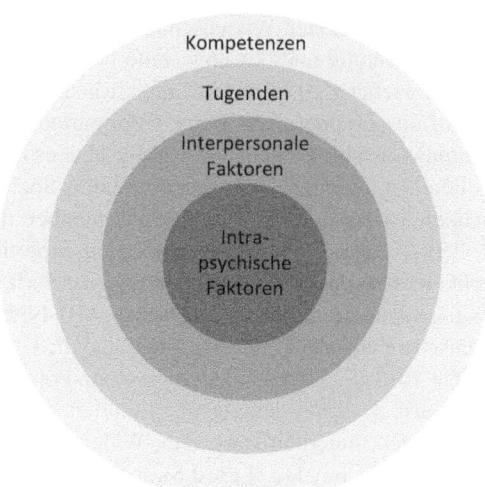

und uns auch weiterhin im Leben bewegen (ich spreche häufig von dem **emotionalen Pool**, in dem wir schwimmen). Der wenigsten dieser Aspekte sind wir uns explizit bewusst und dennoch bestimmen die intrapsychischen Faktoren als Summe unserer subjektiven Vorstellung von uns selbst und unserer stärksten emotionalen Grunderfahrungen unser Wirken und Handeln maßgeblich.

Die sich an den inneren Kern des Modells anschließende Kreis-Schicht nenne ich, ebenfalls in Anlehnung an Gardner/Hatch, *interpersonale Faktoren* (vgl. Gardner und Hatch 1989, S. 8). Mit ihnen kommt der bereits erwähnte Umgang mit unseren Mitmenschen ins Spiel: Welches Menschenbild tragen wir in uns? Mit welcher Haltung begegnen wir demgemäß denjenigen, die uns umgeben? Ihren Ursprung finden die interpersonalen Aspekte im intrapsychischen Bereich – die Art, in der wir anderen begegnen, hängt davon ab, wie wir uns selbst begegnen: Wer sich selbst geringschätzt, wird anderen keine aufrichtige Wertschätzung entgegenbringen können. Oder umgekehrt: Wer andere übertrieben wertschätzt, schätzt sich selbst nur sehr gering. Wer streng mit sich selbst ist, wird nicht nachlässig mit anderen sein können. Oder umgekehrt: Wer mit anderen sehr streng ist, lebt dort das, was er bei sich selbst bereits aufgegeben hat. Auch die emotionalen Erfahrungen, die wir mit anderen machen, hängen unmittelbar mit unseren eigenen vergangenen Grunderfahrungen und den daraus abgeleiteten Reaktionsmustern zusammen. So erleben wir in unseren erwachsenen Beziehungen häufig Konflikte, die wir in ihrer Grundstruktur aus unserer Herkunftsfamilie kennen. Wie magnetisch ziehen wir Menschen an, die entweder einen Gegenentwurf zu dem uns Bekannten darstellen oder ihm erschreckend ähnlich sind. Wir tun dies nicht bewusst, sondern suchen

1.3 Was sind Soft Skills?

uns unbewusst das Bekannte oder das ganz andere, wir entscheiden uns für Anpassung oder Rebellion.

▶ Die intrapsychischen und interpersonalen Faktoren sind der Ausgangspunkt unseres Menschseins. Die un- oder vorbewussten Vorstellungen von uns selbst sowie unsere emotionale Tonalität bestimmen unser Auftreten, unser Handeln und unser Kommunizieren in der Welt maßgeblich. Letztendlich bilden sie den Nährboden für die spezifische Gestalt einer jeden Persönlichkeit.

Exkurs – Warum Selbstreflexion bedeutsam ist
Unbedingte Voraussetzung für eine gelungene Arbeit mit den eigenen intrapsychischen und interpersonalen Soft Skills ist die Bereitschaft sowie die Fähigkeit zur (Selbst-)Beobachtung und Reflexion. Dabei geht es zunächst einmal nur darum, ganz neutral wahrzunehmen, was wir denken und fühlen, wie wir handeln, was wir bewirken und welche Rückmeldungen wir aus unserem Umfeld erhalten. Im Laufe der Zeit werden wir so – ganz automatisch – unsere Denk-, Fühl- und Verhaltensmuster erkennen und beginnen, sie auf ihre Sinnhaftigkeit zu prüfen. Um die Bedeutung der **Selbstreflexion** als Voraussetzung für eine gelungene intrapsychische Soft-Skill-Arbeit hervorzuheben, wird in der Forschung häufig zwischen zwei verschiedenen Formen des „Ich" unterschieden – dem beobachtenden „Ich", oder auch „proximalem Selbst", und dem beobachteten „ich", dem „distalen Selbst" (vgl. Kofman 2005, S. 355).

Den dritten Ring des Modells stellen die Tugenden. Tugenden sind Haltungen oder Attitüden grundsätzlicher Art, die den Nährboden für effektive Verhaltensweisen allgemeingültiger Natur stellen und sich unter Menschen über die Jahrhunderte hinweg bewährt haben. Es gibt die intrapsychischen Tugenden, die uns im Umgang mit uns selbst weiterhelfen – etwa Disziplin, Hartnäckigkeit, Mut, aber auch Nachsicht im Selbst-Urteil –, und es gibt die interpersonalen Tugenden, die uns den Umgang mit anderen erleichtern und Kooperation möglich machen – hierzu zählen beispielsweise Respekt, Loyalität und Zuverlässigkeit.

Tugenden können ihre volle Wirkung nur entfalten, wenn sie aus tiefer Überzeugung gelebt werden. Nur wenn die innere Haltung stimmt, kann das (äußere) Verhalten wirken. In meinem Modell bildet der Ring der Tugenden die Brücke zwischen den beiden inneren Schichten, die von außen nicht wahrnehmbare und nicht messbare Faktoren wie Haltung, Vorstellungen und Emotionalität umfassen, und dem äußeren Ring des Modells, welcher die konkreten wahrnehm- und bewertbaren Kompetenzen umfasst (Auftreten, Kommunikation, Verhalten).

▶ Tugenden sind positive Haltungen oder Attitüden, aus denen Menschen effektive Verhaltensweisen ableiten. Tugenden haben sich unter Menschen als funktionierende Wegweiser über Jahrhunderte hinweg bewährt und lassen sich in intrapsychische und interpersonale Tugenden aufteilen.

Im äußeren Ring meines Soft-Skill-Modells sind schließlich die ganz konkreten Kompetenzen, also die tatsächlichen Skills, zu finden. Analog zu dem intrapsychischen Modellkern und dem Ring der interpersonalen Faktoren lassen sich alle denkbaren Kompetenzen des äußeren Rings im Großen in zwei Felder sortieren: in das der (intrapsychischen) **Selbstführungskompetenz** sowie in das der (interpersonalen) **Kooperationskompetenz**. (Tab. 1.2 zeigt einige wesentliche Subkompetenzen beider Kompetenzfelder im Überblick.)

Exkurs – Über die verschiedenen Soft-Skill-Kategorien

Für jede Rolle, die wir im Leben spielen, lässt sich ein Satz an Verhaltensweisen etablieren: So helfen uns bestimmte Verhaltensweisen, dauerhafte Freundschaften zu etablieren und zu erhalten, während andere uns dabei unterstützen, unsere Kinder zu selbstbewussten und sozial kompatiblen Menschen zu erziehen. Weitere Skills ermöglichen uns das Führen einer langfristig erfüllenden Partnerschaft, andere schließlich das Klarkommen im Job oder das Meistern eines Studiums.

Tab. 1.2 Selbstführungs- und Kooperationskompetenzen

Selbstführungskompetenz	Kooperationskompetenz
Sich realistisch einschätzen	Dem anderen mit Respekt begegnen
Sich selbst annehmen	Höflich und umgänglich auftreten
Nach Niederlagen weitermachen	Die Stärken anderer sehen und loben
Feedback entgegennehmen und verarbeiten	Nach Kooperationsmöglichkeiten suchen
Die eigenen Grenzen kennen	Eigene Sichtweisen als subjektiv erkennen
Sich überwinden	Um Hilfe/Unterstützung bitten können
Hilfreiche Glaubenssätze „on board" haben	Erkennen, wann Kompromissbereitschaft bzw. Unnachgiebigkeit passender ist
Lebensvision etablieren	Konstruktiv kommunizieren
Den Lebensverlauf aus der Metaperspektive betrachten	Den eigenen Anteil an Beziehungsgefügen erkennen
Gut für sich sorgen	Feindschaften überwinden
Ziele definieren und verfolgen	Die Schwächen anderer ausgleichen
Die positive Seite der Dinge sehen	Beziehungen eingehen und pflegen
Das Leben pro-aktiv gestalten	Kontakte knüpfen und pflegen
Zuversichtlich sein	Vertrauensvoll und -würdig auftreten
Eigene Bedürfnisse erkennen und äußern	Andere in ihrer Andersartigkeit respektieren
„Nein" sagen können	Konfliktbereit sein
Ängste überwinden	Zurückstecken können
Mut zur Individualität	Für Schwache einstehen

1.3 Was sind Soft Skills?

▶ **Fazit** Soft Skills sind das Gegenstück zu unseren Hard Facts und Hard Skills. Während die Hard Facts unsere nicht zu beeinflussende, genetisch bedingte Ausstattung darstellen – Intelligenzquotient, Temperament, physische und psychische Disposition –, und die Hard Skills unser angelerntes Wissen, unser Know-how im weiteren Sinne, umschließen, ist mit den Soft Skills unser Umgang mit unseren Hard Facts und Skills sowie mit den jeweiligen Gegebenheiten gemeint, auf die wir treffen. Soft Skills sind kluge und effektive Verhaltensweisen, die uns das Erreichen unserer individuellen Ziele sowie die Kooperation mit den uns Umgebenden ermöglichen. Die Fähigkeit, situationsadäquate Soft Skills zu entwickeln, ergibt sich als Folge einer gefestigten Persönlichkeit. Im Umkehrschluss gilt: Je umfassender unser Soft-Skill-Repertoire und je sicherer wir uns in dessen Anwendung zeigen, umso gefestigter ist unsere Persönlichkeit. Grundlage für das Ausbilden und Anwenden von Soft Skills ist wiederum zum einen eine gesunde Emotionalität sowie zum anderen die Bereitschaft zur stetigen, zielgerichteten Selbstreflexion. Wer sich also in Sachen Soft Skills weiterbilden will, der kommt in der Regel nicht umhin, die Reise in sein Inneres (im übertragenen Sinne in das Innere meines Modells) anzutreten, um seine Emotionalität und damit den Nährboden seines Seins zu erforschen und zu modellieren.

1.3.2 Worin liegt das Potenzial von Soft Skills?

Das Potenzial von Soft Skills ist enorm und kann gar nicht hoch genug eingeschätzt werden. Ob wir sie beherrschen und in der Lage sind, uns ihrer virtuos zu bedienen, entscheidet letztlich darüber, ob uns unser Leben gelingt oder nicht (außer Betracht gelassen werden hier selbstverständlich Schicksalsschläge, mit deren Zustandekommen wir ursächlich nichts zu tun haben). Doch wann gilt ein Leben als gelungen? In der Regel dann, wenn Menschen am Ende ihres Lebens sagen, dass ihr Leben gut war und dass sie die Dinge wieder so tun würden, wie sie sie getan haben. Wir müssten also, um unser Leben als gelungen zu bezeichnen, eine Reihe von entscheidenden Fragen mit einem entschlossenen „Ja!" beantworten. Ich stelle Ihnen eine Auswahl solcher Fragen vor:

- Habe ich etwas studiert, das mich interessierte und bereicherte?
(nicht immer und nicht jeden Tag, aber unterm Strich)
- Habe ich einen Beruf ausgeübt, in dem ich Erfüllung fand?
(nicht immer und nicht jeden Tag, aber unterm Strich)

- Habe ich in einem Unternehmen eine Position besetzt, die sich für mich „richtig" anfühlte?
(nicht immer und nicht jeden Tag, aber unterm Strich)
- Habe ich den richtigen Partner geheiratet? Einen, den ich liebe und der mich liebt? Sind wir beide miteinander gewachsen? (s. o.)
- Habe ich eine vertrauensvolle und erfüllende Beziehung zu meinen Kindern entwickelt? (s. o.)
- Bin ich in Frieden mit meinen Eltern? (s. o.)
- Habe ich Freundschaften gepflegt, die mir viel bedeuteten und bedeuten? (s. o.)
- Ist es mir gelungen, meine größten Ängste zu überwinden?
- Ist es mir gelungen, mich – so wie ich bin – anzunehmen?
- Ist es mir gelungen, hier und da über mich hinauszuwachsen?
- Habe ich mir einen Ort gesucht und ein Zuhause gestaltet, an/in dem ich mich geborgen und „richtig" fühlte?
- Habe ich mir für die Dinge, die mir wichtig waren, Zeit genommen?
- Habe ich in Summe die richtigen Entscheidungen getroffen?
- Würde ich mein Leben noch einmal so leben?'

Wer all diese Fragen mit einem entschlossenen „Ja!" beantwortet, der kann sich wahrlich glücklich schätzen. Ihm wird in seinem Leben im Wesentlichen das gelungen sein, was er sich vorgenommen hatte und was ihm guttat. Er wird in Summe sehr viel richtig gemacht und eine Vielzahl an Soft Skills erfolgreich zum Einsatz gebracht haben.

Keine der Fragen – die Aufmerksamen untern Ihnen werden es bemerkt haben – fokussierte Schulnoten oder Studienleistungen. Alle Fragen hatten hingegen damit zu tun, ob wir im richtigen Moment die richtigen Entscheidungen treffen, wobei Entscheidungen stets als „richtig" einzustufen sind, wenn sie uns auf der einen Seite unseren Zielen näherbringen und uns zugleich emotionales Wohlbefinden bescheren.

▶ Das Beherrschen von Soft Skills befähigt uns u. a. dazu, im richtigen Moment die „richtigen" Entscheidungen zu treffen. „Richtig" sind dabei Entscheidungen, die uns unseren persönlichen Zielen und unserem emotionalen Wohlbefinden näherherbringen.

Exkurs – Die wahren Erfolgsindikatoren

In unserer Gesellschaft gilt nach wie vor der als erfolgreich, der in einem Unternehmen eine hohe Position besetzt oder Geschäftsführer seines eigenen Unternehmens ist und viel Geld verdient. Der Machtfaktor und der ökonomische Aspekt spielen also in der Bewertung von Erfolg die maßgebliche Rolle. Selbstverständlich ist es ein Erfolgsindikator, wenn der Markt uns für die angebotene Leistung oder die gefertigten Produkte überdurchschnittlich zu entlohnen bereit ist und uns zunehmend mehr Verantwortung überträgt. Vernachlässigt wird bei der ein-

1.3 Was sind Soft Skills?

seitigen Fokussierung von Macht und Materiellem aber der Aspekt der Emotionalität (ist der „erfolgreiche Mensch" auch zufrieden und glücklich?) und der friedlichen Koexistenz (wie geht es den Menschen, die für diesen Menschen arbeiten, dessen Produkte nutzen oder Dienstleistungen in Anspruch nehmen und in seinem Umfeld leben oder arbeiten?). Wenn Menschen im Alter auf ihr Leben zurückblicken, wiegen die Faktoren der Emotionalität und der Koexistenz in ihrer Bedeutung weitaus schwerer als die von Geld und Macht. Die Erkenntnis, dass man sich Glück, Zufriedenheit und wirklichen Respekt mit Geld und Macht nicht kaufen kann, rückt mehr und mehr in den Vordergrund. In ihrem Artikel „Fünf Dinge, die Sterbende am meisten bereuen" zählt Nina Trentmann die „Top Five" unter den von Sterbenden geäußerten Sätzen auf. Hierzu gehören in der Reihenfolge, in der sie am häufigsten geäußert werden, die folgenden Statements: „Ich wünschte, ich hätte den Mut gehabt, mein eigenes Leben zu leben" (Pos. 1), „Ich wünschte, ich hätte nicht so viel gearbeitet" (Pos. 2), „Ich wünschte, ich hätte den Mut gehabt, meine Gefühle auszudrücken" (Pos. 3), „Ich wünschte, ich hätte den Kontakt zu meinen Freunden aufrechterhalten" (Pos. 4) und „Ich wünschte, ich hätte mir erlaubt, glücklicher zu sein" (Pos. 5) (Trentmann 2012). Erfolgreich sollte sich also tatsächlich nur der fühlen, der seine persönlichen Ziele erreicht *und* zugleich emotional erfüllt lebt und die Menschen, mit denen er zu tun hat, weder geringschätzt noch unglücklich macht.

Zurück zu den Schul- bzw. Hochschulnoten: Keine der oben aufgeführten Fragen deutete in ihre Richtung, denn die in unseren Bildungsinstitutionen erreichte Leistung ist unterm Strich nur ein sehr kleiner Baustein in unserem Lebenskonstrukt und entscheidet infolgedessen nur zu einem sehr geringen Teil darüber, was aus uns wird bzw. was wir aus uns machen. Doch bitte ziehen Sie jetzt keine falschen Schlüsse: Ein Schul- und Ausbildungs- und/oder Studienabschluss ist das A und O, weil er die unbedingte Voraussetzung für den Einstieg in Ausbildung oder Studium sowie in das Berufsleben darstellt. Ohne Abschluss kein Einstieg, das gilt, ob uns das gefällt oder nicht und unabhängig davon, von wie vielen Personen wir wissen, aus denen trotz Schul- oder Studienabbruch etwas geworden ist (beliebte Beispiele sind Sylvester Stallone, Bill Gates oder Mark Zuckerberg). Wer „soft skilled" ist, beginnt erst gar keine Grundsatzgespräche über die Sinnhaftigkeit von Abschlüssen, sondern trifft eine Entscheidung, setzt sich an seinen Schreibtisch und beginnt zu arbeiten.

▶ Schul- und Ausbildungs- oder Studienabschlüsse sind in unserer Gesellschaft eine Grundvoraussetzung, um einen Einstieg in das Berufsleben zu finden. Menschen ohne Bildungsabschlüsse gehören zu den Verlierern unserer Gesellschaft. Die, die es ohne Abschluss schaffen, sind absolute Ausnahmen.

Es gibt also eine Korrelation zwischen einem Schulabschluss und dem erfolgreichen Ergattern eines Studien- oder Ausbildungsplatzes (einfacher ist es fast immer mit guten oder sehr guten Noten). Es gibt auch eine Korrelation zwischen dem Vorhandensein eines Studienabschlusses und einem überdurchschnittlichen Lebensverdienst (vgl. Fehling 2014). Eine Korrelation zwischen einem (guten oder sehr guten) Ausbildungs- und/oder Studienabschluss und einer erfolgreichen Karriere gibt es jedoch ebenso wenig wie die zwischen guten Noten und einem gelungenen Leben. Über das gelungene Leben entscheiden die Soft Skills, nicht die Schulnoten.

▶ Abschlüsse sind Eintrittskarten in das Berufsleben, nicht mehr und nicht weniger. Sie sind keine Garantie dafür, dass uns die Dinge im Anschluss weder im Berufs- noch im Privatleben gelingen. Hierfür sind unsere Soft Skills zuständig.

Interessanter-, aber eigentlich nicht überraschenderweise stehen gute schulische bzw. akademische Leistungen fast immer in sehr engem Zusammenhang und in einem unmittelbaren Kausalverhältnis mit bzw. zu unserem Soft-Skill-Potenzial und nicht vorwiegend, wie gemeinhin angenommen, mit unserer intellektuellen Ausstattung. Das Richtige richtig zu lernen, ist ebenso ein Soft Skill wie die Fähigkeit, sich wichtige Informationen zu beschaffen, sich mit einflussreichen (oder zumindest informierten) Menschen zu verbinden, sich in einer Prüfung effektiv zu verhalten und schließlich nicht mit Dingen zu hadern, um die man so oder so nicht umhin kommt (siehe Kap. 4).

▶ **Fazit** Soft Skills haben das fantastische Potenzial, Sie bei der Verwirklichung Ihres Lebenswerkes in entscheidendem Maße zu unterstützen. Auch während der Studienzeit sind es die Soft Skills, die in hohem Maße dafür verantwortlich sind, ob Ihnen die wirklich wichtigen Dinge gelingen: Entwickeln Sie Interesse an den Fächern, die Sie studieren? Erreichen Sie Noten, mit denen Sie zufrieden sind? Lernen Sie, über Studieninhalte hinaus, wichtige Dinge aus Ihrem (oder auch einem anderen) Fachgebiet? Gelingt es Ihnen, eine berufliche Vision für sich herauszubilden? Finden Sie Freunde, mit denen Sie Ihr Studium gemeinsam meistern? Gelingt es Ihnen, den einmaligen Lebensabschnitt des Studiums zu genießen und wertzuschätzen? Sie merken es, Erfolg im (und nach dem) Studium heißt viel mehr als „nur" gute Noten und das Einhalten oder Unterbieten der Regelstudienzeit.

1.3.3 Wann und wie lernen wir Soft Skills?

Die Ausgestaltung unseres intrapsychischen Kerns erfolgt im Wesentlichen während unserer ersten ca. zwölf Lebensjahre in unserer Ursprungsfamilie. Das Selbstwertgefühl, das wir in unseren frühen Lebensjahren entwickeln, wird dadurch geprägt, wie die uns am nächsten Stehenden uns begegnen, wie sie uns behandeln und bewerten. Die Emotionen und Handlungen, die unsere Außenwelt an uns

1.3 Was sind Soft Skills?

heranträgt, nehmen wir als Zeichen für das, was und wie wir sind: Wenn Nahestehende uns geringschätzig behandeln, halten wir uns für weniger wert; wenn man uns wertschätzt, halten wir uns für wertvoll. Emotionen sind hier immer stärker als der Verstand – denn auch wenn unser Verstand uns sagt, dass das, was wir erleben, ungerecht und nicht richtig ist, werden unsere emotionalen Urerfahrungen auf diese Weise geprägt. Großes Glück haben also die, die in einer emotional gesunden Familie aufwachsen, dort ein ausgewogenes Maß an Wertschätzung erfahren, unterstützt und gefördert und vor allem bedingungslos geliebt werden.

Auch die Ausgestaltung unseres interpersonalen Rings erfolgt zum größten Teil in unserer Herkunftsfamilie. Prägend für unser eigenes Menschenbild ist meist die Art und Weise, wie dort über andere gesprochen und geurteilt wird, ob Wertschätzung, Vertrauen und Ehrlichkeit eine Rolle in beobachtbaren Beziehungen spielen oder eher Misstrauen, Neid und Geringschätzung. Doch auch Begegnungen und Erfahrungen jenseits unseres Familienradius helfen dabei, unser Menschenbild zu formen. Wir sind hier autarker in der Möglichkeit, einen eigenen Weg zu gehen als bei den intrapsychischen Faktoren.

▶ Unsere intrapsychische und interpersonale Emotionalität sowie das aus beiden abgeleitete Grundverständnis unseres Selbst und unserer Mitmenschen bildet sich unbewusst in den ersten ca. zwölf Jahren unseres Lebens heraus.

Vor allem unser Selbstbild ist also weniger „objektiv" aus unserer eigenen Emotionalität heraus erwachsen, sondern eine von uns übernommene Projektion unserer Außenwelt. Leichter haben es die, die eine positive Projektion empfangen (wobei hier ein „Zuviel" durchaus auch eine Menge Schaden anrichten kann). Doch auch für die, die ihr Leben eher unter schwierigen Bedingungen starten, gibt es heute eine Vielzahl an Möglichkeiten, um Beeinträchtigendes abzutragen und in Kontakt mit ihren wahren Ressourcen und Potenzialen zu kommen.[2]

Lediglich entscheidend und von sehr großer Bedeutung ist das Erkennen von Handlungsbedarf und schließlich das Handeln. In die Gesundung und Entwicklung unseres Selbst zu investieren ist eine der wertvollsten Entscheidungen, die wir im Laufe unseres Lebens treffen können. Leider stigmatisiert unsere Gesellschaft diejenigen, die mit einem Psychologen oder Coach in den Austausch treten und für sich Klärung suchen, immer noch als „Psycho", als Menschen, der „ohne Hilfe nicht klarkommt", als jemanden, der dem System nicht gewachsen ist. Setzen Sie sich über unreflektierte Gedankengänge oder Äußerungen dieser Art hinweg und investieren Sie selbstbewusst in Ihre innere Gesundheit.

---

[2] Das achttägige Hoffman-Seminar etwa „ […] ermöglicht, Handlungs- und Denkmuster, die aus belastenden Konditionierungen und negativen Glaubenssätzen resultieren, aufzulösen […] und […] befähigt […], früh entstandene Prägungen zunächst wahrzunehmen, ihre Ursachen zu erkennen um sie schließlich bewusst abzulegen" (Hoffman Seminar 2015).

▶ In die Gesundung und Entwicklung unseres Selbst zu investieren, ist eine der wertvollsten Entscheidungen, die wir im Laufe unseres Lebens treffen können.

Doch wie steht es nun mit den Skills, den eigentlichen Kompetenzen, den effektiven Verhaltensweisen? Lernt der, der eine glückliche Kindheit hat, diese automatisch? Hat der, der unter weniger harmonischen Verhältnissen aufgewachsen ist, selbstredend schlechte Karten? Die klare Antwort hierauf lautet, dass es keine klare Antwort gibt. Zweifelsohne starten Menschen, die eine emotional gesunde Kindheit erlebt haben und in einem Umfeld von Wertschätzung, Vertrauen und Liebe aufgewachsen sind, von einer vielversprechenden Position ins Leben. Doch es lässt sich nicht allgemeingültig konstatieren, dass diese Menschen im Anschluss ihr Leben immer gut meistern. Im Gegenzug kann man viele beobachten, die unter vergleichsweise schwierigen Bedingungen groß geworden sind und gerade aufgrund dieser Schwierigkeiten bestimmte Kompetenzen (Hartnäckigkeit, Aufstehen nach Niederlagen, Disziplin) in besonderem Ausmaß entwickelt haben.

Zweierlei Beobachtungen möchte ich hier festhalten – Erstens: Aus meiner Sicht ist ein Erziehungsstil hilfreich, der auf bedingungsloser Liebe, Zuversicht und Vertrauen basiert, der den jungen Menschen aber ebenso absichert wie herausfordert, ebenso fördert wie fordert, ebenso unterstützt wie ihn nicht vor jeder Unannehmlichkeit zu beschützen sucht. Ich werde das Gespräch mit einem jungen Mann nie vergessen, der nach mehrmaligem Schulwechsel endlich ein schlechtes Abitur geschafft hatte und nun im zweiten Durchgang des ersten Studienjahres zu scheitern drohte. In einer verzweifelten Minute unseres Gespräches sagte er zu mir, er halte es für den größten Fehler, dass seine Eltern ihn aus jeder misslichen Lage gerettet und ihn nie die Konsequenzen seines Fehlverhaltens hätten ausbaden lassen. Diese Äußerung sollte man allen Eltern mitgeben, die keine Grenzen setzen, keine Richtlinien entwickeln, Fehlverhalten konsequenzlos stehen lassen ... Zweitens: Ich bin der festen Überzeugung, dass jeder Mensch in der Lage ist, sich das Einmaleins der Soft Skills anzueignen, der aufgrund irgendeines Schlüsselerlebnisses oder einer Schlüsselbegegnung in der Tiefe begreift, in welchem Ausmaß er Einfluss auf seine Lebensgestaltung nehmen kann. Bedingung für die Fähigkeit, unser Leben als Akteure in die Hand zu nehmen, ist „lediglich" der Abschied vom Opferstatus, der Abschied von der Leugnung der Eigenverantwortung. Wer auf diese Weise innerlich reift, hat beste Voraussetzungen, um „soft skilled" zu werden. Denn Soft Skills können wie eine Sprache oder eine Sportart erlernt werden, entfalten ihre wirkliche Kraft aber nur, wenn sie aus dem richtigen Boden wachsen können – und dieser besteht aus der Bereitschaft zur Selbstverantwortung und Selbstreflexion, dem Mut, Farbe zu bekennen und einer tief angelegten Menschlichkeit. Glück gehabt hat der, der das früh versteht – einfach, weil die Wahrscheinlichkeit, dass ihm sein Leben und vieles, das er sich im Laufe dieses Lebens vornimmt, gelingt, exorbitant ansteigt. Zu spät ist es jedoch nie.

1.3 Was sind Soft Skills?

Idealerweise lernen und entwickeln wir dann schließlich in verschiedenen Lebensphasen verschiedene Soft Skills: In unserer Ursprungsfamilie lernen wir z. B., uns selbst innerhalb einer Gemeinschaft zu definieren und abzugrenzen, zu kooperieren, zu streiten, Lösungen für schwierige Situationen zu entwickeln, Feedback zu erteilen und entgegenzunehmen. In der Schule etwa können wir lernen, Menschen einzuschätzen und zu erkennen, wem wir vertrauen dürfen und wem wir eher skeptisch und reserviert begegnen sollten; wir können lernen, welche Art von Einsatz uns hilft, gute Noten zu bekommen bzw. wie wir Inhalte am besten verinnerlichen; wir können lernen, Einfluss auf das Unterrichtsgeschehen zu nehmen, notwendige Informationen zu erfragen, konstruktive Beziehungen zu Autoritätspersonen aufzubauen. Auch und insbesondere in der Zeit des Studiums und der ersten Unabhängigkeit als junger Erwachsener sollte es uns unbedingt gelingen, der Lebensphase und der Institution angemessene Soft Skills zu entwickeln, da die hier erlernten Skills nicht nur den Verlauf unseres Studiums, sondern auch den Verlauf unseres weiteren Lebens maßgeblich positiv beeinflussen können. Gelingt es uns, die Dinge mutig und pro-aktiv anzugehen, oder bleiben wir eher ängstlich und ordnen uns den Gegebenheiten, die wir vorfinden, unter? Gelingt es uns, jenseits der Erwartungen der Masse unsere Individualität zu finden und zu ihr zu stehen oder bleibt es uns wichtiger, vor anderen gut dazustehen? Akzeptieren wir Rahmenbedingungen und schlüpfen in Nischen, die wir ausmachen, oder üben wir uns in dem Versuch, Rahmenbedingungen konstruktiv umzugestalten?

Wie auch immer Sie zu diesem Buch gekommen sind, ich heiße Sie auf dem Soft-Skill-Pfad herzlich willkommen. Vermutlich sind Sie als Leser dieses Buches zwischen 17 und 25 Jahre alt und befinden sich entweder am Ende Ihrer Schulzeit oder am Anfang Ihres Studiums – ein idealer Rahmen, um Ihr Soft-Skill-Repertoire zu erweitern. Denn während wir noch in unserer Herkunftsfamilie leben und zur Schule gehen, sind wir in Bezug auf die aktive und individuelle Gestaltung unseres Lebensrahmens limitiert. Wir passen uns den Gewohnheiten unserer Familie an, verhalten uns wenigstens in Teilen gemäß der Vorstellungen unserer Eltern und sind in der Schule häufig aufgefordert, uns mehr Regeln, Richtlinien und den Erwartungen von Lehrkräften unterzuordnen, als uns lieb ist. Wir arbeiten uns meist mehr an den Programmen anderer ab, als dass wir uns mit der Suche nach eigenen beschäftigen. Sobald wir jedoch unsere Schule abschließen und zu Hause ausziehen, sind wir frei, uns selbst zu finden, bevor wir uns früher oder später wieder in den Rahmen unserer eigenen Familie und einer beruflichen Entwicklung begeben. (Sollten Sie noch bei Ihren Eltern leben, ist das auch kein Problem, denn sobald man die Schule beendet hat, lassen Eltern in der Regel die Zügel der Erziehung locker und gewähren uns Freiheit.) Das Zeitfenster, in dem Sie sich jetzt befinden, bietet also die Traumkombination aus Freiheit und Eigenverantwortung – ein idealer Rahmen für das Herausfiltern der eigenen Identität, für das Experimentieren mit dem Selbst sowie für das Begreifen der Erkenntnis, dass Gelingen kein Zufallsprodukt ist. Noch nie zuvor und nie mehr im Anschluss wird Ihnen das Erlernen von Soft Skills so leicht fallen wie gerade jetzt. Nutzen Sie diese einmalige Chance!

▶ Das Zeitfenster des Studiums bietet die Traumkombination aus Freiheit und Eigenverantwortung. Hier finden Sie den idealen Nährboden für das Herausbilden einer gefestigten Persönlichkeit sowie für das Entwickeln von Soft Skills.

Schließlich bleibt noch die Frage zu beantworten, wie wir unser Soft-Skill-Repertoire nun de facto erweitern können. Ich empfehle ein zwei- bis dreigleisiges Vorgehen: Beschäftigen Sie sich auf der einen Seite theoretisch mit dem Thema, indem Sie parallel zu Ihren diversen Studienlektüren (oder, wenn Ihnen das zu viel wird, einfach in Ihrer Freizeit, im Zug, am Strand) immer einmal wieder Bücher zum Thema „Persönliche Erfolgsstrategien" lesen (eines halten Sie gerade in den Händen). Manche dieser Bücher werden Ihnen nichts sagen, manche werden Sie absurd finden, mit einigen werden Sie etwas anfangen können. Letztere sind die Bücher, mit denen Sie arbeiten sollten, denn sie enthalten offensichtlich Inhalte, die mit Ihnen **in Resonanz gehen**. Auf der anderen Seite leben Sie Ihr Leben, reflektieren es zugleich (geeignete Fragestellungen finden Sie jeweils unter „Meine Empfehlung" am Ende der allermeisten Kapitel) und ziehen immer wieder Schlüsse, treffen Entscheidungen, entwickeln Strategien. Drittens schließlich kann es durchaus Sinn machen, sich phasenweise Unterstützung bei einem Coach zu suchen, der Sie in Ihrer Persönlichkeitsarbeit unterstützt. Das Potenzial eines kritischen Zuhörers, eines konstruktiven Impulsgebers und eines ehrlichen Spiegels darf ruhig sehr hoch eingeschätzt werden. Kaufen Sie sich lieber drei Kleidungsstücke weniger, verzichten Sie auf das neueste Handy-Modell oder verdienen Sie sich einfach noch etwas mehr Geld dazu. Was kann, neben der Investition in Bildung, mehr Sinn machen als die Investition in Ihre Persönlichkeit? Freuen Sie sich weiterhin über (nahezu) jede Art von Rückmeldung bezüglich Ihrer Person und Ihrem Verhalten. Unsere Entwicklung wird am meisten gefährdet, wenn wir uns in einem von uns konstruierten (Wunsch-)Selbstbild einpuppen und jede Art von Rückmeldung, die uns nicht in diesem Wunsch-Selbstbild bestätigt, aufgebracht zurückweisen.

▶ **Fazit** Unser intrapsychischer Kern und der interpersonale Ring werden als „Mutter Erde", aus der wir unser Soft-Skill-Repertoire entwickeln, maßgeblich in unserer Herkunftsfamilie geprägt, können aber auch später von uns selbst noch aktiv modifiziert und positiv verändert werden. Des Weiteren erfordert jede Lebensphase von uns neue Soft Skills.

1.3 Was sind Soft Skills?

Wir können und müssen sie daher unser gesamtes Leben hindurch entwickeln und uns in ihrer Anwendung üben. Voraussetzung für das Erlernen von Soft Skills ist das Erkennen unseres enormen Einflusspotenzials auf den Verlauf unseres Lebens. Die Studienzeit ist in ihrer Mischung aus erster Eigenverantwortung und Unabhängigkeit ein ideales Zeitfenster, um ganz besondere Soft Skills zu lernen, welche uns nicht nur in der Regel Erfolg im Studium bescheren, sondern sich, weit darüber hinaus, als bedeutsam für den weiteren Verlauf unseres Lebens zeigen.

> **Kurz zusammengefasst – Was Sie aus Kap. 1 mitnehmen sollten**

Soft Skills sind effektive Verhaltensweisen und damit Kompetenzen ungeahnten Potenzials. Sie öffnen uns die wichtigsten Türen im Leben, sind unsere bedeutsamsten Helfer in schwierigen Lebenssituationen, verhelfen uns dazu, Glück wahrnehmen zu können und entscheiden letztendlich darüber, ob uns unser Leben (und als ein Teil davon auch unser Studium) gelingt oder nicht. Die tatsächlichen Kompetenzen – als Oberbegriffe seien die Selbstführungs- und Kooperationskompetenz genannt – finden ihren Ursprung und Nährboden in unserem jeweiligen Selbstbild sowie in der Emotionalität, mit der wir uns und – hieraus folgernd – den uns Umgebenden begegnen. Das von mir entwickelte Soft-Skill-Modell besteht daher aus einem intrapsychischen Kern, einem diesen umschließenden interpersonalen Ring, den Tugenden und schließlich den Kompetenzen. Anliegen und Sorgen von Studierenden (und natürlich auch von Nicht-Studierenden) finden ihren Ursprung immer im Kern des Modells. Wer seine Soft Skills ausbilden oder verfeinern will, startet das Training also idealerweise mit der Ausbildung des Modellkerns – einer starken Persönlichkeit – und verfolgt parallel hierzu die Entwicklung spezifischer Soft Skills. Wer akute Anliegen dauerhaft lösen möchte, muss die Reise vom äußeren Ring in das Innere des Modells antreten und Themen bei der Wurzel packen. Neugierde, Reflexionsbereitschaft und die Suche nach Chancen und Lösungen sind Voraussetzungen, um unsere Soft-Skill-Ausbildung erfolgreich zu bewerkstelligen, wobei die Studienzeit ein idealer Rahmen ist, um unser Soft-Skill-Repertoire aufzubauen und/oder zu erweitern, da wir in dieser Zeit so frei und eigenverantwortlich agieren wie selten vorher oder später in unserem Leben. Idealerweise verläuft eine Soft-Skill-Ausbildung als Mischung aus theoretischer Auseinandersetzung mittels geeigneter Lektüre, dem Leben unseres Lebens und dem – möglicherweise durch einen Coach unterstützten – zeitgleichen Reflektieren unseres Denkens, Fühlens und Handelns sowie der Rückmeldungen, die wir in unserem Umfeld auslösen.

Meine Empfehlung

- Kaufen Sie sich eine Art Tagebuch, in das Sie ab heute wichtige Beobachtungen und Erkenntnisse notieren. Tragen Sie dieses Buch stets bei sich, damit Ihnen kein wichtiger Gedanke verloren geht.
- Notieren Sie zuerst, welcher Impuls Sie dazu bewogen hat, dieses Buch zu lesen und auf welche Fragen Sie sich Antworten wünschen.
- Notieren Sie sich Ihre bisherigen Erfolgserlebnisse (privater oder schulisch-beruflicher Natur) und eruieren und notieren Sie, warum *genau* Ihnen diese Dinge gelungen sind (Zufall hat hier selten die Hände im Spiel).
- Denken Sie darüber nach, welche Art von Kritik Sie inhaltlich am wenigsten vertragen können. Warum genau ärgern Sie sich? Was ist dran an diesem Kritikpunkt?

Zum Weiterlesen

- Daniel Golemans Werk *Emotionale Intelligenz* schlug auf dem deutschen Buchmarkt 1997 wie ein Blitz ein. Es war das erste viel beachtete Werk, welches die These proklamierte, dass Erfolg nicht in erster Linie von unserer schulisch-akademischen Leistung (unserem IQ), sondern von dem Umgang mit unseren Gefühlen (unserem EQ, dem Emotionalen Quotienten) und den daraus resultierenden Verhaltensweisen abhängt. Als Einstiegslektüre bietet sich Kap. 3 „Schlau kann dumm sein" (S. 53–66) an. Ansonsten kann man das Buch auch gut immer mal nebenbei lesen. Es wird hier und da theoretisch-wissenschaftlich, bleibt dabei jedoch immer themenzentriert und ist sehr verständlich geschrieben (Goleman 1997). (Siehe auch: Goleman 1999; Goleman und Kreissl 2008).
- Stephen Coveys *Die 7 Wege zur Effektivität* ist für mich *die* Soft-Skill-Bibel schlechthin. Das *Time Magazine* zählte Stephen Covey 1996 zu den 25 einflussreichsten Amerikanern. Ich kenne kein anderes Buch, welches das Thema Soft Skills so umfassend und zugleich so übersichtlich, professionell und menschlich darlegt. Ein Buch, das man nicht verschlingen, sondern sich Kapitel für Kapitel auf der Zunge zergehen lassen sollte. Ich halte es für wichtig, sich zwischen den einzelnen Kapiteln Zeit zu lassen, damit das Gelesene sacken kann. Alleine der erste Teil – Paradigmen und Prinzipien – gibt einem Denkstoff für ein ganzes Jahr (Covey 2014).
- *Das Lebensspiel* von Irene und Thomas Frei hat mich verblüfft. Ich las es zu einem Zeitpunkt, als ich selbst schon Jahre lang Soft Skills unterrichtete, und dennoch hat dieses Buch mir ganz neue Einsichten – auch für mein eigenes

Leben – bescheren können. Insbesondere die Idee der morphischen Felder und das Resonanzprinzip brachten mich in meinen eigenen Forschungsbeobachtungen auf einen neuen Pfad. Irene und Thomas Frei erweitern die emotionale und rationale Soft-Skill-Arbeit um eine sehr bedeutsame Ebene: die energetische. *Das Lebensspiel* ist ein fantastisches Buch, leicht und verständlich geschrieben, klar aufgebaut, sehr eindringlich (Frei und Frei 2011). Das Kapitel „Alles ist miteinander verbunden" bietet sich als Kennenlernlektüre an .

- Christiane Windhausen und Birgitt-Rita Reifferscheidt haben mit *Das flüssige Ich – Führung beginnt mit Selbstführung* ein außergewöhnliches Buch geschrieben, das auf dem Markt seinesgleichen sucht. Die Autorinnen erläutern, wie Denken, Fühlen und Körper miteinander verbunden sind und wie der Mensch nur in seine volle Kraft gelangen kann, wenn er zwischen diesen Aspekten Einklang herzustellen vermag (Windhausen und Reifferscheidt 2012).
- Pierre Franckhs *Das Gesetz der Resonanz* ist ein erstaunliches Buch, welches gut leserlich und für mich stets nachvollziehbar erläutert, warum wir nur die Dinge in unser Leben ziehen können, mit denen wir auf der gleichen energetischen Ebene schwingen. Jeder wird sich in diesem Buch wiederfinden und begreifen, warum uns manche Dinge bisher einfach nicht gelingen wollten, während andere wie von Zauberhand und ganz leicht immer wieder in unser Leben treten. Ein unbedingtes Muss für alle, die sich Unerklärliches erklären wollen (Franckh 2008).

Literatur

Covey, S R (2014) Die 7 Wege zur Effektivität. 29. erweiterte und überarbeitete Neuauflage, Gabal, Offenbach

Dietz, A (2013) Gesundes Kommunizieren. BusinessVillage, Göttingen

Fehling, J (2014) Lehre, Abitur, Studium: Mit diesen Abschlüssen ist der Weg zur Million frei. http://www.focus.de/finanzen/karriere/ausbildung-abitur-studium-lebenseinkommen-im-vergleich-mit-einem-studium-ist-der-weg-zur-millionen-frei_id_3573693.html. Zugegriffen: 19.05.2014

Franckh, P (2008) Das Gesetz der Resonanz. Koha, Burgrain

Frei, I u. T (2011) Das Lebensspiel – Die Regeln verstehen, anwenden und – gewinnen. Arkana, München

Gardner, H/Hatch, T (1989) Multiple Intelligences go to school: The Theory in Practice. Educational Researcher Vol. 18. No. 8 (Nov. 1989) S. 4–10

Goleman, D (1997) Emotionale Intelligenz. Deutscher Taschenbuch Verlag, München

Goleman, D/Kreissl, R (2008) Soziale Intelligenz. Verlagsgruppe Droemer & Knaur, München

Hoffman Seminar (2015) Über das Hoffman Seminar. http://www.hoffman-seminar.de/ueber-das-hoffman-seminar.html. Zugegriffen: 18.03.2015

Kofman, F (2005) Meta-Management – Der neue Weg zu einer effektiven Führung. Kamphausen, Bielefeld

Musall, B/Pieper, D (2014) Leben in der Kribbelzone (Ein Interview mit Herbert Renz-Polster) Der Spiegel Wissen 1/2014 – Entspannte Eltern, starke Kinder, S. 12–19

Schipper, L (2014) „Roboter bleiben herzlos und fleißig" – Technikforscher Carl Benedikt Frey sagt, wie Roboter die Welt aufräumen und warum wir Grundschülern besser Programmieren beibringen. Frankfurter Allgemeine Sonntagszeitung, Nr. 17, 27.04.2014, (Wirtschaft)

Trentmann, N (2012) Fünf Dinge, die Sterbende am meisten bedauern. http://www.welt.de/vermischtes/article13851651/Fuenf-Dinge-die-Sterbende-am-meisten-bedauern.html. Zugegriffen: 21.03.2015

Windhausen, C/Reifferscheidt, B-R (2012) Das flüssige Ich – Führung beginnt mit Selbstführung. Kindle Edition, Books on demand

Die Kunst, sich selbst zu führen 2

> **Zusammenfassung**
>
> Im folgenden Kapitel stelle ich Ihnen die aus meiner Sicht wesentlichen Selbstführungs-Kompetenzen vor. Unter den Überschriften „Erkenne dich selbst" (Kap. 2.1), „Mache dir ein Bild von deiner Zukunft" (Kap. 2.2), „Agiere unabhängig und eigenverantwortlich" (Kap. 2.3) und „Sorge gut für dich" (Kap. 2.4) finden sich jeweils verschiedene Skills beschrieben, welche – erfolgreich umgesetzt – das Erreichen des in der jeweiligen Überschrift genannten Ziels bewirken. Gemäß dem zuvor vorgestellten Soft-Skill-Modell beginnen wir unser Training also mit dem intrapsychischen Kern – der Arbeit an unserem Selbst. Diese Kompetenzen stellen den Unterbau für die später behandelten „studentischen Kompetenzen" (siehe Kap. 4) dar, denn ohne ausgereiftes Selbst wird Ihnen ein erfolgreiches Studium kaum möglich sein.

2.1 Erkenne dich selbst

Wer einmal sich selbst gefunden hat, kann nichts auf dieser Welt mehr verlieren. (Stefan Zweig)

Mitte des 5. Jahrhunderts v. Chr. war an einer Säule des Apollo-Tempels in Delphi die Inschrift „gnõthi seautón" („Erkenne dich selbst") zu lesen, welche laut Überlieferung zunächst auf den Gott Apollo und später – in ihrer schriftlichen Darlegung – auf Chilon von Sparta, einen der sogenannten Sieben Weisen der Antike, zurückging. Während Philosophen verschiedenster Denkrichtungen über unterschiedliche Epochen hinweg über diesen Leitspruch und dessen Bedeutung für den Menschen sinnierten, hat er bis heute seine Gültigkeit und Faszination bewahrt und erfährt in einer Zeit, in der dem Individuum mit seinen ganz spezifischen Talenten wieder eine neue Wertschätzung zukommt, eine Renaissance.

Auch in der Soft-Skill-Arbeit gebührt dem Aufruf zur Selbsterkenntnis eine exponierte Stellung, repräsentiert doch die Fähigkeit, sich selbst umfassend realistisch einschätzen zu können, die Basis für alles Weitere: Nur wer seine Stärken kennt, wird sie zu nutzen wissen und z. B. eine Berufstätigkeit suchen, in der er diese gewinnbringend einsetzen kann. Nur wer sich seiner Bedürfnisse bewusst ist, wird ihnen Raum gewähren und sie vor anderen vertreten können – eine Voraussetzung für langfristige Zufriedenheit, auch und vor allem in der Partnerschaft. Nur wer sich mit seinen Schwächen anfreundet, wird entspannt mit ihnen umgehen und keine Energie darauf verwenden, Rückmeldungen, die ihm diese spiegeln, von sich zu weisen. Je profunder und realistischer sich Ihre Selbstkenntnis zeigt, umso mehr werden sich Ihr Selbst- und Fremdbild decken, umso entspannter werden Sie durch Ihr Leben schreiten und umso zielgerichteter werden Sie dieses gestalten. Schauen wir uns gemeinsam an, welche Erkenntnisse es im Detail zu entdecken gilt – und „ent-decken" ist hier ganz wörtlich gemeint, denn tatsächlich müssen wir das, was uns ausmacht, nicht irgendwo suchen, sondern einfach nur genau hinschauen und hinfühlen. Alles, was wir suchen, ist da. Wir müssen es lediglich wahrnehmen.

2.1.1 Stärke deine Stärken

> Bereits in der ersten Klasse steht unter dem Diktat „5 Fehler" und nicht „Prima, schon 45 Wörter richtig!"
> (Martina Schmidt-Tanger, *Charisma-Coaching*)

Jeder Mensch verfügt über Potenziale, davon bin ich nach vielen Jahren der engen Zusammenarbeit mit Menschen mehr denn je überzeugt. Zugleich erschreckt es mich immer wieder zu erleben, wie wenige Menschen überhaupt Kenntnis von ihren Potenzialen haben bzw. unter wie vielen Schichten diese verschüttet liegen, sodass sie nicht wahrgenommen, geschweige denn gelebt werden.

Meiner Einschätzung nach gibt es für dieses traurige Phänomen mehrere Ursachen: Zum einen werden in unserem Bildungssystem nur ganz bestimmte Fähigkeiten fokussiert und bewertet. Hierzu gehört z. B. die Fähigkeit, schnell zu lesen und das Wesentliche eines Textes zu erfassen, die Fähigkeit, gelernte Lösungswege auf neue Sachverhalte zu übertragen oder zu modifizieren, die Fähigkeit, komplexe Sachverhalte zu durchdringen und auf ihre Essenz zu reduzieren. Diejenigen, die diese Dinge beherrschen (oder im Laufe der Zeit lernen), erfahren zwölf Schuljahre lang Wertschätzung und gute Noten; diejenigen, die bezüglich der hier erwarteten Leistung weniger begabt sind, fühlen sich über denselben Zeitraum hinweg

2.1 Erkenne dich selbst

als weniger „gut" und häufig auch als weniger „wert". (Das Perfide an der Sache ist, dass die Fähigkeiten meist stillschweigend vorausgesetzt und nicht wirklich unterrichtet werden.) Zweifelsohne sind die genannten Fähigkeiten von Bedeutung – auch, um ein Studium erfolgreich absolvieren oder im Job bestimmte Dinge leisten zu können. Doch es gibt auch viele andere Dinge, die von großer Bedeutung sind, um in Schule, Studium und Berufsleben gut zurechtzukommen, und diese werden in der Schule nicht gelehrt und finden auch in keiner Leistungsbeurteilung einen Platz. Hierzu gehört etwa die Fähigkeit, entgegen der Einschätzung Dritter, auf einem bestimmten Schulzweig zu verharren und sich bis zum Abitur durchzubeißen (Resilienz und Hartnäckigkeit), hierzu gehört die Fähigkeit, sich in einer Gemeinschaft einen respektierten Status zu erarbeiten, wozu in der Regel eine Mischung aus Empathie, Gerechtigkeitssinn, Konfliktbereitschaft und Verantwortungsbewusstsein beiträgt; hierzu gehört schließlich unter vielen weiteren die Fähigkeit, Autoritäten mit Mut und Selbstbewusstsein gegenüberzutreten und sich – umgeben von vielen anderen – eine eigene Meinung zu bilden. Und so kommt es schließlich, dass eine Menge Schüler ihre Schullaufbahn mit einem grundlegenden Minderwertigkeitsgefühl ausgestattet verlässt, obwohl sie unter Umständen über eine Menge fantastischer Fähigkeiten verfügen, aber eben nicht über jene, die im Bewertungssystem der Schule Berücksichtigung finden.

Die zweite Ursache dafür, dass viele Menschen sich in unserer Gesellschaft eher minderwertig fühlen, liegt meines Erachtens daran, dass wir gemeinhin nur eine überschaubare Anzahl von Lebenswegen mit dem Gütesiegel „Erfolgreich und bewundernswert" bedenken. Meist sind dies Karrieren, die ein volles Konto, eine Menge an vorzeigbaren Gütern und eine gehobene Position in einem Unternehmen nach sich ziehen. Dass es aber genauso für Erfolg sprechen kann, wenn ein Mensch sich aus tiefster Überzeugung für den Beruf des Lehrers, des Schriftstellers, des Archäologen oder des Schreiners entscheidet, sehen viele nicht. Aus meiner Sicht sollten wir den als erfolgreich bezeichnen, der das macht, was ihm liegt, und der mit dem, was er macht, glücklich und zufrieden wird. Es ist in Ordnung, wenn jemand nicht studieren will. Es ist in Ordnung, wenn jemand sich entschließt, mit der Fachhochschulreife die Schule zu verlassen. Es ist in Ordnung, wenn jemand Zahnarzthelfer oder Tanzlehrer wird. Es ist auch in Ordnung, wenn jemand schnell studiert, dann promoviert, dann in einem Unternehmen aufsteigt, Geschäftsführer wird und eine Menge Geld verdient. Hauptsache ist, dass der Mensch das macht, mit dem er glücklich ist. Entscheiden Sie sich also bitte nicht für Studienfächer, von denen Sie meinen, dass diese Ihnen eine verheißungsvolle Karriere und gesellschaftliche Anerkennung ermöglichen. Entscheiden Sie sich für das, wo es Sie hinzieht, auch wenn es sich hierbei um einen – aus Mainstream-Sicht – „ver-rückten" Weg handelt.

Drittens schließlich ist unsere defizitorientierte Herangehensweise an Erziehung und (Aus-)Bildung dafür verantwortlich, dass so viele Menschen nicht in Kontakt mit ihren Potenzialen kommen. Von klein auf werden wir eher auf unsere Schwächen als auf unsere Stärken hingewiesen: So wird guten Leistungen unterm Strich viel weniger Aufmerksamkeit zuteil als schlechten – gute Zensuren werden hingenommen, schlechte werden diskutiert; Gespräche mit Schülern oder Eltern werden eingefordert, wenn es Probleme gibt, nicht um kundzutun, wann und wo die Dinge gut liefen; auch wer als erwachsener Arbeitnehmer zum Vorgesetzten gerufen wird, bekommt zuerst einen Schreck und denkt darüber nach, wo er einen Fehler gemacht haben könnte; kaum einer erwartet in einem solchen Falle ein positives Feedback. Und so verschwinden viele Potenziale im Schatten unserer ewig im Rampenlicht stehenden Schwächen.

▶ Unser Schulsystem bewertet ganz bestimmte Fähigkeiten und lässt andere – z. B. die Soft Skills – außen vor. Unsere Gesellschaft zieht für die Beurteilung von Erfolg materielle und Machtkriterien heran, berücksichtigt aber das Kriterium der Zufriedenheit nicht. Schließlich prägt uns die defizitorientierte Herangehensweise im Erziehungs- und Bildungswesen. Und so kommt es schließlich, dass einige Menge Menschen nichts oder wenig von ihren Potenzialen wissen, obwohl sie doch über sehr viele verfügen.

Exkurs – Wie Erziehung (auch) misslingen kann
Manche Eltern sind die defizitorientierte Herangehensweise in ihrer eigenen Erziehung und Ausbildung so leid, dass sie in der Erziehung ihrer eigenen Kinder in das Gegenteil umschlagen: Sie loben nach dem Gießkannenprinzip, schützen ihre Kinder vor jeder Unannehmlichkeit und vermeiden es, sie mit Herausforderungen zu konfrontieren. Die Kinder, die eine solche Erziehung genießen, werden häufig als „Trophy Kids"[1] betitelt, junge Menschen also, die, während sie aufwuchsen, für alles und jedes gelobt und pausenlos „gepampert" werden. Dass dieser Erziehungsstil ebenso wenig hilfreich ist wie die reine Defizitorientierung versteht sich von selbst.

Doch was genau sind nun eigentlich Potenziale, Stärken und Fähigkeiten und wie können wir sie für uns persönlich entdecken, hegen und pflegen? Die drei Begriffe Stärke, Fähigkeit und Potenzial sind eng miteinander verwandt und haben doch jeweils einen eigenen Bedeutungskern: Während der Begriff der Fähigkeit sich auf etwas Sichtbares und bereits Existentes bezieht („Sie kann gut kochen"), meint

---

[1] Der Begriff „Trophy Kids" wird in vielen Artikeln über die sogenannte Generation Y verwendet – also die Menschen, die ca. zwischen 1980 und 1999 geboren wurden (z. B. Matchar 2012). Selbstredend sind nicht alle Generation-Y-Zugehörigen als „Trophy Kids" zu bezeichnen, obgleich das Bemühen, ihre Kinder vor unschönen Wahrheiten – und dazu gehört eben auch manchmal der ehrliche Blick in den Spiegel – zu beschützen, sicher viele Elternteile dieser Generation eint.

2.1 Erkenne dich selbst

der Begriff des Potenzials das (noch) nicht umgesetzte, nicht sichtbare, aber im Verborgenen Liegende und Mögliche („Sie müsste gut kochen können; sie verfügt über alle Eigenschaften und Anlagen, die man zum Kochen braucht"). Die „Fähigkeit" ist zudem meist eindimensional zu verstehen und fokussiert das durch sie entstandene Ergebnis („Sie kann gut kochen"), das „Potenzial" ist mehrdimensional und fokussiert die das Ergebnis ermöglichenden Voraussetzungen („Sie hat einen ausgeprägten Geschmacks- und Geruchssinn, sie ist kreativ, sie ist geduldig, sie hat ein Gefühl für mögliche Kombinationen"). (Abbildung 2.1 zeigt Beispiele für sich hinter Fähigkeiten verbergende Potenziale.)

Eine Stärke entsteht schließlich, wenn Menschen ihre Potenziale (er-)kennen und nutzen, daraus ganz konkrete Fähigkeiten entwickeln und diese mit Hingabe, Engagement und Perfektion ausführen. (Abbildung 2.2 macht den Zusammenhang zwischen Potenzial, Fähigkeit, Leidenschaft und Stärke deutlich.)

Machen Sie sich also ab jetzt hemmungslos auf die Suche nach all den Dingen, die Sie gut können. Fertigen Sie Listen mit den Fähigkeiten an, die Sie beherrschen.

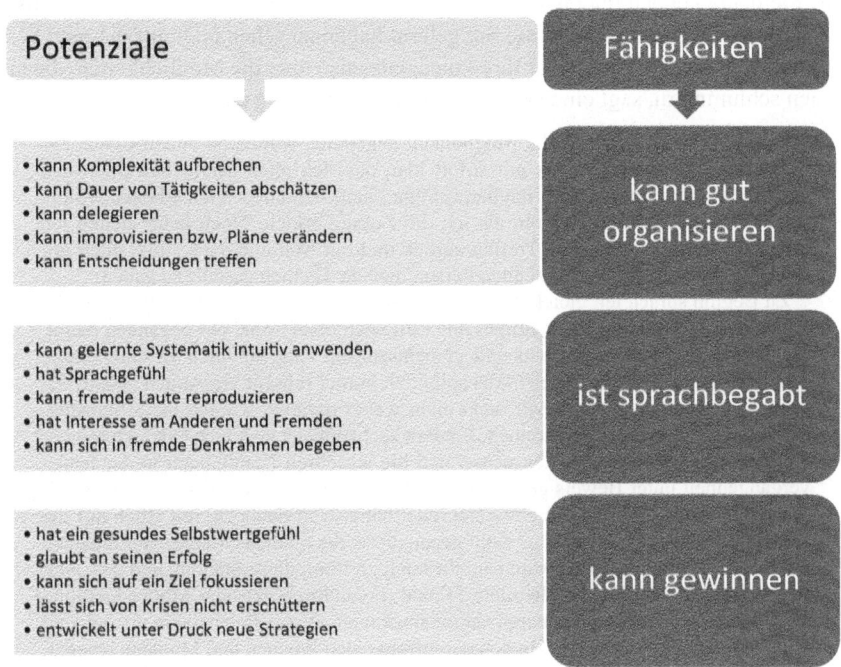

Abb. 2.1 Hinter Fähigkeiten verbergen sich Potenziale

Abb. 2.2 Stärken als Schnittmenge von Potenzial, Fähigkeit und Leidenschaft

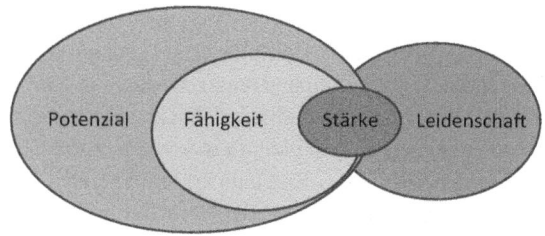

Denken Sie darüber nach, wo Ihnen Dinge gelungen sind. Überlegen Sie, was Sie alles sympathisch und liebenswert macht. Wir tun dies viel zu wenig und versäumen es auf diese Weise, uns zu stärken, zu wachsen und unser Selbstbewusstsein und Selbstwertgefühl zu nähren. Haben Sie keine Angst davor, übermütig zu werden oder arrogant zu wirken. Es gibt nichts Gesünderes, als sich bewusst zu machen, was wir können, was wir schon geschafft haben und was uns liebenswert macht. Behalten Sie dabei immer im Hinterkopf, dass Ihr Reservoir an Stärken, das Sie heute kennen, nichts mit Ihren wahren Möglichkeiten zu tun haben muss. Es sind lediglich die Stärken, die Sie gelernt haben zu sehen oder auf die man Sie aufmerksam gemacht hat. Über Ihre Potenziale, also über die Möglichkeiten, die in Ihnen schlummern, sagt eine aktuelle Bestandsliste wenig aus.

> Als uns an der Hochschule die Möglichkeit angeboten wurde, an einem Coaching-Programm teilzunehmen, war mir sofort klar, dass ich mich darauf bewerben und mein Glück versuchen wollte. Ich hatte einige Themen, an denen ich arbeiten wollte, und war dementsprechend froh, als ich die Zusage erhielt. Noch heute denke ich besonders gerne an das erste Treffen zurück und bin froh und auch stolz, mich mit Unterstützung einer außenstehenden Person meinen Themen gestellt zu haben.
>
> Zu Beginn sprach ich gleich das Thema Selbstbewusstsein an – ich hatte den Eindruck, dass hier bei mir noch einiges an „Luft nach oben" war. Wir begannen damit, das Thema greifbar zu machen und gemeinsam ein Ziel für mich zu entwickeln: Auf was wollte ich hinarbeiten? Was sollte ich immer präsent vor Augen haben? Zu meinem Erstaunen sprachen wir dann nicht weiter darüber, wie ich mein Selbstbewusstsein würde verbessern können, sondern suchten nach positiven Charaktereigenschaften, die bereits vorhanden waren und die ich durch Handlungen in der nahen Vergangenheit unter Beweis gestellt hatte. Heraus kamen Eigenschaften, die ich mir so auf den ersten Blick gar nicht zugeordnet hätte. Und dennoch, mit Blick auf die zurückliegenden Monate sind es wohl genau diese, die mich als Mensch auszeichnen und stark machen. Plötzlich waren sie für mich greifbar, diese Stärken, und das, weil eine außenstehende Person, die nicht Freund, Freundin, Vater oder Mutter hieß und mich dementsprechend nicht bereits jahrelang kannte, dieses Potenzial in mir sah und es mich selbst entdecken ließ. In den darauffolgenden Wochen und Monaten spiegelten noch andere Personen mir meine frisch entdeckten Stärken und so entwickelte ich ein ausgeprägtes Bewusstsein dafür, wie sehr mich diese Dinge auszeichneten. Mit

2.1 Erkenne dich selbst

der Zeit konnte ich beobachten, wie ich mich veränderte, wie mein Selbstbewusstsein immer weiter wuchs – wie eine Pflanze, die sich aus einem Samenkorn entwickelt. Noch heute bin ich froh und dankbar für diesen Stein des Anstoßes, den ich im Coaching erhielt. Sei es im Privatleben, in der Hochschule oder bei der Arbeit – die Erfahrung des Coachings und das, was ich für mich mitnehmen durfte, hilft mir in vielen Situationen meines täglichen Lebens.

Manuel Schaar, Alumnus 2015 International Sports Management, accadis Hochschule Bad Homburg

Suchen Sie auch gemäß Abb. 2.1 nach den Stärken hinter Ihren Stärken, also Ihren Potenzialen. Sie sind universell, also allgemeiner Natur und damit übertragbar, sie weiten unsere Perspektive in Bezug auf etwaige Einsatzmöglichkeiten. Wer etwa gut Tennis spielen kann, hat in der Regel viel Ballgefühl (lässt sich auch auf andere Sportarten übertragen), beherrscht verschiedene Schlagtechniken (spricht für das Bemühen um Variantenreichtum und das richtige Gefühl dafür, wann welche Technik einzusetzen ist), verfügt über eine gute Kondition (erreicht man nur, wenn man in kontinuierlichem Training die Grenzen seiner Möglichkeiten stetig erweitert). Wer fähig ist, offen auf Menschen zuzugehen und schnell in Kontakt zu kommen, hat ein gesundes Selbstwertgefühl, ist empathisch und verfügt über ein Gefühl für Situationen (wann sage ich am besten was zu wem?), über Freude am Miteinander und der Fähigkeit, das Gute in anderen zu sehen. Blicken Sie also hinter die Kulissen und versuchen Sie zu entdecken, welche verborgenen, auf andere Gebiete übertragbaren Potenziale Ihnen die sichtbaren Fähigkeiten überhaupt erst ermöglichen. Dadurch können Sie noch ein Stück mehr wachsen.

▶ **Fazit** Es tut uns wohl und lässt uns wachsen, wenn wir uns über all die Dinge im Klaren werden, die wir beherrschen, können oder schon geschafft haben. Je mehr wir unsere Sonnenseiten fokussieren, umso öfter wird die Sonne für uns scheinen. Das Stärken unserer Stärken macht daher mehr als Sinn. Im Zentrum der Arbeit an unserem Selbst steht die Idee, unsere Stärken zu stärken, sie zu nähren und zu entwickeln, sie selbstbewusst zu leben und gewinnbringend in die Welt zu tragen.

Meine Empfehlung

- Fertigen Sie eine Liste von den Fähigkeiten an, die Sie besonders gut beherrschen.
  Auch wenn Sie zurzeit eher auf der Suche nach einem Studienfach oder einer beruflichen Perspektive sind, schreiben Sie alle Dinge auf, die Ihnen einfallen.

Denken Sie bei dieser Übung nur innerhalb Ihres persönlichen „Kosmos" und vergleichen sich nicht mit anderen. Gedanken wie „Ja, ich bin auf dem Gebiet nicht schlecht, doch XY kann es doch viel besser als ich" sind hier nur kontraproduktiv.

Falls Sie selbst unsicher sind oder Ihnen nur wenige Dinge einfallen, fragen Sie mehrere Menschen, die Sie gut kennen und denen Sie vertrauen.

- Notieren Sie dann jeweils, welche Potenziale sich hinter den genannten Fähigkeiten verbergen bzw. diese erst ermöglichen (siehe Abb. 2.1).
- Überlegen Sie im Anschluss, welche weiteren Fähigkeiten Sie aus den notierten Potenzialen entwickeln könn(t)en.
- Entscheiden Sie schließlich, welche Ihrer Fähigkeiten Sie als Stärke bezeichnen würden (siehe Abb. 2.2).

2.1.2 Nimm deine Schwächen unter die Lupe

Sind auch Sie auf Ihre Unzulänglichkeiten fokussiert?
(Martina Schmidt-Tanger, *Charisma-Coaching*)

Eine profunde und realistische Selbsteinschätzung – die Kenntnis unserer Licht- und Schattenseiten also – ist von unschätzbarem Wert, da sie Voraussetzung für ein wirkungsstarkes Auftreten und eine passende Entwicklung unserer selbst ist. Lesen Sie hier die Geschichte eines Studierenden, dem das offensichtlich gut gelungen ist:

Zu Beginn meines Studiums war ich ein eher durchschnittlicher Student. Das langwierige Auseinandersetzen mit theoretischen Sachverhalten und wochenlanges Lernen gehörte nicht unbedingt zu meinen Leidenschaften und Stärken. Es war auch frustrierend, dass ich immer wieder auf meine Schwächen traf und trotz Lernen anfangs nicht die besten Noten erzielte. Umso wichtiger war es für mich zu erfahren, dass ich auf der anderen Seite der Waagschale eine Menge Stärken besaß – Kontakte knüpfen, offenes Zugehen auf Menschen, humorvoll und charmant sein, für lockere Stimmung sorgen, ehrlich, authentisch und sympathisch rüberkommen. Auch wurde mir im Laufe meines Studiums zunehmend bewusst, dass ich sehr viel Energie besaß, hartnäckig meine Ziele verfolgte und meinen beruflichen Einstieg pro-aktiv anging. Mit dem Wissen um meine Stärken suchte ich mir dann auch den passenden Job: Nach meinem Praktikum im Key-Account-Team eines renommierten Sportartikelherstellers trat ich im vergangenen November meine Stelle als Retail Space Coordinator an. Ich betreue hier eine große Premiumverkaufsfläche und muss dies so tun, dass die Umsatzzahlen weiter steigen. Der Job macht mir sehr viel Spaß, da ich hier meine persönlichen Stärken zu 100 Prozent einbringen und ausspielen kann. Ich kann jedem nur empfehlen, sich auf die Suche nach den eigenen Stärken zu machen und sich einen Job zu suchen, in dem diese gefragt sind und wertgeschätzt werden. Inter-

essanterweise wurden mit der Kenntnis um meine Stärken auch meine studentischen Leistungen immer besser.
Maximilian Minner, Alumnus 2014 International Sports Management, accadis Hochschule Bad Homburg
Retail Space Coordinator, Nike, Munich

Nachdem ich in Kap. 2.1.1 verdeutlicht habe, wie bedeutsam es ist, sich seiner Stärken bewusst zu sein und diese zu nutzen und zu intensivieren, möchte ich nun das Phänomen „Schwäche" einmal genauer unter die Lupe nehmen, gewährt doch ein detaillierter Blick auch hier eine Menge an Erkenntnis- und Entwicklungspotenzial.

Zunächst einmal ist zu konstatieren, dass unsere Schwächen oft in einem Zusammenhang mit unseren Stärken zu sehen sind. Nicht selten stellen sie einfach nur die andere Seite der Medaille bzw. die Schattenseite unserer Stärke dar. Wer etwa über hohes analytisches Potenzial verfügt, dem fehlt manches Mal ein gewisses Maß an Spontaneität und der Fähigkeit, aus dem Bauch heraus zu agieren. Wer kommunikativ und redegewandt ist, der verliert sich gelegentlich im Plaudern und versäumt das Schweigen und Zuhören. Wer Harmonie herstellen und auf die Bedürfnisse anderer eingehen kann, der ist oft weniger begabt in Sachen Streitführung und meidet die Auseinandersetzung. Wer seine Schwächen unter diesem Vorzeichen zu sehen vermag, hat oft bessere Chancen, sich mit ihnen anzufreunden und erliegt nicht immer wieder der zum Scheitern verurteilten Versuchung, sich von ihnen distanzieren zu wollen.

Exkurs – Stärken durch andere Stärken im Gleichgewicht halten

Friedemann Schulz von Thun stellt den Zusammenhang von Stärken und Schwächen als die zwei Seiten ein- und derselben Medaille in seinem Werte- und Entwicklungsquadrat dar, das wie eine Waage aufgebaut ist. Wenn eine Stärke im Extrem gelebt wird, so der Gedanke, läuft sie Gefahr, zur Schwäche zu verkommen. Um dies zu verhindern, muss sie durch eine andere Stärke im Gleichgewicht gehalten werden. Beispiel: Wer über die Stärke „Gelassenheit" verfügt, sollte vorsichtig sein, dass diese Stärke, die Ruhe und Konzentration ermöglicht, sich nicht im Extrem der „Wurschtigkeit" zeigt (Termine werden versäumt, Anstrengung wird verpasst, Respekt vor Aufgaben fehlt). Verhindert werden kann dies, wenn die Stärke „Gelassenheit" von der Stärke „Wichtiges von Unwichtigem trennen können" ausgeglichen wird. (Vgl. Schulz von Thun et al. 2009, S. 52–29.)

Darüber hinaus kann man beobachten, dass eine Schwäche nicht einfach nur eine Schwäche ist, sondern sich in verschiedener Intensität zeigen kann. Wenn jemand z. B. grundsätzlich eine Schwäche für Süßes hat (die dahinterstehende Stärke ist die Genussfähigkeit), wird er an den meisten Tagen irgendwann eine Kleinigkeit naschen – und dies wird ihm in der Regel Befriedigung und ein Wohlgefühl verschaffen. Zugleich wird er jedoch auch die Tage kennen, an denen er mehr nascht als ihm guttut, sich hinterher darüber ärgert, sich körperlich und meist auch psychisch unwohl fühlt. Ebenso verhält es sich mit dem „Last-Minute-Lerner", demjenigen also, der die Schwäche hat, grundsätzlich zu spät mit dem Lernen zu starten (bzw. die Stärke, sich nicht verrückt machen zu lassen und auch in Stresssituationen ein gewisses Maß an Ruhe bewahren kann). Der Last-Minute-Lerner kennt Situationen, in denen es ihm gelingt, trotz eines zu späten Lernstarts und dadurch entstehenden Stresses noch zu Erfolg zu kommen. Er kennt aber auch Situationen, in denen er zu hoch pokert und schließlich unter dem selbst erzeugten Zeitdruck zusammenbricht und scheitert. Die Ausprägung unserer Schwächen – die im Übrigen jeder von uns hat und die uns in Summe auch sympathisch und zutiefst menschlich erscheinen lassen – unterliegt also – in schwächerer oder stärkerer Ausprägung – Schwankungen. Man kann sich das Ganze wie auf einem Spektrum vorstellen. Am linken Ende ist die Ausprägung schwach, am rechten Ende ist die Ausprägung stark. In welcher Ausprägung unsere Schwächen sich zeigen, hängt nun jeweils von unseren Lebensumständen ab. Sind die Umstände so, dass wir uns wohlfühlen und es uns – unserem individuellen Gemüt entsprechend – gut geht, machen unsere Schwächen sich kaum bemerkbar. Erleben wir jedoch z. B. ein Stresslevel, das uns persönlich nicht mehr guttut, oder sind wir mit anderen Gegebenheiten konfrontiert, die uns aus unserem Gleichgewicht bringen, wachsen unsere Schwächen und haben das Potenzial, unsere Effektivität in beträchtlichem Maße zu beeinflussen (Abb. 2.3 illustriert die Thematik am Beispiel der Schwäche „Innere Unruhe").

Wenn sich die Lebensumstände also passend zeigen, wird etwa niemand, der eine Schwäche für Süßes hat, auf die Idee kommen, sich zu überfressen. Wenn sich die Lebensumstände passend zeigen, wird der Last-Minute-Lerner die Dinge

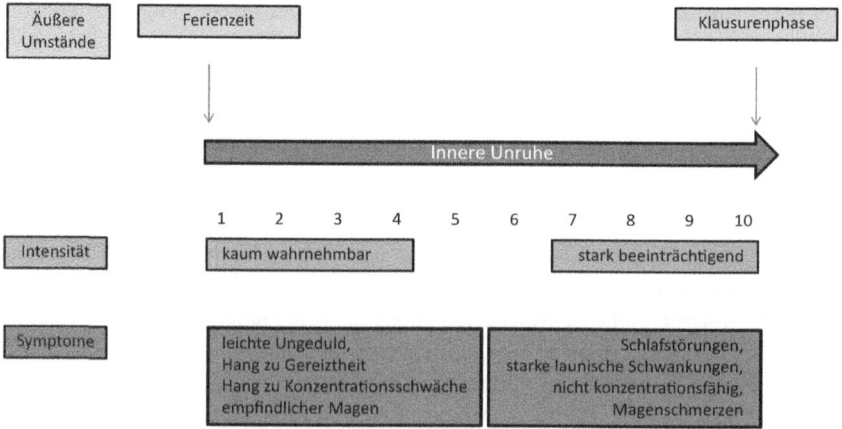

Abb. 2.3 Das Spektrum der Schwäche „Innere Unruhe"

2.1 Erkenne dich selbst

immer noch – wenn auch auf den letzten Drücker – in den Griff bekommen. Wenn sich die Lebensumstände passend zeigen, wird niemand, der gerne und regelmäßig ein Glas Rotwein trinkt, zum Alkoholiker. Oder anders herum: Ein Alkoholiker trinkt nur besonders exzessiv, wenn die Gründe, aus denen er trinkt, sich in besonderer Intensität zeigen. Extremsportler neigen dazu, ein noch vertretbares Trainingspensum zu überschreiten, wenn sie sich nicht im Gleichgewicht befinden. Menschen, die zu Schlafstörungen neigen, leiden besonders, wenn die Dinge, die sie nervös und unruhig machen, sich in überdurchschnittlicher Intensität zeigen. Es ist also unsere Aufgabe, uns über unsere Schwächen und deren verschiedene Ausprägungen klar zu werden sowie zu eruieren, unter welchen Lebensumständen uns unsere Schwächen zu plagen beginnen. Sich seiner Schwächen grundsätzlich entledigen zu wollen, ist indessen ein müßiges Unterfangen. Sie gehören zu uns wie unsere Körpergröße, unsere Nase oder wie die Formung unseres Bauchnabels. Wir sollten uns daher mit ihnen anfreunden und sie liebevoll als einen Teil von uns betrachten. Zeigen sie sich uns in ihrer Extremausprägung, sollten wir hinhören und ihnen dankbar dafür sein, dass sie uns – einem Warnsystem gleich – darauf hinweisen, dass etwas in unserem Leben nicht stimmt.

▶ Unsere Schwächen zeigen sich uns – je nach Lebensumständen – in sehr unterschiedlicher Intensität. Wir sollten also eruieren, welche Lebensumstände wir brauchen, damit unsere durchaus sympathischen Schwächen sich nicht zu Gebilden mausern, die uns zu schaffen machen, eine Menge Quälpotenzial mit sich bringen und uns an unserer Effektivität hindern.

Exkurs – Auf den Bedeutungskern von Formulierungen achten
Wenn wir noch mehr über uns erfahren wollen, macht es Sinn, weiter hinter die Kulissen zu blicken, denn die negativen Extrem-Ausprägungen unserer Schwächen verraten uns eine ganze Menge über uns. Achten Sie in diesem Zusammenhang insbesondere auf die gewählten Formulierungen, die oft ganz wörtlich zu nehmen sind: Wer zum Beispiel dazu neigt, im Übermaß zu essen, frisst – auch im übertragenen Sinne – häufig vieles in sich hinein. Wer dazu tendiert, zu viel zu trinken, schluckt zu viel herunter. Wer stets zu spät beginnt zu lernen, hat häufig Probleme damit, sich mit seinem wahren Leistungspotenzial auseinanderzusetzen. (Möglicherweise wäre er ja gar nicht besser, wenn er früher begänne zu lernen und müsste sich dann damit beschäftigen.) Wer schlecht schläft, ständig Sport treiben oder ununterbrochen in Gesellschaft sein muss, kann oft die Gedanken schlecht ertragen, die sich in der Stille zu Wort melden. Es lohnt sich also durchaus, den Dingen näher auf den Grund zu gehen und die Ursache der negativen Exremausprägung einer Schwäche zu verstehen. Aus manchen Schwächen werden anderenfalls nicht selten ausgewachsene Ticks oder Symptome, die uns über Jahre hinweg quälen und uns am Glücklich- und Erfolgreichsein hindern.

Nicht immer jedoch ist uns damit geholfen, unsere Lebensumstände so zu gestalten, dass alles „im grünen Bereich" bleibt. Manche Schwächen gilt es aus meiner Sicht zu überwinden, da sie uns anderenfalls ein Leben lang im Griff behalten und uns in unserer persönlichen Entwicklung kontinuierlich ausbremsen. Überlegen Sie einmal, welche Schwächen Ihnen tatsächlich im Weg stehen und bieten Sie diesen die Stirn, blicken Sie ihnen ins Auge, lassen Sie sich nicht ins Bockshorn jagen. Wer stetig vor bestimmten Schwächen kapituliert, der bucht den Daueraufenthalt in einer Komfortzone, in der es aber auch nur auf den ersten Blick wirklich gemütlich ist. Entschließen Sie sich also bewusst, ganz bestimmte Themen anzugehen und sich den sich ergebenden Herausforderungen zu stellen. Wenn Sie beispielsweise auf Partys oder in Gesellschaft Schwierigkeiten haben, sich aktiv unter die Leute zu mischen, und darunter leiden, alleine herumzustehen, so bleiben Sie nicht zu Hause, sondern üben die Kontaktaufnahme ganz bewusst und immer wieder. Wenn Sie dazu tendieren, Ihrem inneren Schweinehund und damit der Verlockung der Trägheit zu oft nachzugeben, so sagen Sie beiden den Kampf an. Wenn Ängste, Phobien oder Kapriolen verschiedenster Art Sie am vergnüglichen Leben hindern (und Sie das stört) – Sie steigen beispielsweise in kein Flugzeug, Sie picken sich aus jedem Büfett von 35 angebotenen Produkten 2 heraus, die Sie auch noch mit Zweifel zu sich nehmen, Sie joggen nur auf Laufbändern, weil Sie draußen permanent Angst vor Überfällen haben (an bestimmten Orten auf der Welt mag diese Angst begründet sein, an vielen aber auch nicht) –, so gehen Sie diese Themen an und befreien sich aus den selbstgebauten Fesseln.

Beispiel – Wo Schwächen überwunden werden, entstehen Stärken

Meine Studentin Anne beschwerte sich in einer unserer Coaching-Sitzungen darüber, dass sie in Team-Arbeiten immer die Verantwortung für alles tragen müsse, dass die Kommilitonen sich stets darauf verließen, dass sie die Kohlen aus dem Feuer hole, dass am Ende des Tages sie diejenige sei, die nachts noch die Handouts und Folien überarbeite. Als wir gemeinsam eine Visualisierung von den Auseinandersetzungen mit Annes Team-Mitgliedern anfertigten, erkannte sie, dass sie als sehr pflichtbewusste, verantwortungsbereite und auch sicherheitsbedürftige Person die Aufgaben, über die sie sich beschwerte, geradezu anzog. Ihre zukünftige Aufgabe, so entwickelten wir gemeinsam, bestand darin, loszulassen und abzuwarten, was passieren würde, wenn sie nicht automatisch alle wichtigen Aufgaben übernehmen würde. Auch würde sie lernen müssen, die vermeintliche Harmonie aufs Spiel zu setzen und den Team-Mitgliedern ihren Unmut kundzutun. Beide Aufgaben fielen Anne schwer. Beides bedeutete für sie, ihre Komfortzone verlassen zu müssen, beides, so glaubte sie, könne sie nicht. Natürlich gelang es ihr dennoch, auch wenn es sie Überwindung kostete. Heute geht Anne Teamarbeit anders an: Sie nimmt sich ein Stück weit zurück, geht mit ihren Kommilitonen in die Auseinandersetzung und fordert einiges von ihren Mitstreitern, anstatt alles auf sich zu nehmen und dann unter der Last zu ächzen.

2.1 Erkenne dich selbst

▶ **Fazit** Unsere Schwächen sind integraler Bestandteil unserer Persönlichkeit und gehören zu uns wie unsere Stärken. Uns ihrer entledigen zu wollen ist ein ebenso sinnloses wie nicht erstrebenswertes Unterfangen. Versuchen Sie, Ihren Schwächen liebevoll zu begegnen, sich ihrer spektralen Ausprägungen bewusst zu werden und die Lebensumstände zu meiden, in denen sie sich zu Extremen mausern. Zudem gilt es zu erkennen, welche Schwächen uns an der Entfaltung unseres vollen Potenzials hindern und wo wir entsprechend unsere Komfortzone verlassen müssen.

Meine Empfehlung

- Notieren Sie Ihre drei markantesten Schwächen.
- Beschreiben Sie die unterschiedlichen Intensitäten, in denen sich diese Schwächen zeigen.
- Notieren Sie, unter welchen Lebensumständen sich Ihre Schwächen in ein bedrohliches Extrem steigern.
- Schreiben Sie auf, welche Lebensumstände Sie sich also weitgehend organisieren sollten, damit es Ihnen gut geht und Sie „aus dem Vollen schöpfen können".
- Eruieren Sie, welche Ihrer Schwächen der Entfaltung Ihres vollen Potenzials im Wege steht. Nehmen Sie sich vor, dieser Schwäche die Stirn zu bieten und hier Ihre Komfortzone zu verlassen. Überwinden Sie sich immer wieder von Neuem und freuen sich über die Resultate, die Sie erzielen.

Zum Weiterlesen

- Als wirklich brauchbar empfand ich das Buch *Gesundes Kommunizieren* von Angela Dietz, insbesondere das Kap. 2 mit dem Titel „Sich selbst gerecht werden" (S. 53–84). Die Autorin macht ihren Lesern auf anschauliche Weise deutlich, wie sehr unsere Kommunikation mit anderen von der Kommunikation mit uns selbst abhängt und bietet im Zuge dessen verschiedene Reflexionsübungen zur Erhöhung unserer Selbstkenntnis an (Dietz 2013).
- Ein wunderbares Buch ist *Das Megatrend-Prinzip – Wie die Welt von morgen entsteht*, von einem von Deutschlands renommiertesten Zukunftsforschern, Matthias Horx. In Kap. 8 „Individualisierung – das Abenteuer Selbst" (S. 111–127) erklärt er, wie bedeutsam es für unser Zurechtkommen in der zukünftigen Welt sein wird, uns selbst gut zu kennen und führen zu können. Er gibt der Arbeit am Selbst den Namen „Selfness-Prinzip" (S. 124) und nennt die Methoden, mit denen wir unserem Selbst auf die Schliche kommen und so eine reife, erwachsene Individualität begründen, „Kulturtechniken" (S. 124). Hierzu gehört laut Horx z. B. das Thema „Den eigenen Schatten verstehen", „Das eige-

ne Element entwickeln", „Die Choreografie schreiben" usw. Wenn Sie es sich zeitlich leisten können, lesen Sie das ganze Buch. Hier lohnt sich wirklich jede Seite! (Horx 2014)

2.1.3 Was für ein Typ bist du?

Es gibt heute verschiedene Modelle, die unsere Persönlichkeit abzubilden versuchen. Insights®, DISG®, Myers-Briggs-Typenindikator®, Reiss Profil®, Motiv-Struktur-Analyse MSA® sind nur einige der Namen, die es hier zu nennen gibt. Alle Modelle gehen davon aus, dass es – unter Berücksichtigung der Einzigartigkeit eines jeden – bestimmte Typen von Menschen gibt, denen spezifische Eigenschaften und Verhaltensweisen zuzuordnen sind bzw. dass sich die Persönlichkeit eines Menschen unter Berücksichtigung bestimmter Aspekte abstrahiert und damit verständlich und nachvollziehbar abbilden lässt. Ziel aller Modelle ist es, interessierten Menschen die Möglichkeit zu bieten, ihre Persönlichkeit näher kennenzulernen, die eigenen Verhaltensweisen, Antreiber, Möglichkeiten und Grenzen besser zu verstehen und das eigene Entwicklungspotenzial zu entdecken.

▶ Persönlichkeitstests versuchen, die Persönlichkeit eines Menschen in abstrahierter Form abzubilden und diese einem bestimmten Typus mit spezifischen Verhaltensdispositionen zuzuordnen.

An dieser Stelle stellt sich die Frage, welchen Mehrwert uns ein Modell bieten kann, das unsere Persönlichkeit in abstrahierter Form abzubilden versucht. Wir sind doch Minute für Minute, jahrein, jahraus, mit uns selbst zusammen, betrachten uns unzählige Male pro Tag im Spiegel, erleben uns selbst jeden Tag ununterbrochen aufs Neue. Müssten wir uns da nicht besser kennen als jeder andere? Müssten wir uns selbst nicht besser einschätzen können als ein Modell, das nach bestimmten Vorgaben arbeitet und unsere Antworten auf standardisierte Fragen per Computerprogramm auswertet? Die Frage ist durchaus berechtigt, und dennoch muss ich sie mit einem entschiedenen „Nein!" beantworten.

Wir Menschen sind oft nicht wirklich gut in der Einschätzung unseres Selbst und in unserer Wirkung nach außen. Das hat verschiedene Gründe: Zum einen liegen unser emotionales und rationales Selbst nicht selten im Widerstreit miteinander, zum anderen orientieren wir uns in unserem Wollen und Tun häufig mehr an den vermeintlichen Erwartungen der Gesellschaft im Allgemeinen oder ganz bestimmter Personen im Besonderen. Auf das, was unser Innerstes uns sagt, verlernen wir häufig zu hören. Zudem werden Menschen selten von klein auf in ihrem intuitiven Empfinden und in ihrer ganz eigenen Persönlichkeit gestärkt und verlieren auf diese Weise nicht selten die Verbindung zu ihrem inneren Kompass und

2.1 Erkenne dich selbst

ihrer wirklichen Stärke. Hinzu kommt schließlich, dass wir uns in unserer Gesellschaft selten offen Feedback erteilen, also unseren Mitmenschen mitteilen, wie wir sie wirklich empfinden und erleben. Häufig kommt es auf diese Weise dazu, dass wir keine sichere Einschätzung unseres Selbst haben und uns nicht selten mit einem verschwommenen Wunsch-Bild unserer selbst durch die Welt bewegen. Wer nicht weiß, wie er wirklich aussieht, der scheut den Blick in den Spiegel. Was wird ihn erwarten? Wer wird ihm entgegenschauen? Nicht selten gehen Menschen daher mit Skepsis, Angst oder auch Sarkasmus in einen solchen Test. Vielleicht ahnen sie, dass die Konfrontation mit einem Testergebnis uns Menschen nicht selten in eine Phase der Reflexion und Beschäftigung schickt ...

▶ Viele Menschen begegnen einem Persönlichkeits-Test mit Skepsis. Möglicherweise fürchten sie, von dem Bild, welches ihnen von sich gezeigt wird, überrascht und verunsichert zu werden.

Jeder kann sich ausrechnen, dass ein Leben, welches auf einem verschwommenen Wunschbild basiert, mehr Stolpersteine impliziert als eines, welches uns einigermaßen realistisch und in Übereinstimmung mit dem Bild, welches andere von uns haben, abbildet. Und genau hier liegt der Mehrwert von Persönlichkeitstests: Sie konfrontieren uns mit einem Bild von uns (ob dies immer hundertprozentig der Realität entspricht, sei dahingestellt; ob es überhaupt zu hundertprozentig möglich ist, eine Persönlichkeit abzubilden, ist indessen eine ganz andere Frage) und zwingen uns auf diese Weise dazu, uns mit uns selbst auseinanderzusetzen. Wir können also prüfen, inwiefern das Bild, welches uns der Test liefert, mit unserem bisherigen eigenen Bild übereinstimmt. Wir können prüfen, welche Testergebnisse uns nervös machen – hier spiegelt uns der Test sehr wahrscheinlich eine Facette, die wir bisher nicht sehen wollten, weil sie uns nicht gefällt und nicht zu unserem Wunschbild (oder dem anderer) passt. Wir können prüfen, über welche Ergebnisse wir staunen – hier zeigen sich uns unter Umständen Seiten, die durchaus positiv sind und derer wir uns bisher gar nicht bewusst waren.

▶ Das grundsätzlich Positive an Persönlichkeitstests ist, das sie uns zum Nachdenken über uns selbst anregen. Sie konfrontieren uns mit einem Bild von uns – was wir daraus machen, ist unsere Sache. Doch sie bieten eine Chance, uns einmal genauer zu betrachten.

Lassen Sie mich Ihnen einmal zwei der Modelle ein wenig näherbringen. Das DISG®-Modell z. B. arbeitet mit vier Persönlichkeitsvarianten: der dominanten, der initiativen, der stetigen und der gewissenhaften (zu weiteren Details siehe Gay 2006). Kein Mensch entspricht laut seinem individuellen Testergebnis nur einem dieser Typen in Reinform, sondern hat immer mehr oder weniger starke Ausprägungen in verschiedenen Gebieten. Das DISG®-Modell geht initial davon aus, dass Menschen sich unterschiedlich verhalten, je nachdem, wie sie folgende zwei grundlegende Fragen beantworten: Fühlst du dich stärker oder schwächer als dein Umfeld? Hast du den Eindruck, dein Umfeld sei dir wohl oder feindlich gesonnen? (vgl. Gay 2006, S. 17). Mithilfe der Beantwortung eines Fragenkataloges schließlich erhält der Proband sein individuelles Persönlichkeitsprofil, welches in einem Koordinatensystem übersichtlich dargestellt wird. Abbildung 2.4 zeigt Ihnen ein Beispiel für ein ausgewertetes DISG®-Diagramm.

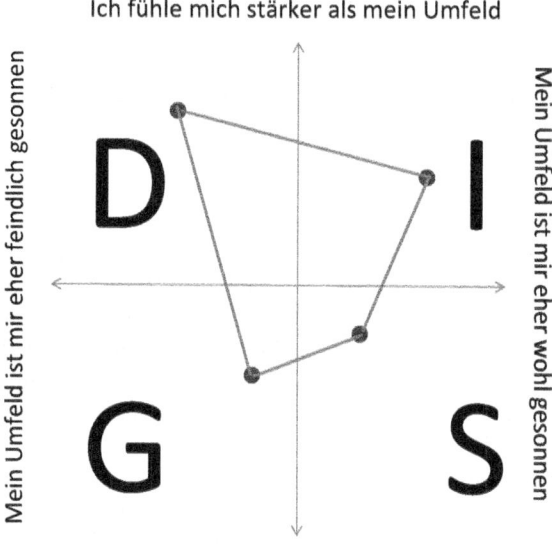

Abb. 2.4 Beispiel für ein ausgewertetes DISG®-Diagramm

Die Motiv-Struktur-Analyse MSA® hingegen geht davon aus, dass menschliches Verhalten Ausdruck einer individuellen Motivstruktur ist, wobei Motive als Antreiber gedeutet werden. Die moderne Motivforschung hat eruiert, dass sich alle Beweggründe für menschliches Handeln auf achtzehn reduzieren lassen – Macht, Anerkennung, Wissen und Familie seien hier exemplarisch genannt. Auch bei der Motiv-Struktur-Analyse muss der Proband verschiedene Fragen beantworten und erhält schließlich eine Übersicht seiner individuellen, bipolar angelegten Motivstruktur (Abb. 2.5).[2]

---

[2] Das in Abb. 2.6 gezeigte Beispiel für eine Motiv-Struktur-Analyse® entspricht nicht der Motivstruktur des im Beispiel beschriebenen Studenten Max.

2.1 Erkenne dich selbst

Manche junge Frauen, die sich zwischen den Themen Karriere und Familie hin- und hergerissen fühlen, wissen meist wieder genauer, welcher der beiden Bereiche für sie zurzeit Priorität hat, wenn sie ihre Ausprägung beim Motiv Familie sehen. Andere können die Ursache für ihre mangelnde Durchsetzungsstärke erkennen, wenn die MSA® ihnen ihr schwach ausgeprägtes Konfliktpotenzial spiegelt. Wer in einem Unternehmen Schwierigkeiten hat aufzusteigen, wird beim DISG®-Modell eine geringe Ausprägung im dominanten Bereich zeigen. Studierende, die Schwierigkeiten haben, gute bis sehr gute Leistungen zu erzielen, haben meist einen kleinen Wert im stetigen und/oder gewissenhaften Bereich, arbeiten also nicht konsequent und hartnäckig genug.

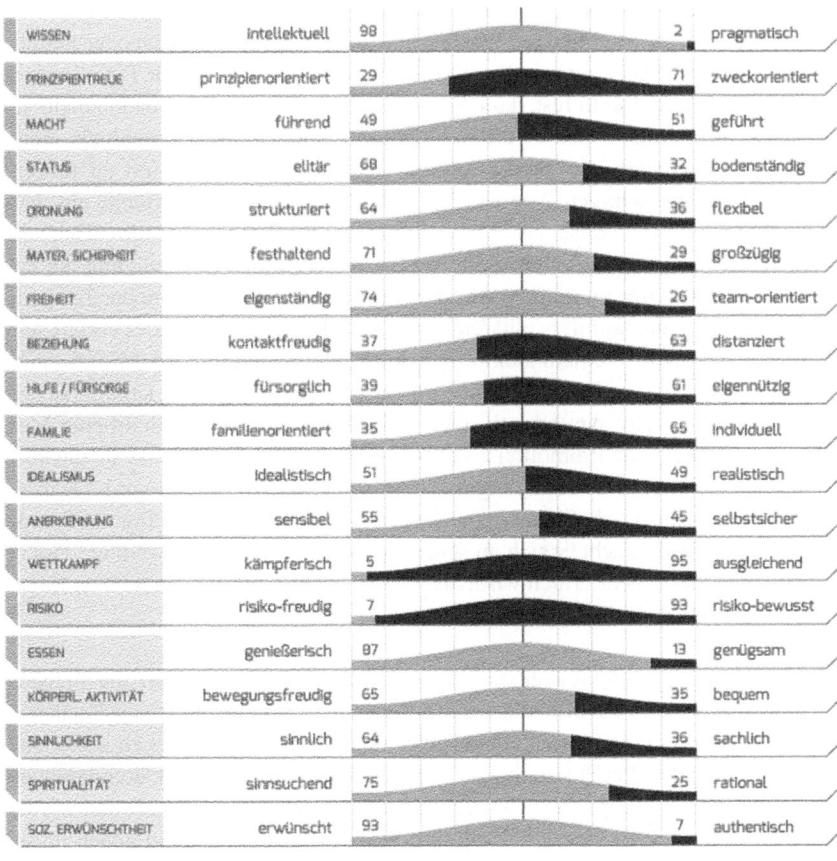

Abb. 2.5 Beispiel für eine ausgewertete Motiv-Struktur-Analyse MSA®. (Screenshot einer Motiv-Struktur; Zugangsmöglichkeit siehe MSA Motivation Systems GmbH (2014))

Beispiel – Ist die Promotion das Richtige?

Stellen Sie sich Max vor, einen BWL-Studenten kurz vor dem Studienende. Max' Studienleistungen sind hervorragend und so kommt es, dass einer seiner Professoren ihn auf die Möglichkeit einer Promotion an seinem Lehrstuhl anspricht. Max fühlt sich geschmeichelt. Keiner seiner Kommilitonen wurde angesprochen. Sein Vater hat einen Doktortitel und hat stets implizit verlauten lassen, dass er dies für seinen Sohn auch nicht schlecht fände. Max sieht bereits, wie man ihn als Gast in Restaurants, als Patient in Arztpraxen, als Vorgesetzter in Sitzungen mit „Herr Doktor" anspricht. Max willigt nach kurzer Bedenkzeit ein und macht sich enthusiastisch an das recht komplexe Thema, um nach einiger Zeit festzustellen, dass er seine ehemaligen Kommilitonen beneidet, die bereits die erste Beförderung hinter sich haben, viel auf Reisen sind, wesentlich mehr verdienen als er und am Wochenende das Leben beim Surfen oder Skifahren genießen. Max hingegen kämpft mit der Materie, sitzt Tag für Tag alleine in Bibliotheken und stellt fest, dass die Detailarbeit an seinem Thema ihn mehr als langweilt und quält. War es die richtige Entscheidung? Max beschließt, einen Persönlichkeitstest, die Motiv-Struktur-Analyse, zu machen, um zu prüfen, ob er auf dem richtigen Weg ist. Schließlich steht eine ganze Menge auf dem Spiel. Es kommt heraus, dass Max beim Motiv Wissen eher „pragmatisch" als „intellektuell" unterwegs ist – dies erklärt seine geringe Befriedigung bei der Detailarbeit seiner Promotion. Auf der anderen Seite spiegelt ihm der Test eine hohe Ausprägung auf der „elitären" Seite des Motives Status – dies erklärt sein großes Interesse an einem Doktortitel. Auch bescheinigt ihm die MSA® einen hohen Führungsanteil beim Motiv Macht sowie einen hohen kämpferischen Anteil beim Motiv Wettbewerb. Im Gespräch mit seinem Coach arbeitet Max heraus, dass ihn die Promotion zwar einige Mühe kosten wird, dass sie ihn aber auf lange Sicht zur Befriedigung mehrerer seiner Motive führen wird – Karriere, Führungsanspruch, Status. Wohl wissend, dass er nicht jeden Tag vor Freude jubilieren wird, macht er sich an seine Promotion. Schließlich weiß er, dass er auf lange Sicht mehr ernten wird, als ihn das ganze Unterfangen jetzt an Engagement und Überwindung kostet.

Am Ende eines Persönlichkeitstest-Auswertungsgesprächs räumen die meisten Menschen ein, dass es hilft, die eigene Persönlichkeit mit ihren verschiedenen Ausprägungen und Gesichtern einmal schwarz auf weiß abgebildet zu sehen und dass es so manches Verhalten, das sie sich bisher nicht wirklich erklären konnten, auf einmal erklärt. Auch, so geben die meisten Coachees zu, sähen sie nun wieder klarer, wohin ihr Weg sie führen soll und welche Schritte sie aktiv gehen müssten, um diesen Weg zu ihrem Ziel einschlagen zu können. Interessanterweise, so

2.1 Erkenne dich selbst

meine Beobachtung, vermag der Blick auf das Ergebnis eines Persönlichkeitstests mehr bei Menschen auszulösen als ständig geäußerte Eindrücke oder Anregungen Außenstehender. Möglicherweise ist das Wirkpotenzial gerade so groß, weil kein Mensch mit eigenen Absichten, sondern ein absichtsloses Computerprogramm hinter dem Ganzen steht.

▶ **Fazit** Persönlichkeits-Tests bilden unsere Persönlichkeit in abstrahierter Form ab und zeigen uns im Ergebnis ein Bild von uns, welches wir mit dem Bild, das wir uns von uns gemacht haben, abgleichen müssen. Menschen können häufig mehr Konstruktives aus der Konfrontation mit diesem sachlichen, von einem Computerprogramm erstellten Bild von sich ableiten, als wenn Nahestehende Empfehlungen an sie herantragen. Zugleich gelingt es uns häufig, im Abgleich mit dem von einem Persönlichkeitstest erstellten Abbild unserer Persönlichkeit unsere verschwommenen Selbst-Bilder klarer und konturierter werden zu lassen, Beweggründe für unser Verhalten sowie einzuschlagende Wege zu erkennen. Wir bleiben natürlich derselbe Mensch, lernen uns nur besser kennen, gelangen in Einklang mit uns selbst und vermögen ungewohnte, aber hilfreiche Verhaltensweisen zu entwickeln. Wem das DISG®-Modell z. B. klarmacht, dass für das Erreichen seiner persönlichen Ziele der dominante Persönlichkeitsanteil zu schwach ausgeprägt ist, wird von seinem Herzen her nie ein überzeugter, eiskalter Kämpfer werden. Aber er wird immer häufiger bereit sein, seine Komfortzone zu verlassen, um an seiner Schwäche – der mangelnden Durchsetzungsstärke – zu arbeiten. Möglicherweise verabschiedet er sich auch von dem einstmals anvisierten Ziel, weil er erkennt, dass Kämpfen ihn zu viel Kraft kostet und seine psychische Gesundheit aufs Spiel setzt. Und auch das wäre ein enormer Gewinn.

Meine Empfehlung

- Sollte ich Ihr Interesse an einem Persönlichkeitstest geweckt haben, empfehle ich Ihnen, sich über die verschiedenen Möglichkeiten zu informieren und sich schließlich für den Test zu entscheiden, der Sie am meisten überzeugt.
- Die Kosten für einen Persönlichkeitstest inklusive Auswertungsgespräch betragen zwischen 400 und 500 €. Das klingt zunächst sehr viel, lohnt sich aber allemal. Sich für ein Studium zu entscheiden, welches nicht zu einem passt, einen Job anzunehmen, in dem man mit seinen individuellen Stärken nicht gut

aufgehoben ist oder andere Fehlentscheidungen zu treffen, kostet auf Dauer wesentlich mehr Geld. Ein Persönlichkeitstest hingegen kann Ihnen für viele Jahre als Kompass für wichtige Lebensentscheidungen dienen: Welche Lebensform ist für Sie die richtige? Mit welchen finanziellen Risiken können Sie umgehen? Welche berufliche Entwicklung passt zu Ihnen?
- Mein Tipp: Lassen Sie sich einen Persönlichkeitstest zum Abitur oder Ihrem Geburtstag schenken. Es lohnt sich!

Zum Weiterlesen

- Wer mehr über das Thema Persönlichkeitstest erfahren will, dem empfehle ich das gleichnamige Werk *Persönlichkeitstest* von den Experten für Bewerberberatung, Jürgen Hesse und Hans Christian Schrader. Hier bekommen Sie einen guten Überblick über viele der aktuell auch in Bewerberverfahren eingesetzten Modelle und Tests und erfahren einiges an relevanten Hintergrundinformationen (Hesse und Schrader 2013).
- Einen dezidierten Einblick in das DISG®-Persönlichkeitsprofil bietet Friedbert Gay, der das Modell 1990 in den deutschen Markt einführte. Im Gegensatz zu einigen anderen Modellen hat sich das DISG®-Profil über die Jahre als anerkanntes Persönlichkeits-Tool auf dem Markt halten können und wird nach wie vor von Firmen und Privatmenschen zur Analyse herangezogen (Gay 2006).
- Wer mehr über die Motiv-Struktur-Analyse MSA® erfahren möchte, kann sich z. B. auf der Website der MSA Motivation Systems GmbH informieren. Diese ist Inhaberin der weltweiten Rechte für alle Produkte der Motiv-Struktur-Analyse MSA® und bietet diese auf dem deutschsprachigen Markt an (MSA Motivation Systems GmbH 2014).

2.1.4 Erkenne deine Bedürfnisse

Aber jeder Mensch hat seine eigenen Vorlieben und Abneigungen. Einige mögen eben Marathon, andere ziehen Golf vor und wieder andere das Glücksspiel.
(Haruki Murakami, *Wovon ich rede, wenn ich vom Laufen rede*)

„Es geht nichts über ein nahrhaftes Frühstück", „Der Mensch braucht mindestens acht Stunden Schlaf", „Der frühe Vogel fängt den Wurm", „Nach dem Abitur muss man zu Hause ausziehen" – jeder von uns kennt unzählige Sprüche dieser Art. Die meisten von ihnen beinhalten einen wahren Kern, alle sind jedoch pauschaliert und damit nicht für jedermann und in jeder Situation passend. Wer häufig mit ihnen konfrontiert wird, läuft Gefahr, das gesunde Gefühl für sich selbst und seine individuellen Bedürfnisse zu verlieren. Lesen Sie selbst:

„Es geht nichts über ein nahrhaftes Frühstück" – Für viele Menschen trifft dies zu: Sie müssen morgens etwas essen, damit ihr Kreislauf in Schwung kommt und sie sich mit genügend Energie versorgen, um die Dinge tun zu können, die es zu tun gibt. Laut Ernährungswissenschaftlern kann man getrost auf ein Abendessen, aber in keinem Fall auf ein Frühstück verzichten. Den ewig mit ihrem Gewicht Kämpfenden wird ebenfalls empfohlen, ihren Appetit morgens zu stillen, damit die Gefahr möglicher Heißhungerattacken ausbleibt. Insbesondere medizinische Gründe sprechen also für ein ordentliches Frühstück am Morgen. Und dennoch gibt es die Menschen, die vor 10 Uhr keinen Bissen herunterbekommen, insbesondere dann nicht, wenn ihnen eine Prüfung, ein Einstellungsgespräch oder ein Wettkampf bevorsteht. Es macht keinen Sinn, diesen Menschen ein Frühstück zu empfehlen. Ihr Organismus kommt damit einfach nicht klar, möglicherweise weil ihre gesammelte Energie sich gerade im Gehirn und nicht im Magen bündelt.

Beispiel – Man muss doch etwas essen

Simon, Studierender im ersten Studienjahr, wandte sich an mich, da er sich stets vor Klausuren übergeben musste. Er suchte verzweifelt nach einem Weg, seine grenzenlose Nervosität einzudämmen. Ich fragte ihn nach dem, was er für gewöhnlich vor den Klausuren tat, und er erzählte mir von dem Frühstück, das er sich „reinzwänge", obwohl ihm alles andere als nach essen zumute sei. „Warum frühstücken Sie dann?", fragte ich, „Sie können doch auch später in einer Pause oder während der Klausur einen Müsliriegel oder eine Banane essen." „Man muss doch etwas essen, bevor man eine Klausur schreibt, oder nicht?", entgegnete er, „sonst kann man sich doch gar nicht konzentrieren." „Wer ist ‚man'?", fragte ich. „Sie scheinen es nicht zu vertragen. Warum probieren Sie es nicht mit einem Glas Orangensaft und der Banane in einer Pause? Ich bin sicher, dass Sie damit fürs Erste klarkommen." Simon war vor Klausuren so aufgeregt, dass das kleinste bisschen „Zuviel" ihn im wahrsten Sinne des Wortes zum Explodieren brachte. Das ganze Theater um das Übergeben machte die Aufregung für ihn nur noch schlimmer. Er ließ das Essen vor der Klausur sein und kam bestens damit zurecht. Simon war so hochkonzentriert, dass sein System am Anfang keine weitere Energiezufuhr vertragen konnte, aber auch gar nicht brauchte.

„Der Mensch braucht mindestens acht Stunden Schlaf!" – Es stimmt, dass Schlaf etwas Wunderbares ist. Während des Schlafens regenerieren wir, sammeln Kräfte und bauen in den REM-Phasen Stress ab. Wie viel Schlaf Menschen brauchen, ist jedoch individuell verschieden: Was der eine in acht Stunden schafft, gelingt dem anderen schon in sechs. Genauso wichtig wie die Menge an Schlaf sind indessen die Bedingungen, unter denen wir schlafen: Gönnen wir uns vor dem Schlafengehen Zeit zum Abschalten? Gehen wir alkoholisiert oder nüchtern ins Bett? Haben wir eine vernünftige Matratze und schlafen in frischer Luft? Ist es so hell oder dunkel, wie es uns persönlich guttut? Bewahren Sie sich Ihr Gefühl dafür, wie viel Schlaf Ihnen unter welchen Bedingungen am wohlsten tut. Sollten Sie einmal unter Schlafstörungen leiden, fragen Sie sich, was in Ihrem Leben nicht stimmt. Kein Mensch schläft schlecht, wenn die Dinge um ihn herum weitgehend in Ordnung sind.

„Der frühe Vogel fängt den Wurm" – Ich kann diesem Spruch nur zustimmen, denn ich bin ein Morgenmensch, eine Lerche. Gerne stehe ich früh auf, um zu joggen oder zu schwimmen, frühstücke danach und beginne zu arbeiten – mit viel Elan und Effektivität. Nun gibt es aber auch die Eulen, mit denen morgens wenig anzufangen ist. Sie quälen sich aus dem Bett, schaffen es mit dem ersten Kaffee, mühsam die Augen zu öffnen, sind für Gespräche erst mehrere Stunden nach dem Aufstehen zu gebrauchen und wachen erst am Nachmittag so richtig auf. Eulen sind sehr effektive Abend- und Nachtlerner, lieben die dunklen Stunden, lieben die Stille, lieben das Gefühl, zu den wenigen Wachen unter den vielen Schlafenden zu gehören. Eulen, die ständig mit der Botschaft vom „frühen Vogel" konfrontiert werden, glauben am Ende, mit ihnen stimme etwas nicht … Welcher Typ sind Sie also – Lerche oder Eule oder etwas dazwischen? Finden Sie es für sich heraus und gestalten Sie Ihr Leben so, dass Sie diesem Rhythmus weitgehend treu bleiben können. Es wird Ihr Wohlgefühl um einiges steigern.

„Nach dem Abitur muss man zu Hause ausziehen" – Ja, für viele junge Menschen ist es der richtige Schritt, nach dem Abitur dem Elternhaus den Rücken zuzukehren und ein eigenständiges Leben zu beginnen. Für die, die zu Hause unter einem strengen Regiment leben und wenig Freiheit haben, ist der Auszug häufig eine große Erleichterung und bietet zudem die Möglichkeit, endlich die eigenen Bedürfnisse kennenzulernen. Wer zu Hause Spannungen und Konflikte erlebt hat, wird es auch genießen, endlich seine Ruhe zu haben. Auch die, die es sich bisher im „Hotel Mama" gemütlich gemacht haben und als verwöhnte Wohlstandskinder mit Anspruchsdenken durch die Welt gelaufen sind, ist es höchste Zeit, das Spülen, Waschen und Aufräumen zu lernen, mit einer limitierten Summe an Geld klarzukommen und zu erfahren, dass die wahre Befriedigung darin liegt, sich autark und aus eigener Kraft Dinge zu erarbeiten.

Doch es gibt auch die jungen Menschen, die in ihrer Familie sehr viel Halt finden, Geborgenheit erfahren und zugleich in der Gemeinschaft ein eigenständiges

2.1 Erkenne dich selbst

Leben führen können. Für diese Menschen kann es durchaus angenehm sein, auch nach dem Schulabschluss noch für einige Jahre zu Hause zu bleiben. Für manche ist es eine große Beruhigung, den „Triathlon" von Studienbeginn, fremder Umgebung und eigenständigem Leben nicht auf einmal bewältigen zu müssen. Sagt Ihnen also Ihr Gefühl, noch eine Weile zu Hause bleiben zu wollen, und ist dieser Wunsch mit Ihrem Studienplatz kompatibel, so machen Sie das und lassen sich nicht von den unzähligen Kommentaren vermeintlich wohlmeinender Mitbürger verunsichern. Es ist Ihr Leben und Sie müssen es nach Ihren Vorstellungen leben, nicht nach denen Dritter.

Exkurs – Arbeiten gemäß dem individuellen Biorhythmus
Natürlich ist das Leben kein Wunschkonzert, und wir haben nicht die Möglichkeit, in einem Unternehmen darum zu bitten, unsere Arbeit erst um 12 Uhr aufnehmen zu dürfen, wenn wir keine Lerchen sind. Auch in Unternehmen jedoch entdeckt man mehr und mehr, dass erholte, ausgeruhte und nach ihrem Biorhythmus lebende Mitarbeiter mehr leisten und seltener krank sind als solche, die permanent wider ihre Natur leben. Ein Schlagwort, das in diesem Zusammenhang aufkommt, ist das des „**ROWE** – Results Only Work Environment" (vgl. Kreller 2014). Hier geht es darum, dass im Medienzeitalter Arbeit nicht mehr an einem bestimmten Ort und innerhalb eines bestimmten Zeitrahmens erledigt werden muss, sondern in vielen Branchen theoretisch an jedem Ort dieser Welt und zu jeder beliebigen Zeit erledigt werden kann. Was zählt, sind die Ergebnisse, nicht mehr der kontrollierbare Rahmen, innerhalb dessen Arbeit erledigt wird. Damit wird es für viele Menschen möglich, dann und dort zu arbeiten, wann und wo sie am produktivsten sind.

▶ **Fazit** Jeder Mensch ist ein Individuum mit unterschiedlichen Bedürfnissen. Auch wenn viele generalisierte Handlungsempfehlungen einen wahren Kern besitzen und – umgesetzt – im Schnitt effektives Verhalten bewirken, treffen sie in ihrer Pauschalierung doch nicht auf jedermann zu. Es macht Menschen unzufrieden und uneffektiv, wenn sie nicht nach ihrem eigenen Lebensrhythmus und ihren spezifischen Bedürfnissen leben können. Es macht daher sehr viel Sinn, unsere individuellen Bedürfnisse möglichst genau kennenzulernen, um uns dann möglichst ein Leben gemäß dieser Bedürfnisse einzurichten. Jetzt denken Sie vielleicht, Partnerschaft und Freundschaft wäre nicht möglich, wenn jeder nur nach seinen Bedürfnissen lebt. Meiner Einschätzung nach bekommen wir jedoch viel eher Schwierigkeiten in Beziehungen, wenn wir nicht (weitgehend) nach unseren Bedürfnissen leben. Wer dauerhaft nach den Bedürfnissen eines anderen lebt, wird unzufrieden (das wollen wir als Frischverliebte nicht glauben, dem ist aber so), und unzufriedene Menschen sind keine guten Partner ... Wer sich aber weitgehend seine Bedürfnisse erfüllt, ist freiwillig und gerne bereit, auch mal von ihnen abzusehen und auf den Partner einzugehen. Haben Sie also den Mut, Ihre Bedürfnisse zu erkennen, zu artikulieren und nach ihnen zu leben. Es wird Ihnen auf lange Sicht sehr guttun.

Meine Empfehlung

- Eruieren Sie, wie Ihre Grundbedürfnisse aussehen und schreiben sich Ihre Erkenntnisse in Ihr Büchlein:
  - Wie viel Schlaf brauchen Sie?
  - Wie viel Bewegung brauchen Sie?
  - Mögen Sie die Clique oder lieber die kleine Runde?
  - Können Sie effektiver alleine oder in Gruppen lernen?
  - Sind Sie ein Morgen- oder ein Nachtmensch? usw.
- Achten Sie darauf, dass Ihre Grundbedürfnisse weitgehend erfüllt werden und spüren Sie nach, wie viel zufriedener, besser gelaunt und gefestigter Sie durch Ihr Leben wandern.

2.1.5 Lerne aus Rückmeldungen

> Die meisten Menschen wollen lieber durch Lob ruiniert, als durch Kritik gerettet werden. (Amerikanische Redensart)

Rückmeldungen sind oft das, was wir am meisten fürchten, und doch sind sie es, die wir eigentlich freudig begrüßen sollten. Warum? Nicht selten wandern wir mit einer gedachten Wunschvorstellung von uns durch die Welt und tun uns schwer damit, Rückmeldungen anzunehmen und zu verarbeiten, die uns nicht in unserem Wunschbild bestätigen. Kennen Sie das? Fotos werden aussortiert, auf denen wir nicht so aussehen, wie wir am liebsten aussehen würden? Behauptungen über uns werden zurückgewiesen, mit denen wir uns nicht identifizieren können? Benotungen werden nicht angenommen, da sie uns nicht in unserem Bild von unserer Leistungsfähigkeit bestätigen? In der Regel tragen wir eine Idealvorstellung unseres Äußeren mit uns herum, aber eben auch eine unseres Charakters, unseres Verhaltens, unseres Leistungsvermögens. Mit dieser Idealvorstellung bewegen wir uns nun in der Welt, in der wir – zum Glück – nicht alleine sind und von daher ständigen Rückmeldungen unserer Mitmenschen ausgesetzt sind: Angefangen von entgegenkommenden Autofahrern, die uns einen Vogel (oder noch schlimmer) zeigen, über Verkäufer in Geschäften, die uns ignorieren, bis hin zu Eltern, die

2.1 Erkenne dich selbst

uns als z. B. egoistisch bezeichnen – ständig erhalten wir Rückmeldungen. Natürlich gibt es auch die uns entgegenkommenden Autofahrer, die sich bei uns mit Lichthupe bedanken, dass wir Ihnen Vorfahrt gewährten; es gibt die Verkäufer, sie sich rührend um uns kümmern; es gibt die Familienmitglieder, die uns verwöhnen. Rückmeldung über Rückmeldung prasselt auf uns ein, und das ist gut so, denn Rückmeldungen können uns davor bewahren, zu nicht gesellschaftskompatiblen Sonderlingen zu mutieren – vorausgesetzt, wir verarbeiten sie konstruktiv.

▶ Rückmeldungen geben uns wichtige Informationen darüber, wie wir in unserem Tun und Lassen bei unseren Mitmenschen ankommen. Sie zeigen uns, inwiefern unsere Idealvorstellung von uns mit den Eindrücken übereinstimmt, die wir im Zusammensein mit anderen auslösen. Wenn wir Rückmeldungen konstruktiv verarbeiten, können sie uns dabei helfen, „in der Spur" zu bleiben.

Es gilt indessen, zwischen der unbeabsichtigt hervorgebrachten Rückmeldung (**Spiegelung**) und der absichtsvoll geäußerten oder gar erbetenen Rückmeldung (**Feedback**) zu unterscheiden. Die Spiegelung findet ungewollt und naturgemäß statt; sie steht in engem Zusammenhang mit dem Resonanzprinzip. Das Feedback hingegen wird absichtsvoll eingefordert oder geäußert. Grundsätzlich ist es wohl eher so, dass wir die positive Spiegelung – jemand lächelt uns freundlich zu – und das bewusst geäußerte Lob (die positive Feedback-Variante) als angenehm und gerechtfertigt empfinden, die negative Spiegelung hingegen – jemand begegnet uns aus unserer Sicht grundlos unfreundlich – sowie die bewusst geäußerte Kritik (die negative Feedback-Variante) als unangenehm und ungerechtfertigt. Bei dieser ersten Einschätzung sollten wir es allerdings nicht belassen. Möchten wir uns weiterentwickeln, müssen wir mit dem Thema Rückmeldung differenzierter umgehen.

▶ Unter einer Spiegelung versteht man die unbeabsichtigt hervorgebrachte Rückmeldung, unter Feedback die absichtsvoll geäußerte oder gar aktiv erbetene Rückmeldung.

Beispiel – Spieglein, Spieglein an der Wand

Johannes kam am Ende seines letzten Studienjahres zu mir. Er sei sehr zufrieden mit seinen Studienleistungen, so begann er, habe sich im Laufe des Studiums persönlich stark entwickelt und fühle sich viel selbstbewusster als zu Beginn des Studiums. Im Grunde genommen sei er bereit für den Job. Eine Sache jedoch beschäftigte ihn noch: In Gruppendiskussionen innerhalb seiner Studiengruppe nahm er wahr, dass man seinen Kommentaren wenig Beachtung schenkte. Man hörte ihn zwar an, wendete sich aber sofort wieder anderen Teammitglieder zu, ohne seine Vorschläge oder Gedanken näher in Betracht zu ziehen. Ich fragte Johannes, was ihm das Verhalten der anderen spiegele. Er überlegte eine Weile und antwortete dann: „Die nehmen mich irgendwie nicht wirklich ernst. Sie hören mich zwar an, denken aber gar nicht weiter über meine Vorschläge nach." „Warum ist das so? Was meinen Sie?", fragte ich ihn. Er überlegte kurz und sagte dann: „Ich glaube, ich trage meine Punkte zu vorsichtig vor. Außerdem weiß ich, dass manche in der Gruppe so gut sind und habe irgendwie immer Bedenken, dass meine Vorschläge ohnehin nicht mit ihren mithalten können". „Aha", sagte ich, „und Sie erwarten von Ihrem Team, dass es Ihre Vorschläge für wertvoll erachtet, wenn Sie selbst noch nicht so genau wissen, ob sie es wirklich sind?" „Mmh", machte Johannes und schwieg eine Weile. Dann sagte er: „Ich glaube, ich mache da etwas falsch. Mir ist die Anerkennung der anderen für meinen Vorschlag wichtiger als der Vorschlag selbst." „Aha", sagte ich und schwieg auch eine Weile. Dann fragte ich: „Und jetzt?" Johannes überlegte wieder. „Scheinbar muss mir die Sache wichtiger werden als die Anerkennung." „Probieren Sie's aus", sagte ich. Ich traf Johannes einige Wochen später auf dem Gang der Hochschule. Ich schaute ihn fragend an und er zeigte mir seinen nach oben gestreckten Daumen und lächelte. Manchmal sind die Dinge ganz einfach, wenn wir das, was wir wahrnehmen, auch für „wahr" nehmen und uns mit ihnen beschäftigen. Seine Kommilitonen nahmen Johannes offensichtlich nicht als kompetenten Ideengeber wahr und das spiegelten sie ihm unbewusst. Als er sich selbst die zugegebenermaßen nicht leichte Frage stellte, warum das so sei, konnte er sie sich selbst beantworten und einen Weg für sich aus dem Dilemma entwickeln.

Dabei gilt es zunächst einmal zu unterscheiden, ob der Bedeutungsschwerpunkt einer Rückmeldung aus unserer Perspektive eher beim Sender liegt (welche Botschaft hält das **Selbstkundgabeohr** bereit?) oder eher bei uns (hier kann das **Beziehungsohr** wichtige Informationen zutage fördern). Im ersten Fall können wir die Rückmeldung ad acta legen, im zweiten Fall sollten wir uns mit ihr beschäftigen. Diese Entscheidung ist meist weniger kognitiv als emotional-intuitiv zu treffen. Ein hilfreicher Indikator über die Bedeutung einer Rückmeldung ist darüber hinaus immer auch die Häufigkeit, in der wir bestimmte Rückmeldungen erhalten. Sind wir etwa täglich im Straßenverkehr unterwegs und zeigt uns dreimal pro Jahr ein entgegenkommender Fahrer einen Vogel, brauchen wir uns keine Gedanken zu machen. Sind wir aber nur dreimal im Jahr mit unserem Auto unterwegs und genau an diesen drei Tagen zeigen uns entgegenkommende Fahrer einen Vogel, sollten wir unseren Fahrstil hinterfragen. Sind Sie ein Student, der seit Anbeginn des Studiums hervorragende Leistungen erzielt und zum ersten Mal in einem Se-

2.1 Erkenne dich selbst

minar, das von einem neuen Dozenten geleitet wird, mit der Note „ausreichend" abschneidet, dürften Sie sich die Frage stellen, ob dieser Dozent ein merkwürdiges Bewertungsschema an den Tag legt. (Sicherheitshalber würde ich trotzdem meine eigene Leistung kritisch hinterfragen und zudem, aus purem Eigennutz, mit dem Dozenten in den Austausch gehen). Sind Sie jedoch ein Student, der seit Anbeginn des Studiums – trotz hohen Engagements und überdurchschnittlicher Lernbereitschaft – mittelmäßige Leistungen erzielt, sollten Sie dem Problem auf den Grund gehen. Sie können sicher sein, dass Ihre mittelmäßigen Leistungen etwas mit Ihnen und Ihrer Arbeits- oder Darstellungsweise zu tun haben. Schieben Sie in einem solchen Falle die Verantwortung auf die Sie Bewertenden, laufen Sie Gefahr, sich lächerlich zu machen und entziehen sich vor allem jeglicher Entwicklungschance. „Feedback is the breakfast of champions" – so lautet ein vielzitierter Spruch. Rückmeldungen – welcher Art auch immer – bergen ungeahntes Entwicklungspotenzial für jeden von uns. Nehmen Sie sie also wahr und verarbeiteten Sie sie als wertvolles Material.

Exkurs – Welches Ohr ist bevorzugt auf Empfang?
Schulz von Thun hat Anfang der 80er-Jahre das wertvolle Tool der „Vier Seiten einer Nachricht" und der „Vier Ohren des Empfängers" entwickelt. Gemäß dieses Modells hat jeder Sender einer Nachricht die Möglichkeit, seinen Akzent auf eine der vier Ebenen zu legen – der Sach-, der Beziehungs-, der Selbstoffenbarungs- und der Appell-Ebene. Der Empfänger einer Nachricht wiederum steht mit vier potenziell zu öffnenden Ohren da – dem Sach-, dem Selbstoffenbarungs-, dem Beziehungs- und dem Appellohr. Es lohnt sich aus meiner Sicht sehr, einmal zu eruieren, welches Ohr wir bevorzugt geöffnet haben, und zu prüfen, ob dieses Ohr uns in unseren zwischenmenschlichen Begegnungen hilfreich zur Seite steht oder ob es die Dinge eher schwieriger für uns macht (vgl. Schulz von Thun 2010, insbesondere S. 23–68).

Üben Sie sich ab heute darin, die Rückmeldungen, die Sie erhalten, deutlicher wahrzunehmen als bisher und differenziert zu interpretieren. Rückmeldungen helfen uns dabei zu verstehen, was wir ausstrahlen und wie wir auf andere wirken. Sie unterstützen uns darin, unser Selbstbild mit den verschiedenen Fremdbildern, die andere von uns entwickeln, zu vergleichen und darauf zu achten, dass diese weitgehend übereinstimmen. Rückmeldungen zeigen uns unsere blinden Flecken (siehe Exkurs „Der blinde Fleck" sowie Abb. 2.6) oder konfrontieren uns mit ungeliebten Wahrheiten. Letzteres kann indessen sehr schmerzhaft sein. Warum wurde ich nicht eingeladen? Warum bekam ich als Einzige kein Geschenk (oder das unattraktivste von allen)? Warum wurde ich nicht als Spieler nominiert? Warum bin ich nicht Klassensprecher geworden? Warum flirtet meine Freundin mit anderen Männern? Warum schenkt man mir bei Gruppendiskussionen weniger Aufmerksamkeit als anderen? Fragen dieser Art machen uns zu schaffen und darum tun wir meist unser Möglichstes, sie uns gar nicht erst zu stellen, sondern stattdessen das Umfeld zu beschuldigen, dass es uns übel mitspielt, gemein ist, rücksichtslos daherkommt, gefühlskalt unterwegs ist oder keine moralischen Standards verfolgt. Das mag alles zutreffen und dennoch wird es seinen Grund haben, warum gerade uns diese Dinge passieren. Jeder, der den Mut hat, sich selbst die Fragen zu stellen, die aus schmerzhaften Erfahrungen erwachsen, wird eine Antwort darauf finden. Diese Antwort tut oft weh, rückt die Situation aber auch in ein anderes Licht und gibt uns die Möglichkeit zu agieren. Vor allem gibt sie uns die Möglichkeit, uns zu entwickeln. In Tab. 2.1 finden Sie mögliche Antworten auf die bereits erwähnten Fragen.

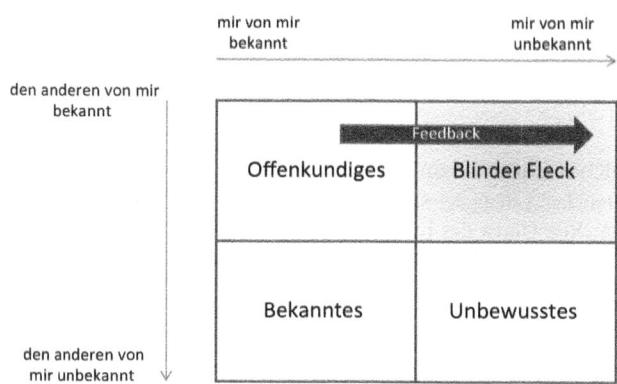

Abb. 2.6 Das Johari-Fenster und der blinde Fleck. (eigene Abbildung in Anlehnung an Stopp 2007, S. 36)

Exkurs – Der blinde Fleck – Ich sehe was, was du nicht siehst

Sehr prägnant und nachvollziehbar widmet sich das von den Amerikanern Joseph Luft und Harry Ingham in den 50er-Jahren entwickelte Johari-Fenster u. a. der Notwendigkeit einer realistischen Selbsteinschätzung (siehe Abb. 2.6). Von besonderer Bedeutung ist in diesem Zusammenhang das Feld des „blinden Flecks", denn dieses umfasst die Verhaltensweisen einer Person, welche zwar deren Umgebung bekannt, ihr selbst aber unbekannt sind. Über je mehr blinde Flecken ein Mensch verfügt, umso komplizierter gestalten sich seine zwischenmenschlichen Begegnungen und sozialen Kontakte. Der beste Weg, um blinde Flecken zu minimieren, also zu einer realistischen Selbsteinschätzung zu kommen, ist das Einfordern des Feedbacks von Menschen aus der unmittelbaren Umgebung (vgl. z. B. Stopp 2007, S. 35–38).

2.1 Erkenne dich selbst

Tab. 2.1 Mögliche Antworten auf schmerzhafte Fragen

Mögliche schmerzhafte Fragen	Mögliche klärende Antworten bzw. Gegenfragen
Warum wurde ich nicht eingeladen?	Vielleicht, weil ich nicht so extrovertiert und lustig bin wie einige andere, die eingeladen sind. (Wenn das das „Aufnahmekriterium" für die Clique ist, ist es wahrscheinlich aber auch nicht die richtige für mich. Ich sollte mich nach anderen Freunden umsehen.)
Warum bekam ich als Einzige kein Geschenk? (oder das unattraktivste)	Wie schenke *ich*?
	Schenke ich großzügig und auch mal ohne Anlass?
	Schenke ich aus freien Stücken?
	Wie steht es bei mir grundsätzlich mit dem Geben?
Warum wurde ich nicht als Spieler nominiert?	Vielleicht, weil ich mich in der vergangenen Saison nicht so angestrengt habe wie andere.
	Vielleicht will der Trainer auch jemandem eine besondere Chance geben und meine Nicht-Nominierung ist gar kein „Gegen mich", sondern ein „Für jemand anders"?
Warum bin ich nicht Klassensprecher geworden?	Vielleicht bin ich nicht der Typ, der bei vielen zugleich sympathisch ankommt.
	Vielleicht war meine Vorstellung zu seriös und zu wenig lustig.
	Vielleicht habe ich auch bisher zu wenig gezeigt, dass ich mich gerne für die Klasse engagieren möchte.
Warum flirtet meine Freundin mit anderen Männern?	Vielleicht kleide ich mich nicht so, wie sie es mag.
	Vielleicht ärgert sie sich, dass ich sie nicht zu ihren Turnieren begleite.
	Vielleicht treffe ich mich zu oft mit meiner Ex-Freundin.
Warum schenkt man mir bei Gruppendiskussionen weniger Aufmerksamkeit als anderen?	Vielleicht bin ich im Ganzen zu vorsichtig und selbst zu wenig überzeugt von dem, was ich sage.
	Vielleicht habe ich zu viel Angst vor Ablehnung.
	Vielleicht trage ich meine Anliegen auch zu leise und zu zaghaft vor.
	Vielleicht spüren die anderen instinktiv meine Unsicherheit.

Manchmal wissen andere Menschen Dinge über dich, die dir selbst nicht bewusst sind. So war es für mich bei Nico. Ich lernte ihn über Freunde kennen, wir schrieben seitenlange E-Mails und die Treffen mit ihm waren mein absolutes Wochenhighlight. Wir saßen stundenlang in meinem Zimmer und unterhielten uns über Gott und die Welt. Und vor allem über uns selbst. Small Talk? Keine Chance, mit ihm ging es immer gleich ‚ans Eingemachte'. Deshalb reichte es auch nicht, dass wir uns so gut verstanden – er wollte wissen warum. Es kam also recht bald die sehr direkte Frage: „Warum triffst du dich eigentlich mit mir? Was hast du denn überhaupt davon?" Ich fühlte mich im ersten Moment vor den Kopf gestoßen. Muss ich denn unbedingt von ihm profitieren, was denkt er von mir? Seine Frage ließ mich die nächsten Tage nicht los. Ich hatte bis dato bei keinem meiner Freunde darüber nachgedacht, warum wir befreundet sind. Zufällig sprachen wir kurz darauf in Psychologie über Selbstreflexion und den *blinden Fleck*. Er bezeichnet Teile der eigenen Persönlichkeit oder Verhaltensweisen, die anderen bewusst sind, einem selbst aber nicht. Und in dem Moment kam mir die Erleuchtung: Nico schaffte es, mir einen Spiegel vorzuhalten, wie es kein Mensch in meinem Leben bisher getan hatte! Ein banales Beispiel: Ich erzählte ihm, dass mein Bruder und ich grundverschieden sind. Seine Reaktion: „Aha, warum denn? Was unterscheidet euch so sehr?" Ich hatte nie darüber nachgedacht. Es war einfach so. Nico gab mir die Möglichkeit, meinen blinden Fleck immer kleiner werden zu lassen. Das schaffte er ganz ohne direktes Feedback – er stellte einfach ‚nur' die richtigen Fragen. Mittlerweile weiß ich zum Beispiel, dass ich mich schnell angegriffen fühle. Anstatt zuzuhören verteidige ich mich – das kann fatal sein. Diese Eigenschaft habe ich heute immer noch. Der Unterschied: Ich kann bewusst damit umgehen und meine Reaktion steuern. Ich kenne mich selbst besser und bin ein Stückchen mehr Herrin über meine Handlungen.

Rieke Schuster, Alumna 2015 International Business Communication, accadis Hochschule Bad Homburg

▶ **Fazit** Rückmeldungen sind neben Liebe und Zuneigung das Bedeutendste, was wir von unseren Mitmenschen erwarten dürfen. Freuen Sie sich also ab heute über jede Art von Rückmeldung und bedanken Sie sich – als Rückmelde-Profis –, wenn Sie eine solche erhalten. Helfen Sie Ihren Mitmenschen, indem Sie den Mut entwickeln, auch Ihrerseits Rückmeldungen zu erteilen. Grundsatz Nr. 1 lautet hierbei immer, dass Sie die Betroffenen zunächst um Erlaubnis bitten, ihnen eine Rückmeldung mitteilen zu dürfen. Rückmeldungen helfen uns dabei, unser Selbst- mit dem Fremdbild, welches andere von uns haben, abzugleichen. Ausgewertete Rückmeldungen bewahren uns davor, zu nicht gesellschaftskompatiblen Sonderlingen zu mutieren. Rückmeldungen bieten uns schließlich Entwicklungschancen ungeahnten Potenzials. Um uns mit ihnen auseinanderzusetzen, müssen wir den Mut entwickeln, ungeliebten und oft schmerzhaften Wahrheiten ins Gesicht zu blicken.

Meine Empfehlung

- Lernen Sie zu deuten, welche Rückmeldung hauptsächlich eine Aussage über den Sender trifft und welche in erster Linie Sie und Ihr Verhalten meint. Nur die Letztere ist für Sie von Bedeutung.

2.1 Erkenne dich selbst

- Versuchen Sie zu erkennen, welche Art von bewusst geäußerter Rückmeldung (Lob oder Kritik) Sie besonders häufig erhalten und denken Sie intensiv über sie nach.
- Versuchen Sie zu eruieren, was Ihre Umwelt Ihnen grundsätzlich über Sie spiegelt – unbewusst und unbeabsichtigt. Es wird eine Menge mit Ihnen zu tun haben und Sie sollten das herausfinden.
- Fragen Sie Menschen, denen Sie vertrauen, nach dem Eindruck, den diese von Ihnen haben. Es gibt nichts Erhellenderes, als das eigene Selbstbild mit verschiedenen Fremdbildern zu vergleichen.
- Gehen Sie schmerzhaften Erfahrungen auf den Grund. Auch sie sind Rückmeldungen und vermutlich von großer Bedeutung. Suchen Sie nach Antworten auf Fragen, die sich für Sie stellen und entwickeln Sie so konstruktive Handlungsoptionen.

Zum Weiterlesen

- In *Der Spiegel Wissen* erschien Anfang 2015 eine Ausgabe mit dem Titel „Richtig scheitern". Hier kann man in verschiedensten Artikeln darüber lesen, inwiefern Erfahrungen des Scheiterns im Grunde hilfreiche Rückmeldungen darstellen, sofern sie als Lehrstunden des Lebens konstruktiv verarbeitet werden (Augstein 2015).
- In Heike Bruchs und Bernd Vogels Artikel „Die Philosophie der Nummer Eins" wird illustriert, durch welche Denkmuster und mentale Rituale Oliver Kahn das Zustandekommens seines Erfolges bewusst herbeizuführen suchte. In dem Abschnitt „Niederlagen als Lernchance" wird nachgezeichnet, inwiefern der Erfolgstorhüter Niederlagen als Rückmeldungen las, aus denen es immer etwas zu lernen galt (Bruch und Vogel 2008, S. 33–42, 37 f.).
- Hilfreich ist im Zusammenhang mit dem Thema Rückmeldungen auch die detaillierte Auseinandersetzung mit einem der zehn Grundsätze des Neurolinguistischen Programmierens (NLP): „Es gibt kein Scheitern, sondern nur Rückmeldungen". Für ein erstes Einlesen in das Thema empfehle ich das Buch *NLP Praxis*, hier insbesondere S. 21 (Schwarz und Schweppe 2009).

2.1.6 Überwinde deine Ängste

> Aber ich war nicht hier draußen, um dieser Angst aus dem Weg zu gehen. Ich war hier draußen, um mich dieser Angst zu stellen, sie zu überwinden …
> (Cheryl Strayed, *Der große Trip – Wild*)

In den beiden Kapiteln „Was für ein Typ bist du?" und „Erkenne deine Bedürfnisse" vertrat ich die These, dass es für uns wichtig sei zu erkennen, welches unsere individuellen Bedürfnisse bzw. die „Eckdaten" unserer Persönlichkeit sind. Nur wenn wir das wüssten, so stellte ich dar, wären wir in der Lage, uns ein Leben einzurichten, in dem wir uns wohlfühlen und zugleich unser Potenzial ausschöpfen können. Dieser Empfehlung stimme ich natürlich auch jetzt noch zu. Andererseits – und jeder selbstkritische Mensch weiß, wovon ich spreche – neigen wir Menschen dazu, es uns in unseren diversen Komfortzonen gemütlich zu machen und diese unter Umständen immer weiter auszubauen. Komfortzonen sind dabei Gebiete, in denen wir weder unseren Ängsten begegnen, noch unseren Schwächen die Stirn bieten müssen. Und das hat keinesfalls zwangsläufig etwas mit physischer Bequemlichkeit zu tun. Ein hoch motivierter Triathlet kann sich im Dauertraining genauso in seiner Komfortzone befinden wie ein Chips essender Telenovela-Fan. Dem ständig trainierenden Triathleten wird es schwerfallen zu entspannen, zur Ruhe zu kommen, sich mit den Gedanken auseinanderzusetzen, die sich in der Stille melden. Dem Chips essenden Telenovela-Fan wird es schwerfallen, Dinge anzupacken, Projekte zu beginnen, ungeliebte Aufgaben zu starten. Wir neigen dazu, uns vor Situationen oder Aktionen zu drücken, die uns einige Mühe kosten, und bringen uns damit häufig um die Gelegenheit, uns zu entwickeln.

▶ Komfortzonen sind Gebiete, in denen wir weder unseren Ängsten begegnen, noch unseren Schwächen die Stirn bieten müssen.

Wie immer gilt es, auch dieses Thema differenziert unter die Lupe zu nehmen: Wir brauchen den Aufenthalt in unseren Komfortzonen, um im Einklang mit uns und unserer Persönlichkeit zu leben, um Kraft zu tanken und schonend mit unseren Ressourcen umzugehen. Genauso wichtig ist es aber zugleich, unsere Komfortzonen immer wieder bewusst zu verlassen, um mental beweglich zu bleiben, um unseren Schwächen die Stirn zu bieten, um unsere Ängste zu überwinden. Wenn wir dies nicht tun, geben wir unseren Schwächen und Ängsten immer mehr Raum und lassen uns mehr und mehr von ihnen dominieren. Jeder kann, im ehrlichen Dialog mit sich selbst, sehr gut einschätzen, bis wohin uns die Aufenthalte in unseren Komfortzonen guttun und ab wann sie zwanghaft erfolgen und uns infolgedessen nicht mehr guttun.

2.1 Erkenne dich selbst

▶ Der Aufenthalt in unseren Komfortzonen ist wichtig für uns, da wir in ihnen gemäß unserer Natur leben dürfen und schonend mit unseren Kräften umgehen. Genauso wichtig ist jedoch ein regelmäßiges bewusstes Heraustreten aus unseren Komfortzonen, da wir anderenfalls mental „rosten", uns von unseren Ängsten dominieren lassen und uns jeglicher Entwicklungsmöglichkeit entziehen.

Exkurs – Über die Verhärtung des Geistes
In seinem Buch *Kreativität entdecken*, in dem Daniel Goleman u. a. mit den um kreative Menschen gesponnenen Mythen aufräumt, den kreativen Prozess genauer unter die Lupe nimmt und gelungene Beispiele von Arbeitsplätzen illustriert, an denen Kreativität ermöglicht wird und erbeten ist, verwendet der Autor die beiden Begriffe „Funktionale Fixierung" und „Psychosklerose". Während die funktionale Fixierung das Verhaftetsein in konventionellen, üblichen und routinierten Denk- und Problemlösungsmustern meint, ist mit Psychosklerose die allgemeine Einstellungsverhärtung angesprochen, die u. a. mit dafür verantwortlich ist, dass Menschen ein Heraustreten aus ihren Komfortzonen für überflüssig und ihre Weltanschauung für die einzig richtige halten (vgl. Goleman 2003, S. 17 f.).

Beispiel – Weglaufen gilt nicht
Wie viele ihrer Kommilitonen hasste Sabine das Reden vor Publikum. Seitdem sie in der achten Klasse ein völlig fehlgeschlagenes Referat in Geschichte gehalten hatte – sie erlebte während dieses Vortrags ein Blackout und wusste nichts mehr von ihrem vorbereiteten Text, ihr brach der Schweiß aus, die gesamte Klasse starrte sie an, einige fingen schließlich an zu lachen und der Lehrer wies sie nach einer Weile genervt an, sich nächstes Mal bitte besser vorzubereiten und sich hinzusetzen –, hatte sie alles daran gesetzt, nicht mehr vor Gruppen reden zu müssen. Die mündlichen Abiturprüfungen waren einigermaßen gelaufen, doch da waren ja auch nur ein paar Lehrer anwesend ... Zu Beginn unseres Rhetorik-Unterrichtes kam Sabine zu mir und teilte mir mit, dass sie nicht vor Gruppen sprechen könne und ich sie deswegen nicht nach vorne bitten dürfte. Sie kannte mich ja noch nicht und ahnte nicht, dass ich ihr den Gefallen sicher nicht tun würde – nicht aus Boshaftigkeit, sondern weil ich weiß, dass es keinem Menschen guttut, vor einer Schwäche zu kapitulieren. Ich lud Sabine zu einem Gespräch in mein Büro ein und empfahl ihr, sich ihrem Problem zu stellen, um es zu überwinden. Ich erzählte ihr vom **wingwave®-Coaching**, einer Coaching-Methode, die sich sehr gut eignet, um Ängste zu überwinden und automatisiertes, zwanghaftes (und immer auch irrationales) Verhalten aufzulösen. Wir widmeten uns also in zwei gemeinsamen Sitzungen ihrem Anliegen und lösten ihren Glaubenssatz („Ich kann nicht vor Gruppen sprechen") sowie ihre Angst vor dem Wiederholen des Erlebten auf. Heute hat Sabine kein

Problem mehr damit, in einem Seminar präsentieren zu müssen. Natürlich ist sie – wie jeder normale Mensch in einer solchen Situation – aufgeregt, dennoch nimmt sie jede sich ihr bietende Herausforderung an, um ihrer einstmaligen Schwäche/Angst mutig die Stirn zu bieten.

Anfangs war es in England für mich so, dass ich relativ häufig von Leuten umgeben war, die ich schon aus Deutschland kannte. Das war zwar angenehm, denn es war mit Sicherheit die leichteste Variante, aber es war für mich auf keinen Fall befriedigend. Ich wusste, dass ich aus meiner Komfortzone heraustreten und mich selbst herausfordern musste. Und so fasste ich den Entschluss, dass ich, wann immer es möglich sein würde, vermeintlich unangenehme Situationen suchen wollte, um mich selbst aus der Komfortzone zu schubsen. Ich suchte also direkte Gespräche mit fremden Engländern, meldete mich bei einem Volunteering-Programm an, bei dem ich einmal pro Woche in einer englischen Schule mit den Kindern Deutsch lerne, trat in einen neuen Verein ein und, und, und. Das Beste, das ich aus diesen Situationen mitgenommen habe, ist, dass die meisten Situationen, die unangenehm scheinen, es im Endeffekt gar nicht sind. Die Leute freuen sich (in den allermeisten Fällen), wenn man sich traut sie anzusprechen, und selbst Zurückweisungen sind nicht so schlimm wie befürchtet. Seit der Entscheidung, manchmal bewusst Situationen zu suchen, die unkomfortabel sind, fühle ich mich noch sicherer in meinem Auftreten.

Moritz Lesnick, Alumnus 2015 International Sports Management, accadis Hochschule Bad Homburg

Der eine meidet das Sprechen vor Gruppen und ist ständig damit beschäftigt, die gefürchtete Situation zu antizipieren und zu umgehen. Der Nächste hat Schwierigkeiten, sich unter Menschen entspannt zu bewegen und findet bei jeder Einladung eine Ausrede. Der Dritte scheut den Wettkampf und wird vor seinem Einsatz in der Mannschaft krank. Der Vierte hat Schwierigkeiten damit, irgendwo dazuzugehören und kommt fast immer zu spät. Der Fünfte hat ein schwaches Selbstwertgefühl und setzt seine Mitmenschen permanent unter Druck, damit sie ihm seinen Wert bestätigen. Der Sechste hat ein Problem damit, Menschen zu vertrauen und spioniert heimlich im Handy seiner Freundin. Geben wir unseren Ängsten nach, erleben wir kurzzeitig Erleichterung und das Gefühl der „Komfortzone" („Gott sei Dank, ich bin nicht drangekommen", „Zum Glück muss ich da jetzt nicht hin", „Er mag mich ja doch!", „Sie scheint mit keinem anderen Kontakt zu haben"), auf Dauer bringen wir uns aber um die Chance, unseren Ängsten die Stirn zu bieten und uns zu entwickeln.

Das Umgehen ungeliebter Situationen kostet uns darüber hinaus viel Aufmerksamkeit, Energie und Kraft; viele Menschen setzen auch ihr Umfeld unter Druck, damit dieses sie in ihrer Komfortzone belässt. Wehe dem, der keinen mutigen Feedbackgeber an seiner Seite hat („Wie willst du dich im Job entwickeln, wenn du jede

2.1 Erkenne dich selbst

Situation meidest, in der du vor anderen sprechen musst?", „Ich an deiner Stelle würde mal überlegen, warum ich jede fröhliche Zusammenkunft von Menschen meide ...", „Du solltest lernen, mir zu vertrauen anstatt hinter meinem Rücken zu spionieren. Auf diese Weise setzt du nämlich mein Vertrauen zu dir aufs Spiel", „Warum kommst du eigentlich immer zu spät? Brauchst du die Aufmerksamkeit aller oder sind wir dir nicht wichtig?"). Menschen, die viele Ängste mit sich herumtragen, ohne ihnen die Stirn zu bieten, und die zugleich von ihren Mitmenschen erwarten, dass diese ihre Ängste in gleicher Weise respektieren, haben häufig ein ganzes Minenfeld um sich herum ausgelegt. Überall sind Punkte, die man nicht betreten darf. Überall lauern Themen, die nicht angesprochen werden dürfen. Ich kann Ihnen versichern, dass Beziehungen, die auf Minenfeldern aufbauen, früher oder später im wahrsten Sinne des Wortes „hochgehen" werden.

▶ **Fazit** Jeder von uns hat Ängste. Wir können sie – ebenso wenig wie unsere Schwächen – abschaffen. Im Kern sind sie auch sinnvoll, denn sie beschützen uns davor, zu hohe Risiken einzugehen und uns unnötigen Gefahren auszusetzen. Dennoch haben Ängste das Potenzial, uns in unseren Entwicklungs- und Entfaltungsmöglichkeiten stark einzuschränken sowie unsere Beziehungen zu beeinträchtigen. Es sollte daher unsere Aufgabe sein, uns unserer Ängste bewusst zu werden und sie in Teilen immer wieder von Neuem zu überwinden. Machen Sie sich bewusst, wo Sie eines Tages stehen werden, wenn Sie vor Ihren Ängsten kapitulieren und ihnen zu viel Raum zugestehen. Halten Sie sich immer wieder vor Augen, was Sie gewinnen, wenn Sie die Angst hinter sich lassen. Blicken Sie Ihren Ängsten also ins Auge! In der Regel schrumpfen sie schon in dem Moment, in dem wir beschließen, ihnen mutig entgegenzutreten ...

Meine Empfehlung

- Welches sind Ihre Komfortzonen?
- Woran erkennen Sie, dass Sie Ihre Komfortzone verlassen sollten?
- Die Konfrontation mit welchen Ängsten versuchen Sie durch den verlängerten Aufenthalt in Ihrer Komfortzone zu meiden?
- In welcher Hinsicht „wachsen" Sie (über sich hinaus), wenn Sie Ihre Komfortzone bewusst verlassen?
- Welche „Minen" haben Sie um sich herum ausgelegt?

Zum Weiterlesen

- Cora Besser-Siegmund und Harry Siegmund stellen in ihrem Buch *wingwave-Coaching: Wie der Flügelschlag eines Schmetterlings* die Grundlagen des wingwave®-Coachings vor und erklären anschaulich und nachvollziehbar, wie die Kombination aus NLP-Elementen, einem Muskeltest aus der Kinesiologie und der Nutzung wacher REM-Phasen das emotionale Klima eines Coachees schnell zum Positiven wenden kann (Besser-Siegmund und Siegmund 2010).

2.1.7 Räume dein Mind-Set auf

Auf die Dauer der Zeit nimmt die Seele die Farbe deiner Gedanken an. (Marc Aurel)

Philosophen wissen seit jeher, dass Menschen sich ihre eigene Realität konstruieren und nicht eine festumrissene, für alle gleich aussehende, „dort draußen" existierende Wirklichkeit sehen. Im Zuge der sich intensivierenden Forschung und Beschäftigung rund um die Themen Glücksforschung (positive Psychologie), Kommunikationspsychologie, Lebensschule und Lebenskunst hat sich diese Erkenntnis zwar weiter verbreitet, ist aber nach wie vor dem überwiegenden Teil der Menschen nicht bekannt, geschweige denn bewusst. Das Festhalten an der These der Existenz *einer* Realität bringt uns indessen um eine Vielzahl an Möglichkeiten und umgibt uns mit Schranken statt mit Perspektiven. Doch um was geht es im Kern? Schauen wir uns die Problematik einmal genauer an.

Es gibt nicht *die* Wahrheit oder *die* Realität, sondern nur Wahrheiten und Realitäten, und zwar genauso viele, wie es Menschen gibt. Die Art und Weise, wie wir die Welt um uns herum wahrnehmen und interpretieren, ist eine zutiefst subjektive. Was der eine mag, verabscheut der andere. Was dem einen hilft, steht dem anderen im Weg. Wo die Aufmerksamkeit des einen hängenbleibt, ist die des anderen gar nicht gewesen. Und all das ist genau richtig so, denn wir nehmen die Welt auf unsere individuelle Weise wahr, machen unsere eigenen Erfahrungen und kommen zu unseren persönlichen Interpretationen. Der Trugschluss liegt darin, dass wir in der Regel davon ausgehen, alle anderen nähmen die Welt genauso wahr wie wir, machten dieselben Erfahrungen, kämen zu denselben Schlüssen und Interpretationen. Der Trugschluss liegt darin, dass wir glauben, die Welt *sei* so, wie wir sie sehen und die, die sie anders sehen, seien nicht in der Lage, genau hinzuschauen oder mit ihnen stimme etwas nicht. Dieser Trugschluss hat erhebliche Auswirkungen auf unseren Umgang mit anderen (siehe Kap. 3.1.2), doch auch auf den Umgang mit uns selbst.

2.1 Erkenne dich selbst

Im Laufe unseres Lebens nämlich statten wir uns mit einer Vielzahl von Glaubenssätzen aus, die – unserer Einschätzung nach – „die Wirklichkeit" beschreiben. Einen Teil dieser Glaubenssätze übernehmen wir unbewusst von Menschen, die uns erziehen oder prägen, einen anderen Teil kreieren wir – auch mehr oder weniger unbewusst – selbst, indem wir unsere subjektiven Erfahrungen verallgemeinern. In Summe gibt es drei Typen von Glaubenssätzen: Typ 1 umschließt an uns gerichtete „Du-Aussagen"; Typ 2 greift die in Gesellschaften kursierenden Lebensweisheiten auf; Typ 3 verallgemeinert individuelle oder kollektive Erfahrungen („man") (siehe Tab. 2.2). Alle Glaubenssätze zusammen machen schließlich in

Tab. 2.2 Beispiele für verschiedene Typen von Glaubenssätzen

Konkret auf eine Person bezogene Glaubenssätze	Vermeintliche (allgemeine) Lebensweisheiten	Verallgemeinerte individuelle Erfahrungen
–	–	–
„Dafür bist du noch zu klein."	„Ein Indianer kennt keinen Schmerz."	„Männer sind Schweine."
„Das kannst du nicht."	„Hochmut kommt vor dem Fall."	„Frauen sind notorische Nörgler."
„Du bist ungeschickt."	„Der frühe Vogel fängt den Wurm."	„Männer wollen nur Sex."
„Aus dir wird nie etwas."	„Wer den Pfennig nicht ehrt, ist den Taler nicht wert."	„Frauen wollen nur reden."
„Du bist ein Versager."	„Was du heute kannst besorgen, das verschiebe nicht auf morgen."	„Diese Prüfung besteht man erst beim dritten Anlauf."
„Immer wenn's drauf ankommt, kriegst du es nicht hin."	„Den Fleißigen gehört die Welt."	„Da fallen am Anfang immer erst alle durch."
„Immer enttäuschst du uns."	„Ohne Fleiß kein Preis."	„Der Professor ist ein Sadist."
„Du bist eben kein guter Schüler."	„Eine Dame schweigt und genießt."	„Mit dem Studium findest du nie einen Job."
„Du bist eher der praktische Vertreter."	„Reden ist Silber, Schweigen ist Gold."	„Damit kannst du kein Geld verdienen."
„Du kannst deine Grenzen nicht einschätzen."	„Geld ist die Wurzel allen Übels."	„Das macht überhaupt keinen Spaß."
„Du machst uns ständig Sorgen."	„Geld verdirbt den Charakter."	„Urlaub kannst du jetzt erst mal vergessen."
„Du bist ängstlich."	„Von nichts kommt nichts."	„Da kannst du so viel lernen, wie du willst. Das schafft man eh nicht."
„Du bist nicht so nett wie deine Schwester."	„Wer nicht arbeitet, soll auch nicht essen."	„Da hilft dir sowieso keiner."

Tab. 2.2 (Fortsetzung)

Konkret auf eine Person bezogene Glaubenssätze	Vermeintliche (allgemeine) Lebensweisheiten	Verallgemeinerte individuelle Erfahrungen
+	+	+
„Du bist warmherzig."	„Gute Mädchen kommen in den Himmel, schlechte überall hin."	„Die waren dort sehr nett zu mir."
„Du wirst ein gutes Leben haben."	„Ein bisschen Spaß muss sein."	„Er ist ein fairer Dozent."
„Du kannst was!"	„Man muss die Feste feiern, wie sie fallen."	„Die Klausur kannst du bestehen."
„Was du anpackst, das gelingt dir."	„Geld macht frei."	„Das schaffst du beim ersten Mal."
„Du wirst mal ein guter Ehemann und Vater."	„Wer nicht wagt, der nicht gewinnt."	„Die sind dort sehr kompetent."

Summe die „Brille" aus, die wir tragen und durch die wir die Welt um uns herum in dem Glauben wahrnehmen, dass sie so sei. In Wirklichkeit aber beschreiben sie, wie wir konditioniert wurden, die Welt um uns herum wahrzunehmen bzw. wie wir uns entschieden haben, sie zu sehen. Was nicht in unserem Erwartungshorizont schwebt, sind wir infolgedessen nicht in der Lage wahrzunehmen. Wir sind blind gegenüber den Dingen, die in unserem Mind-Set, der Summe unserer Glaubenssätze, nicht vorkommen.

Beispiel – Über den Konstruktivitätscharakter von Sprache

Frank hat einen sehr strengen Vater und eine sehr schüchterne Mutter, die sich stets hinter dem autoritären Auftreten ihres Mannes verkrochen hat. Soweit Franks Erinnerungen zurückreichen, war sein Vater nie zufrieden mit dem, was er leistete. Wenn er mit sehr guten Noten aus der Schule nach Hause kam, nahm sein Vater dies nickend und emotionslos zur Kenntnis. Wenn Frank mit einer Zwei oder Drei nach Hause kam, musste Frank erklären, warum er keine Eins geschrieben hatte und welche Noten seine Klassenkameraden hatten. An Tagen, an denen Franks Vater besonders schlecht gelaunt war, schmiss er ihm Dinge wie „Du wirst schon noch sehen, dass es eines Tages mit deinen Leistungen bergab gehen wird", „Aus dir wird nichts", „Eigentlich bist du doch ein Taugenichts" usw. an den Kopf, und all das, obwohl Frank über seine gesamte Schulzeit ein guter Schüler war.

Wie Franks „Mind-Set" aussah, als er zu mir kam, ist nicht schwer vorstellbar: „Aus dir wird nichts", „Du wirst schon noch sehen, dass es bergab geht" waren

2.1 Erkenne dich selbst

Glaubenssätze des Typs 1, die er mit sich herumtrug. Wann immer seine Leistung nicht hervorragend war, flüsterte ihm eine leise Stimme diese Prophezeiungen ins Ohr. Zu Glaubenssatz Typ 2 hatte er von zu Hause „Hochmut kommt vor dem Fall" und „Auf Lorbeeren sollte man sich nie ausruhen" mitbekommen. Die Konsequenz war, dass Frank sich so gut wie nie ausruhte, immer lernte, auch am Wochenende, oft im Urlaub. Wenn er einmal mit Freunden unterwegs oder faul war, hatte er ein schlechtes Gewissen. Schließlich hatte er selbst noch ein paar Glaubenssätze des Typs 3 kreiert: „In einer Familie findet man keinen Rückhalt", „Unterstützung zu finden ist unmöglich", „Auf Anerkennung kann man lange warten", „Das Leben ist ungerecht" etc. Es hat eine Weile gedauert, bis Frank verinnerlichte, dass all die Sprüche, die er mit sich herumtrug und nach denen er sein Leben und Fühlen ausrichtete, keine objektive Realität abbildeten, sondern weitestgehend aus seiner subjektiven Lebenswirklichkeit erwachsen waren. Er begriff, dass er in der Welt auch andere Erfahrungen würde machen können, vorausgesetzt, er zöge eine andere Brille auf. Und die „bauten" wir schließlich gemeinsam: „Du bist gut", „Wenn du etwas erreichen willst, erreichst du es auch", „Du kannst stolz auf dich sein" (Typ 1); „Erfolge sollte man genießen und feiern", „Nur wer ruht, kann neue Kräfte sammeln", „Das Leben kann richtig Spaß machen" (Typ 2); „In deiner Familie wirst du Rückhalt bieten und finden", „Wenn du um Hilfe bittest, wird dir immer jemand helfen", „Das Leben darf schön sein" – so oder ähnlich klangen die Sätze, mit denen wir sein Mind-Set fütterten. Frank schrieb sie sich auf – auf seinen Spiegel im Bad, an die Küchenwand, einen Satz – seinen liebsten – tätowierte er sich sogar auf den Unterarm („So wie du bist, bist du vollkommen"). Beim nächsten Besuch zu Hause will er das Tattoo seinem Vater zeigen …

▶ **Fazit** Das Bild, das wir uns im Laufe unseres Lebens von der Welt und unserer Rolle in ihr gemacht haben, entspricht nicht *der* Realität oder *der* Wirklichkeit (die es ja gar nicht gibt), sondern zeigt lediglich, welche Erfahrungen wir bisher gemacht und wie wir uns bisher in der Welt erlebt haben. Dieses von uns konstruierte Bild manifestiert sich in einer Summe von Sätzen, die wir mit uns herumtragen, manchmal denken, manchmal sagen, manchmal nur ganz nebulös in unserem Hinterkopf wahrnehmen. Es sind die sogenannten Glaubenssätze. Wie ihr Name schon sagt, beschreiben sie, wie wir glauben, dass die Welt sei. Mit der Wirklichkeit haben sie nur sehr wenig zu tun; nicht selten sind sie sogar nur Fortschreibungen der Erfahrungen der Menschen, die uns geprägt haben. Glaubenssätze beschreiben also bestenfalls eine beschränkte Menge an subjektiven vergangenen Erfahrungen. Sie sagen nichts darüber aus, welche Erfahrungen es auch jenseits dieser Erfahrungen gab. Sie sagen nichts über unser tatsächliches Potenzial aus. Sie sagen nichts darüber aus, was in unserer Zukunft theoretisch sein kann. Glaubenssätze sind aber insofern gefährlich, als sie unsere Sichtweise extrem einschränken und uns daran hindern, Dinge wahrzunehmen, die in unserem Bild nicht vorkommen. Sie haben das unangenehme Potenzial, dafür sorgen zu können, dass unsere Zukunft unserer Vergangenheit ähnelt (wenn alles wunderbar war, ist das natürlich nicht schlecht …) Werden Sie sich also Ihrer Glaubenssätze bewusst und unterwerfen Sie diese einer Revision. Es lohnt sich!

Meine Empfehlung

- Notieren Sie – wie in einem Brainstorming – alle (Ihre) Glaubenssätze, die Ihnen einfallen. Sicher werden auch in den nächsten Tagen oder Monaten immer wieder Sätze hochkommen und Ihnen bewusst werden. Schreiben Sie auch diese auf.
- Unterziehen Sie Ihre Glaubenssätze einer Revision.
  - Welche stärken mich?
  - Welche schwächen mich?
  - Welche schränken mich ein?
  - Welche lassen Entwicklungspotenzial zu?
  - Welche sind extrem verabsolutiert?
- Schmeißen Sie die hemmenden, schwächenden, blockierenden, kleinmachenden, verunsichernden Glaubenssätze über Bord. (Hier bietet sich an, ein kleines „Ritual" zu feiern, indem sie z. B. am letzten Tag des Jahres diese Sätze auf kleinen Zetteln notieren und feierlich in einer Schale verbrennen. Besonderen Spaß macht dieses Ritual, wenn man es mit engen Vertrauten gemeinsam zelebriert.)
- Kreieren Sie positive, kraftspendende, stärkende und wohltuende Sätze. Schreiben Sie diese auf und umgeben Sie sich mit ihnen.
Heften Sie sie etwa an Ihren Badezimmerspiegel, lesen Sie sie jeden Abend laut vorm Schlafengehen, schmücken Sie Ihre Wände mit ihnen, hören Sie sie auf dem Weg in die Uni!

Zum Weiterlesen

- Zum Thema Glaubenssätze empfehle ich das Kap. 4 „Denkmuster" aus Fred Kofmans *Meta-Management*. Der Autor erklärt auf anspruchsvolle, aber verständliche Weise, wie Denkmuster – die große Schwester von Glaubenssätzen –

entstehen, woran sie uns hindern und wie wir sie überwinden können (Kofman 2005).
- Ebenfalls zum Thema Glaubenssätze möchte ich Ihnen ein NLP (Neurolinguistisches Programmieren)-Werk ans Herz legen. Aljoscha Schwarz und Ronald Schweppe erklären im Kapitel „Selbstvertrauen gewinnen" ihres Buches *NLP Praxis*, wie man Glaubenssätze in wenigen Schritten ablegen bzw. umformulieren und in sein Leben integrieren kann. Überhaupt empfinde ich dieses Buch auch nach vielen Jahren noch als sehr lesenswert, brauchbar und lebensnah. Es gewährt verständliche Einblicke in die Praxis des NLPs und bietet gut erklärte Übungen an, die helfen, Gewohnheiten zu verändern, Ängste zu überwinden, das Selbstwertgefühl zu festigen (Schwarz und Schweppe 2009).

Kurz zusammengefasst – Was Sie aus Kap. 2.1 mitnehmen sollten
Wer die Wahrscheinlichkeit erhöhen will, ein glückliches Leben zu führen, sollte sich daran machen, sich selbst so gut wie möglich kennenzulernen. Stärken Sie also Ihre Stärken, nehmen Sie Ihre Schwächen unter die Lupe, finden Sie heraus, was für ein Typ Sie sind, erkennen Sie Ihre Bedürfnisse, lernen Sie aus Rückmeldungen, überwinden Sie Ihre Ängste und räumen Sie schließlich Ihr Mind-Set auf. Mit der Zeit werden Sie positive Veränderungen an sich wahrnehmen: Sie werden weniger inneres „Kuddelmuddel" erleben, weil Sie sich selbst klarer spüren und sich nach außen deutlicher zeigen und abgrenzen. Sie werden selbstsicherer und mutiger werden und klarer Stellung beziehen. Sie werden aufrichtigere Beziehungen führen und schneller Ihre Ziele erreichen. Sie werden im Studium klare Entscheidungen treffen und bessere Ergebnisse erzielen. Integrieren Sie die von mir vorgeschlagenen Aufgaben in Ihren Alltag. Vielleicht haben Sie sogar Lust, das Soft-Skill-Training gemeinsam mit einer guten Freundin oder einem guten Freund anzugehen. Es tut gut, sich über die herausgefundenen Erkenntnisse und die wahrgenommene Veränderung auszutauschen und beschleunigt diese zudem. Freuen Sie sich also auf das, was kommen wird, und bereiten Sie sich auf die ein oder andere nette Überraschung vor ...

2.2 Mache dir ein Bild von deiner Zukunft

Sage mir, was hast du vor mit deinem einen, wilden, kostbaren Leben?
(Mary Oliver, *The Summer Day*)

Im Laufe der Jahre habe ich in meinen Coachings wiederholt Menschen kennengelernt, die eine Art Lebenskrise durchmachten. Die Ursachen dieser Krisen waren so verschieden wie die Menschen selbst, doch alle Coachees hatten eines gemeinsam:

Sie hatten kein zukünftiges Bild von sich im Kopf. Sie hatten absolut keine Idee davon, was sie in zwei, fünf oder zehn Jahren machen wollten. Und sie verstanden am Anfang überhaupt nicht, dass es einen Zusammenhang zwischen ihrer depressiven Verstimmung und dem Nichtvorhandensein einer Vision geben könnte.

Diese Erfahrungen lassen sich eins zu eins auf meinen Hochschulalltag übertragen: Heute weiß ich, dass jeder unmotivierte Student, der sein Desinteresse ostentativ zur Schau trägt, indem er in der letzten Reihe auf seinem Stuhl versinkt und sich in dubiose Laptop-Aktivitäten vertieft, – zumindest auch – an der Ermangelung einer Vision leidet. Ich finde das nur allzu verständlich: Wenn ich nicht einen übergeordneten Sinn hinter meiner Arbeit sähe und nicht wüsste, wofür ich die Dinge täte, die ich Tag für Tag tue, wäre auch ich zutiefst gequält. Der Sinn, den wir bei den Dingen, die wir tun, sehen und empfinden, hat dabei immer zwei zeitliche Komponenten: Die eine Seite des Sinns liegt darin, dass uns das, was wir machen, genau jetzt im Moment Freude bereitet. Wir befinden uns im **Flow** und genießen es, dieser einen bestimmten Aufgabe nachzugehen. Die andere Seite des Sinns aber liegt darin, dass wir zwar jetzt im Moment weniger Freude bei dem empfinden, was wir machen, aber spüren, erahnen, hoffen oder gar wissen, dass unser momentanes Schaffen einen Beitrag zu etwas Zukünftigem leistet, ein Puzzlestück eines Gesamtwerkes ist, das sich in der nahen oder fernen Zukunft manifestieren wird.

Exkurs – Wenn wir Zeit und Raum um uns herum vergessen
Der Begriff des **Flows** wurde u. a. von dem tschechischen Wirtschaftsprofessor Mihaly Csikszentmihalyi erforscht und geprägt (vgl. Csikszentmihalyi 2014). Er umschreibt den Zustand, in dem wir während einer Beschäftigung, der wir nachgehen, komplett aufgehen und zugleich Raum und Zeit um uns herum vergessen. Wer Kinder beim Spielen in der Natur beobachtet, bekommt eine Ahnung davon, was mit Flow gemeint ist. Wenn man sich als Berufstätiger im Zustand des Flows befindet, hat man das Glück, für sich eine Aufgabe, eine Tätigkeit gewählt zu haben, die den innersten Neigungen entspricht und zugleich die persönlichen Motive befriedigt. Wer sich beim Arbeiten im Flow wähnt, wird seine Arbeit vermutlich niemals als Arbeit empfinden und dem Feierabend entgegenfiebern, sondern glücklich darüber sein, dass er dieser Tätigkeit nachgehen darf. Im Zustand des Flows fühlen wir uns mit uns selbst und unserer Umgebung verbunden. Ein Geschenk!

Der größere Sinnanteil in diesem Spiel entfällt allerdings auf die Zukunft, darin werden mir wohl die meisten zustimmen. Wer liebt es schon, stundenlang Vokabeln zu lernen, Formeln zu pauken oder sich mit wissenschaftlichen Texten herumzuschlagen, die häufig auf den ersten Blick unverständlich erscheinen? Letztendlich schaffen wir all diese Dinge nur, weil wir wissen, dass wir auf diese Weise die nächste Prüfung bestehen, irgendwann unseren Studienabschluss in der Tasche haben und hoffentlich eines Tages einer Arbeit nachgehen, die uns erfüllt und uns genug finanzielle Mittel beschert, um wieder nach Australien reisen, uns ein Auto

2.2 Mache dir ein Bild von deiner Zukunft

der Extraklasse leisten oder einem geliebten Menschen seinen größten Wunsch erfüllen zu können. „Glück ist eine Überwindungsprämie", so fasst Jens Corssen dieses Phänomen zusammen (Corssen 2004, S. 148). Wer also keine attraktive, Lust machende, motivierende Vorstellung von seiner Zukunft hat, dem fehlt nicht nur die Power, um sich anzustrengen, sondern auch die Orientierung, um die richtigen Entscheidungen zu treffen. Ohne Vision, ohne ein stimmiges Bild von sich in seiner Zukunft ist der Mensch kraft-, antriebs- und orientierungslos. Machen Sie sich also ein Bild von sich in Ihrer Zukunft!

2.2.1 Gestalte deine persönliche Vision

> Als junger Mensch mit 18 Jahren hatte ich mir vorgenommen, der beste Torwart der Welt zu werden. (Oliver Kahn)

Falls es mir bis hierher gelungen ist, Ihnen Geschmack auf das Thema Vision zu machen, so sind wir schon einen Schritt weiter. „Doch woher soll ich wissen", so werden Sie vielleicht denken, „wie meine Zukunft aussehen kann? Sie ist doch noch nicht da. Alles kann passieren. Auf vieles habe ich keinen Einfluss ..." Ich kann Ihnen versichern, dass Sie mit diesem Zweifel, falls er sich meldet, nicht alleine sind. Die meisten Menschen, denen ich begegne, sind zunächst sehr skeptisch und halten die Gestaltung einer persönlichen Vision für ein weiteres Mantra dieser „Erfolgs-Gurus". Zum Teil haben sie Recht, denn so einfach, wie oft versprochen, ist es natürlich nicht. Verheißungen wie „Visualisiere dich selbst im Erfolg und du wirst ihn erleben!" sind dazu prädestiniert, Enttäuschung nach sich zu ziehen. Sie gehen die Thematik auf eine viel zu simple Weise an und lösen bei Nicht-Erreichen der Vision schließlich beim Betroffenen noch den Eindruck aus, er habe sich das Ganze einfach nicht deutlich genug visualisiert und sei daher selbst schuld daran, dass seine Vision sich nicht manifestiert habe. Das Thema muss also offensichtlich auf etwas andere Weise angegangen werden. Und das will ich Ihnen nun erklären.

Exkurs – Dem Leben mit Ehrfurcht begegnen
Bei allem Vertrauen in die Sinnhaftigkeit einer vorgestellten Lebensvision sollten wir dem Leben stets mit Ehrfurcht begegnen, denn selbstverständlich haben wir nur bedingt Einfluss auf seinen Verlauf. Es gibt furchtbare Schicksalsschläge, die uns unverschuldet treffen, und schreckliche Begebenheiten, die uns oder uns nahestehende Menschen übermannen und mit deren Zustandekommen wir rein gar nichts zu tun haben. Dazu gehören Naturkatastrophen ebenso wie schwere Krankheiten oder tragische Unfälle. Freuen wir uns also über jeden Tag, an dem wir gesund und ohne wirkliche Sorgen auf diesem Erdball wandeln dürfen. Seien wir dankbar für so vieles, was für den überwiegenden Teil der Menschheit nicht selbstverständlich oder gar in sehr weiter Ferne ist – gesunde Nahrung, sauberes Wasser, Sicherheit, ein Dach über dem Kopf, die Möglichkeit zu studieren etc. Haben wir im Hinterkopf, dass

das Leben jeden Tag eine unerwartete Wende nehmen kann. Und versuchen wir – trotz allen Respekts vor dem Unwägbaren – die Einflussmöglichkeiten zu nutzen, die uns gegeben sind. Eine unserer Einflussmöglichkeiten ist die, dass wir eine Vorstellung davon entwickeln, wie wir leben und arbeiten und was wir erreichen möchten, kurzum: eine Vision für unser Leben zu entwerfen.

Des Weiteren: Wenn Sie eine Vision von sich in Ihrer Zukunft gestalten, so erwerben Sie damit natürlich keine Garantie dafür, dass Ihre Vorstellung auch tatsächlich in Erfüllung geht. Sie „kaufen" nichts, sondern kreieren etwas. Niemand außer Ihnen selbst kann dazu beitragen, dass Ihre Zukunft so wird, wie Sie sie sich wünschen. Die Verantwortung liegt also ganz alleine bei Ihnen und dennoch tragen Sie keine Schuld, falls Ihr Weg doch holprig ist oder Hürden im Weg stehen. In diesem Falle müssten Sie danach suchen, wo ein Fehler im System liegt, wo ein Baustein fehlt, wo unter Umständen Ihr Zweifel über Ihre Gewissheit gesiegt hat ... Des Weiteren müssen Sie als Bedingung in Ihrem tiefsten Inneren darauf vertrauen, dass ein Zusammenhang zwischen Ihrer Vorstellung und dem, was kommen wird, besteht. Es handelt sich hierbei um einen emotionalen, ja beinahe spirituellen, nicht um einen rationalen Prozess. Sollte Ihre Zukunft dann eines Tages Ihrer Vision tatsächlich verblüffend ähneln, so ist natürlich kein unerklärliches Wunder geschehen. Vielmehr wird das Prinzip der Resonanz zum Tragen gekommen sein. Das, was wir uns von Herzen wünschen und auch vorstellen können, ziehen wir nämlich an. Zum einen vollzieht sich hier ein rational schwer nachvollziehbarer, energetischer Prozess, zum anderen verhalten wir uns aber eben auch so, dass wir unserer Vision Tag für Tag ein wenig näherkommen. Eine Vision wirkt wie ein Leuchtturm am Horizont, der uns in Entscheidungssituationen immer wieder den richtigen Weg weist und uns intuitiv erahnen lässt, welche Entscheidung, welches Auftreten, welches Verhalten die oder das richtige ist. Es ist daher im Grunde ein Leichtes und Angenehmes – Vision entwickeln, vertrauen, sich leiten lassen, die richtigen Entscheidungen treffen, Vorfreude entwickeln, erste Hinweise erkennen und sich freuen.

▶ Zwei Grundbedingungen müssen gegeben sein, damit das Vorhandensein Ihrer Vision sich kraftvoll auf Sie und Ihr Leben auswirken kann: Zum einen sollten Sie die volle Verantwortung für den Prozess übernehmen und mit Überzeugung ans Werk gehen, zum anderen ist es sehr wichtig, dass Sie im Tiefsten vertrauen und sich zuversichtlich zeigen.

Doch wie können Sie nun ganz konkret ein Bild von sich in Ihrer Zukunft entwickeln, eine Vision für sich entwerfen? Manchen Menschen fällt das sehr leicht. Kaum ist die Idee ausgesprochen, beginnen sie schon zu „spinnen" und Träume zu entwickeln (in Wirklichkeit spinnen oder träumen sie natürlich nicht, sondern erlauben sich nur das, was viele sich versagen – sie arbeiten daran, dass ihr Leben so wird, wie sie es sich wünschen und vorstellen können). Andere haben sich noch nie die Frage nach ihrer Zukunft gestellt, glaubten bisher auch nicht daran, dass Träume sich verwirklichen lassen und tun sich daher zu Beginn schwer, sich etwas vorzustellen. Wenn es Ihnen so geht wie Letzteren, kann ich Sie beruhigen, denn Sie haben mit dem Erledigen der diversen von mir gegebenen Empfehlungen aus diesem Buch bereits die Eckdaten Ihrer Vision definiert: Sie kennen Ihre Potenziale und Stärken, Ihre Schwächen und Bedürfnisse, vielleicht haben Sie bereits einen Persönlichkeitstest gemacht, wissen um Ihre Wirkung auf andere, haben Ihre Glaubenssätze überprüft und haben eine Ahnung davon, wo Ihnen welche Ängste im Weg stehen.

Doch nun soll es ganz konkret werden. Nehmen Sie sich mindestens zwei ungestörte Stunden und reservieren Sie diese Zeit exklusiv für Ihr Vorhaben. Konfrontieren Sie sich nun mit der Frage „Wie soll mein Leben idealerweise in zehn bis fünfzehn Jahren aussehen?" und lassen Sie die Frage ein wenig sacken und Ihre Vorstellungskraft beginnen zu arbeiten. Füllen Sie diese Zeit des entspannten Reflektierens damit, dass Sie auf das Blatt eines Zeichenblocks der Größe DIN A2 ein großes Schild (aus Ritters Zeiten) zeichnen. Die Idee des Schildes trägt dem Titel des Vorhabens – „Was führst du im Schilde?" – Rechnung. Beginnen Sie dann, verschiedene Zeitschriften mit ansprechenden Bildern (die Sie zuvor bewusst ausgewählt und gekauft haben) durchzublättern und alle Bilder auszuschneiden, die Sie emotional in rein positiver Hinsicht ansprechen. Folgen Sie bei der Auswahl der Bilder stets Ihrem ersten Impuls und lassen sich in Ihrer Entscheidung nicht von einer inneren kritischen Stimme beeinflussen. Das Vorhaben, das Sie durchführen, ist ein rein emotionales, kein rationales. Die Vision, die Sie kreieren, muss Freude erwecken, Lust machen, sie muss Sie locken und Anziehungskraft entwickeln. Wenn Sie das Gefühl haben, genügend Bilder ausgeschnitten zu haben, clustern Sie Ihre Ausschnitte auf jeden Fall nach den Rubriken Beruf, Familie und Hobbys. Weitere Rubriken (in Summe empfehle ich nicht mehr als fünf) können Sie – je nach Bedarf – hinzufügen (etwa Reisen, Sport, Wellness, Ernährung, Ehrenamt etc.). Drapieren Sie Ihre Ausschnitte nun innerhalb Ihres Schildes – nach Clustern sortiert oder beliebig – und kleben Sie sie auf. Sie können Ihre Collage natürlich auch durch Wörter, eigene Zeichnungen o. Ä. ergänzen. Wenn Sie zufrieden mit Ihrem Werk sind, rahmen Sie es ein und hängen es an einem Ort auf, an dem Sie es immer wieder sehen oder in Ruhe betrachten können. Sie werden staunen, welche Wirkung ein solches Bild auf Sie und Ihre Zukunft haben wird. Zwei Beispiele für Visions-Collagen inklusive kurzer Beschreibungen bzw. Erfahrungsberichte finden Sie in Abb. 2.7 und 2.8.

> Die Redewendung ‚Was führst du im Schilde?' war mir natürlich bekannt, intensiv über sie nachgedacht hatte ich bis dato aber noch nicht. (Kurz zum Ursprung: Der Spruch stammt aus dem Mittelalter, die Ritter damals führten auf ihrem Schild ein Wappen, das auf ihre Abstammung hinwies. So wusste man immer, wo die Rit-

Abb. 2.7 Beispiel für eine Visions-Collage. (Gestalterin: Marlene Freienstein, Studentin International Business Communication)

ter herkamen und konnte von ihrem Schild auf ihre Absicht schließen.) Als wir in „Betriebspsychologie" die Aufgabe bekamen, eine Übung mit entsprechendem Titel durchzuführen, konnten wir uns zunächst nichts darunter vorstellen. Es stellte sich heraus, dass die Übung uns zur Reflexion über unsere Zukunft, unsere Wünsche und Träume anregen sollte. ‚Was führen *wir* im Schilde?', so lautete also unsere Frage. Wie stellen wir uns unser Leben vor und was sind wichtige Bestandteile, die auf jeden Fall einen Platz in unserer Zukunft verdienen? Für uns junge Menschen sind das natürlich wichtige Fragen. Viel zu selten jedoch beschäftigen wir uns – wie in der Übung – ganz bewusst mit ihnen.

In Ruhe machten wir uns also in ca. 60 Minuten Gedanken über unseren zukünftigen Weg, blätterten Zeitschriften und suchten nach Bildern, Ausschnitten und Schriftzügen, die zu unserem Plan vom Leben passten. Herausgekommen ist für mich ein sehr persönliches, individuelles Schild, auf dem zu sehen ist, was für mich wichtig ist und wie ich mir mein Leben idealerweise vorstelle. Am Anfang hat mir die Übung ‚nur' Spaß gemacht und ich fand es toll, etwas Kreatives tun zu dürfen, aber bereits nach den ersten zehn Minuten hatte ich mein erstes Aha-Erlebnis. Mir ist ganz bewusst klar geworden, auf was ich Wert in meinem Leben lege und konnte mir das alles bildlich durch die Illustrationen auf meinem Schild vor Augen führen. Jetzt hängt es neben meinem Spiegel, wo der allmorgendliche Blick als Erstes hineingeht und ich werde automatisch jeden Morgen daran erinnert, für was es sich lohnt, Träume zu haben.

Auf meinem Schild sieht man beispielsweise groß den Schriftzug ‚Maxi' – meine beste Freundin heißt so. Sie war schon immer einer meiner wichtigsten Bezugspersonen und soll es auch immer bleiben. Klar, dass sie einen Platz auf meinem Schild

2.2 Mache dir ein Bild von deiner Zukunft

verdient hat. Auch meine Familie hat einen hohen Stellenwert für mich und ist neben meinem zukünftigen Traumjob aufzufinden.

Insgesamt hat die Übung sehr viel Spaß gemacht. Wir hatten die Möglichkeit, uns aktiv mit uns selbst, unserer Vorstellung von einem gelungenen Leben und unseren persönlichen Zukunftsplänen auseinanderzusetzen.

Marlene Freienstein, Studentin International Business Communication, accadis Hochschule Bad Homburg

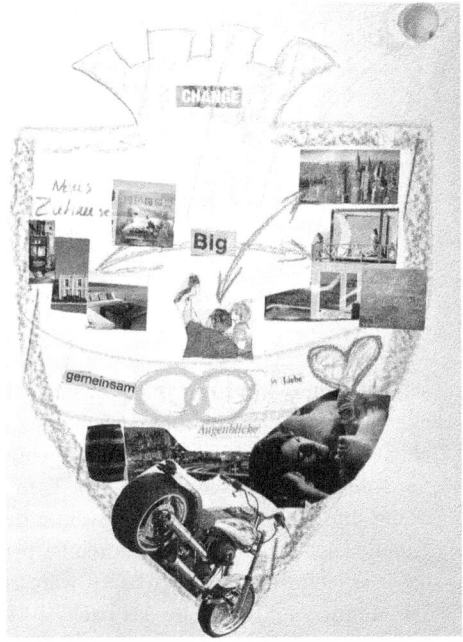

Abb. 2.8 Beispiel für eine Visions-Collage. (Gestalter: Stephan Hüttmann, * 1969)

Die Beschäftigung mit den eigenen, nicht oder zu wenig ausgesprochenen Wünschen war für mich vor Jahren der Beginn eines Veränderungsprozesses. Daher hängt mein Schild auch über meinem Schreibtisch – damit ich mich immer wieder erinnern kann. Über die Jahre, seitdem dieses Bild dort hängt, habe ich mir schon einige der abgebildeten Wünsche erfüllt – teilweise bewusst, teilweise auch unbewusst ... und bin schon gespannt, welchen der Wünsche sich mein Unterbewusstsein als Nächstes vornimmt.

Stephan Hüttmann

Exkurs – Schalten Sie den inneren Kritiker aus

Wie erwähnt, kann es sein, dass sich bei diesem Unterfangen gelegentlich eine kritische innere Stimme zu Wort meldet und Ihnen hemmende Glaubenssätze ins Ohr flüstert. Vermeiden Sie in jedem Fall, dass diese Stimme Ihnen Ihre Träume kleinredet und tun Sie aktiv etwas dafür, dass sie Sie in Ruhe an Ihrer Vision arbeiten lässt. „Das größte Hindernis für ein kreatives Leben ist die innere Stimme der Skepsis und der Vorbehalte: die Stimme der Kritik oder einfacher: SDK", so Daniel Goleman in seinem Buch *Kreativität entdecken* (Goleman 2003, S. 137). Der erste wichtige Schritt im Kampf gegen diese innere Stimme ist unser Eingeständnis ihrer Existenz, denn je weniger sie sich gesehen und wahrgenommen fühlt, umso lauter wird sie uns stören. Darüber hinaus gibt es einige Tipps und Tricks, wie wir ihrer Herr werden können bzw. uns nicht mehr unbewusst von ihr dominieren lassen. Die meisten dieser Tricks empfehlen, in einen stillen Dialog mit der inneren Stimme zu treten, zu erforschen, welche Bedenken sie repräsentiert und ihr dann einen angemessenen Platz im Team der inneren Stimmen zuzuweisen. So kann der kreative Träumer in uns ungestört agieren (siehe Goleman 2003, S. 147 f., 153 f., 173 ff.; siehe auch Schwarz und Schweppe 2009, S. 80 ff.).

> **Beispiel – Auf der Suche nach dem passenden Partner**
>
> Amelie, eine junge Frau von 27 Jahren und Master-Studentin der Psychologie, suchte mich als Coach auf. Sie fühlte sich einsam und sehnte sich nach wilden Jahren des Partyfeierns, Ausgehens und Herumreisens nach einer erfüllenden Partnerschaft. Amelie hatte in den letzten Jahren verschiedenste Begegnungen mit durchaus sympathischen jungen Männern gehabt, doch keiner gefiel ihr so sehr, dass sie mit ihm eine dauerhafte Beziehung hatte eingehen wollen. Die Männer, mit denen sie ausgegangen war, so wurde ihr im Gespräch mit mir schnell klar, waren zum Teil sehr verschieden und Amelie war selbst erschrocken darüber, wie groß ihre Unsicherheit offenbar beim Thema Beziehung war. Nachdem ich mir ihre Geschichte angehört hatte, gab ich ihr folgende Aufgabe: Sie sollte bis zu unserem nächsten Treffen eine Collage mit dem Titel „Mein Mann und ich" anfertigen. Ich wählte bewusst den Titel „Mein Mann", denn Amelie suchte ja einen dauerhaften Partner. Auch hatte sie durchblicken lassen, dass sie jetzt in ihrem Alter bereit wäre zu heiraten, wenn der Richtige vor der Tür stünde … Als Amelie das nächste Mal kam, brachte sie eine wunderbare, farbenfrohe Collage mit und strahlte mir entgegen, als ich ihr die Tür öffnete. Wir schauten sie uns gemeinsam an und schließlich fragte ich sie, über welche drei Eigenschaften dieser wunderbare Mann, mit dem sie ihr Leben teilen wollte, unbedingt verfügen müsse. Amelie überlegte nicht lange: „Er muss Kinder wollen, er muss intelligent sein, er muss großzügig sein." „Gut", sagte ich, „und nun gehen Sie in die Welt und leben Ihr Leben. Dieser Mann wird Ihnen begegnen und Sie werden es sofort erkennen, wenn er da ist. Vielleicht dauert es eine Weile. Doch mit der Gewissheit, dass er kommen wird, und Ihrer Entscheidung, sich auf niemanden mehr einzulassen, der nicht über diese drei Eigenschaften verfügt, werden Sie die Kraft haben, so lange zu warten, wie es nötig ist." Amelie rief mich ein Jahr später an und erzählte mir, dass sie vor einem Monat geheiratet und gerade erfahren habe, dass sie schwanger sei.

▶ **Fazit** Klare Visionen von uns in unserer Zukunft sind unverzichtbare Motivatoren und Orientierungspunkte. Sie geben uns Energie, wenn wir im Alltag schwächeln, sie helfen uns durchzuhalten, wenn wir schwere Zeiten durchleben, sie geben uns Orientierung, wenn wir vor wichtigen Entscheidungen stehen und helfen uns dabei, die passenden, nämlich zielführenden Verhaltensstrategien zu entwickeln. Zugleich erzeugen Visionen eine magnetische Anziehungskraft und manifestieren sich manchmal scheinbar wie von selbst.

Meine Empfehlung

- Treffen Sie die Grundsatzentscheidung, eine Vision für Ihr Leben zu entwerfen. (Ab dem Moment dieser Entscheidung wird Ihr Unterbewusstsein beginnen, sich mit dem Thema zu beschäftigen.)
- Planen Sie ca. zwei Monate nach dieser Grundsatzentscheidung einen Zeitraum von mindestens 2 h ein, in dem Sie in Ruhe und mit Muße eine Collage zu Ihrer persönlichen Vision gestalten wollen. Gehen Sie dabei so vor, wie im Text beschrieben („Was führst du im Schilde?"). Erfahrungsgemäß macht ein solches Unterfangen mehr Freude, wenn Sie es gemeinsam mit einer oder mehrerer vertrauter Personen unternehmen.

2.2.2 Brich deine Vision in Etappenziele auf

> Nun da der September begonnen hat und es nur noch zwei Monate bis zum New York City Marathon sind, tritt mein Training in eine Phase der Feinabstimmung ein.
> (Haruki Murakami, *Wovon ich rede, wenn ich vom Laufen rede*)

Visionen sind wie Leuchttürme am Horizont – sie weisen uns den Weg, geben uns Orientierung und bringen die Dinge, die wir wahrnehmen müssen, zum Leuchten. Visionen und Leuchttürme haben aber noch eines gemeinsam: Sie befinden sich in der Regel in weiter Entfernung von uns und der Weg zu ihnen bzw. zu ihrer Verwirklichung ist lang. Manche Menschen verfügen über ein enormes Durchhaltevermögen und laufen weite Strecken zielstrebig und ohne zu jammern. Die meisten allerdings werden unterwegs müde, zweifeln an der Sinnhaftigkeit des gewählten Weges, verlieren die Orientierung. Diesen Menschen hilft es, wenn sie den Weg, der vor ihnen liegt, in Etappen aufteilen.

Ein Kalenderjahr bietet sich als optimale Etappe an: Machen Sie aus dem Jahreswechsel ein Ritual! Planen Sie für den Silvester-Tag einen langen Spaziergang und hinterher mindestens dreißig Minuten, um Ihre Erkenntnisse aufzuschreiben. Schön ist es, wenn Sie jemanden haben, mit dem Sie das gemeinsam machen können – sich austauschen, sich Geschichten aus dem vergangenen Jahr erzählen, Gedanken teilen. Blicken Sie also gemeinsam – spazieren gehend – auf das sich verabschiedende Jahr zurück und ziehen Bilanz: Welche Vorhaben habe ich umgesetzt? Was lief wirklich gut? Was hat nicht funktioniert? Welche Schritte haben mich meiner Vision nähergebracht? Welche nicht? Schauen Sie dann im Anschluss nach vorne: Was nehme ich mir für das nächste Jahr vor? Welche Zwischenziele setze ich mir auf dem Weg zu meiner Vision? Gestalten Sie Ihren Plan für das kommende Jahr nicht zu „kleinkariert", aber versehen Sie Ihre einzelnen Vorhaben dennoch mit zeitlichen Koordinaten. Sehr bedeutsam ist, dass Sie bei der Planung des Jahres nicht nur die sachlichen und professionellen Dinge bedenken (Klausuren bestehen, Gespräche führen, Praktika organisieren), sondern genauso Privates und Herzensangelegenheiten bedenken (den Kontakt mit einem Freund wieder aufnehmen, die Großeltern besuchen, den Yogakurs buchen). Abbildung 2.9 zeigt Ihnen, wie ein solcher (studentischer) Jahresplan aussehen könnte.

Abb. 2.9 Beispiel für einen Jahresplan mit Etappenzielen

▶ **Fazit** Es ist von ungeheurer Bedeutung, den Weg zur Verwirklichung unserer Vision in Etappenziele aufzuteilen. Wir laufen ansonsten Gefahr, über die Jahre hinweg unsere Vision aus den Augen zu verlieren oder unsere Motivation einzubüßen. Entscheidend hierbei ist, dass wir das, was wir uns vornehmen, aufschreiben und einmal pro Jahr in einem bewusst gestalteten Ritual Bilanz ziehen und neue Etappenziele entwickeln. Während wir unsere Lebensvision eher in einem emotionalen Prozess gestalten, ist die Planung der Etappenziele auf dem Weg zur Verwirklichung unserer Vision ein durchaus rationales Unterfangen. Beachten Sie hierbei stets die Erreichbarkeit von Zielen, denn nichts entmutigt schneller als ein Horizont, der nie zu erreichen scheint.

2.2.3 Übe dich im Adlerblick

> Plötzlich konnte ich mich von weit oben sehen, ein Fleck in einer grünen und weißen Masse, nicht bedeutender oder unbedeutender als einer der namenlosen Vögel in den Bäumen.
> (Cheryl Strayed, *Der große Trip – Wild*)

Ein bedeutsamer Soft Skill ist die sogenannte **Metablick-Kompetenz** oder – einfacher ausgedrückt – der Adlerblick. Gewöhnen Sie sich ab jetzt an, immer wieder auch von außen auf Ihr Leben zu schauen. Nehmen Sie regelmäßig Abstand, treten Sie ein paar Schritte zurück und betrachten Sie das, was Sie tun, aus einem entfernteren Blickwinkel. Oft ist es erst die größere Distanz zu den Dingen, die es uns ermöglicht zu erkennen, ob das, was wir tun, uns auch wirklich zu unseren Zielen führt. Oft erkennen wir erst, wenn wir den Maßstab unseres Navigationssystems vergrößern, ob sich der Punkt, an dem wir uns zurzeit aufhalten, noch auf dem Weg zu unserer Vision befindet. Nicht ohne Grund helfen uns Urlaubsreisen oder entspannte Wochenenden jenseits unseres Zuhauses dabei, wieder klar zu sehen und zu verstehen, was wirklich wichtig ist und was es als Nächstes zu tun oder zu lassen gilt.

Es bietet sich an, in den Phasen der Ruhe und des Metablicks nicht nur die einzelnen Vorhaben auf dem Weg zu Ihrer Vision zu hinterfragen, sondern auch Ihre Vision immer einmal wieder einer kritischen Prüfung zu unterziehen. Wir verändern uns im Laufe unseres Lebens genauso wie die Umstände unseres Lebens sich ändern, und so kann es durchaus vorkommen, dass wir auch unsere Vorstellungen bezüglich einer erstrebenswerten Zukunft – zumindest in Teilen – modifizieren. Halten Sie also nicht mit Kraft an einer einmal formulierten Vision fest, sondern fühlen Sie einfach immer wieder, ob das, was Sie sich einst vorgenommen haben, Sie im Herzen immer noch lockt.

▶ **Fazit** Nehmen Sie regelmäßig Abstand zu Ihrem Alltag und Ihrem geschäftigen Tun und schauen Sie von oben auf Ihr Leben. Prüfen Sie, ob Sie sich auf dem richtigen Weg befinden, ob Sie die richtigen Prioritäten setzen, ob es Ihnen auf Ihrem Weg gut geht. Fühlen Sie also Ihrer emotionalen Befindlichkeit mit der gleichen Intensität auf den Grund, mit der Sie die Dinge rational hinterfragen. Denn nur die Pläne, hinter denen wir mit Herz *und* Verstand stehen, werden sich auf lange Sicht als die richtigen für uns auszahlen.

Kurz zusammengefasst – Was Sie aus Kap. 2.2 mitnehmen sollten

Die Zusammenfassung dieses Kapitels kann in der Tat „kurz und bündig" ausfallen, denn im Grunde sind die wesentlichen Dinge mit den Überschriften der Unterkapitel gesagt: Gestalten Sie Ihre persönliche Vision und formulieren Sie im Anschluss jedes Jahr von Neuem Jahresziele, die Sie der Verwirklichung Ihrer Vision näherbringen. Üben Sie sich zugleich im Adlerblick, indem Sie in regelmäßigen Abständen Ihr Tun und Lassen von außen betrachten und hinterfragen, inwiefern Ihre Vorhaben Sie auch tatsächlich in Richtung Vision führen und inwiefern Ihre Vision sich nach wie vor stimmig anfühlt. Denken Sie immer daran, dass Sie mit Verstand *und* Herz hinter dem stehen, was Sie tun.

Meine Empfehlung

- Nehmen Sie sich Zeit und werden Sie sich über Ihre persönliche Vision klar. Gestalten Sie im Zuge dessen eine Collage, die Ihre Vision in Bildern festhält. Hängen Sie diese Collage an einen Ort, an dem Sie sie immer wieder in Ruhe und mit Muße betrachten können.
- Formulieren Sie regelmäßig (am besten zu Silvester) Ihre Etappenziele für das kommende Jahr.
  Entwerfen Sie einen realistischen, machbaren und reizvollen Plan.
  Versehen Sie Ihre einzelnen Vorhaben mit festen Zeitpunkten oder -räumen.
- Nehmen Sie – ebenfalls regelmäßig – Abstand von Ihrem Alltag und unterziehen Sie Ihre Vorhaben einer Revision.
  Prüfen Sie zudem – allerdings in größeren Zeitabständen –, ob sich Ihre Vision für Sie nach wie vor stimmig anfühlt. Achten Sie hierbei auf Ihre Herzensstimme. Eine Vision muss sich in erster Linie gut anfühlen und weniger rationalen Maßstäben genügen.

Zum Weiterlesen

- Ans Herz legen möchte ich Ihnen den Artikel „Die Philosophie der Nummer Eins" aus dem Magazin *Harvard Business Manager*. Ich behandele diesen Artikel seit vielen Jahren in meiner Veranstaltung „Betriebspsychologie" und spüre jedes Mal wieder, dass die Studierenden viel mit ihm anfangen können. Die Autoren Heike Bruch und Bernd Vogel zeichnen die Erfolgsphilosophie Oliver Kahns nach und beschreiben vor allem im ersten Teil des Artikels, wie eine starke Vision den Torhüter durch seine gesamte Karriere leitete (Bruch und Vogel 2008, S. 33–42).
- Ebenfalls zu empfehlen ist das Kapitel „Ziele verwirklichen" (S. 27–31) aus dem bereits erwähnten Buch *NLP Praxis* der Autoren Schwarz und Schweppe. Hier finden Sie u. a. Hinweise dazu, wie Ziele formuliert sein müssen, damit sie ihre anziehende Kraft tatsächlich entfalten können (Schwarz und Schweppe 2009).
- Sachlicher und aus der Perspektive der nach Effektivität strebenden Führungskraft behandelt Fredmund Malik, bekannter und kontroverser Management-Vordenker, das Thema Vision und Ziele. Den Studierenden der Wirtschaftswissenschaften empfehle ich die Lektüre des gesamten Buches und verspreche Ihnen, dass Sie im Anschluss wieder klar sehen können. Denen, die weniger Zeit haben, würde ich vorerst das Studium der Kap. II.1 „Resultatorientierung" (S. 84–97) und III.1 „Für Ziele sorgen" (S. 176–191) auf die Agenda setzen (Malik 2014).

2.3 Agiere unabhängig und eigenverantwortlich

> Ich finde es toll, dass du tust, was du willst. Das tun viel zu wenig Mädels, wenn du mich fragst – auf die Leute und ihre Erwartungen einfach pfeifen.
> (Cheryl Strayed, *Der große Trip – Wild*)

Zu Beginn meiner Arbeit mit den jungen Menschen überraschten mich zwei Dinge am allermeisten: Auf der einen Seite war ich erstaunt darüber, wie sehr sich viele über das Dazugehören zu oder das Abseitsstehen von einer Gruppe definierten. Auf der anderen Seite verblüffte es mich zu sehen, mit wie vielen festgefahrenen und limitierenden Deutungsmustern und Denkschablonen die Mehrheit von ihnen bereits ausgestattet war. Wir Menschen sind offensichtlich anfällig dafür, eine Menge von unserem Eigenen zu opfern, um Anerkennung von anderen zu erfahren oder ein Zugehörigkeitsgefühl zu einer Gruppe zu erleben. Auch Deutungsmuster „schmecken" uns scheinbar, denn vordergründig machen sie unser Leben einfacher: Wir müssen uns nicht mit Komplexität herumschlagen, das Leben scheint geordnet, wir können bereits Erprobtes kopieren und müssen uns nicht mit Pionierarbeit und Widerständen herumschlagen. Wenn wir jedoch unsere Individualität zugunsten eines Zugehörigkeitsgefühls opfern oder uns in unserem Vorstellungsvermögen und infolgedessen in unseren tatsächlichen Möglichkeiten durch die Übernahme von Denkschablonen begrenzen, so sind die vermeintlichen Gewinne – Zugehörigkeit und Einfachheit – nicht mehr viel wert. Ich möchte das folgende Kapitel dazu nutzen, deutlich zu machen, von welch großer Bedeutung es für uns ist, den Mut zu entwickeln, unser Eigenes zu denken, auszuprobieren und schließlich mit Überzeugung zu leben.

Exkurs – Einknicken, um dazuzugehören
Menschen sind scheinbar bereit, eine Menge von ihren eigenen Überzeugungen über Bord zu werfen, nur, um nicht alleine, abseits und am Rand einer Gruppe zu stehen. Eines der bekanntesten Experimente erzählt davon, dass jeweils Gruppen von Menschen gebeten wurden abzuschätzen, welche von drei verschieden langen Linien dieselbe Länge wie eine vierte Linie hatte. Jeweils nur eine Person in den verschiedenen Gruppen war eine echte Testperson, alle anderen waren Lockvögel. Das Ergebnis der Testdurchgänge zeigte, dass jede dritte Person im Laufe der Diskussion Abstand von ihrer anfänglich korrekten Einschätzung der Sachlage nahm, obwohl relativ deutlich zu erkennen war, welche Linien dieselbe Länge hatten (z. B. vgl. Adams 2004, S. 236).

2.3.1 Triff deine Entscheidungen alleine

Nur wer seinen eigenen Weg geht, kann von niemandem überholt werden.
(Marlon Brando)

Wenn Entscheidungen von größerer Tragweite anstehen und wir unsicher sind, wie wir entscheiden sollen, fragen wir sehr häufig andere: „Was würdest du an meiner Stelle tun?". Aus meiner Sicht ist dieser Impuls gefährlich, denn wir Menschen können gar nicht anders, als Situationen aus unserer eigenen, immer subjektiven Perspektive zu beurteilen. Selbst wenn wir noch so sehr versuchen, uns in jemanden hineinzuversetzen, gelingt uns das naturgemäß nie ganz. Also bekommen wir schließlich Antworten, die möglicherweise auf den, den wir um Rat gefragt haben, zutreffen, aber nicht auf uns. Und selbst wenn derjenige, den wir gefragt haben, uns sehr gut kennt und sich bemüht hat, die Frage nur aus unserer Perspektive zu betrachten, so werden wir niemals mit derselben Überzeugung hinter dieser Entscheidung stehen, als wenn wir uns alleine und unabhängig für sie entschieden hätten.

2.3 Agiere unabhängig und eigenverantwortlich

Exkurs – Kommunikation heißt nie Kommunion

Selbst wenn ein Mensch sehr empathisch ist, gut zuhören kann, meint, sich ganz in sein Gegenüber hineinversetzen zu können, so ist ihm eine vollständige Identifikation naturgemäß unmöglich. Wir können die Erlebnisse, das Glück und das Leid unserer Gesprächspartner immer nur annähernd nachvollziehen, nie hundertprozentig. Es ist uns unmöglich, in die Haut, in das Erleben unseres Gegenübers zu schlüpfen, und so bleibt ein Mitempfinden immer nur eine Annäherung, ein Versuch, letztendlich eine Interpretation, die nicht selten eine Projektion des eigenen Erlebens ist. Der Kommunikationswissenschaftler Klaus Beck formuliert wie folgt: „[…] Alter ego kann auch in der Kommunikation nicht wirklich zu Ego werden, sondern nur in dessen Rolle schlüpfen. Alter ego ist auf seine (Alter egos) Wahrnehmungen angewiesen, es kann nur die Äußerungen von Ego interpretieren, aber nicht in dessen Erleben ‚eintauchen', denn Ego und Alter ego verschmelzen nicht. Es handelt sich um Kommunikation, nicht um Kommunion" (Beck 2014, S. 36).

Beispiel – Wir sollten unsere Entscheidungen aus voller innerer Überzeugung fällen

Sophie, 24 Jahre alt, finanzierte ihr Studium an unserer privaten Hochschule über einen Studienkredit. Ihren Lebensunterhalt erarbeitete sie sich mit mehreren Jobs, die sie neben dem Studium absolvierte – ein ziemlicher Kraftakt, doch Sophie gehörte zu den besten Studierenden ihres Jahrgangs und war eine hoch motivierte Studentin. Als schließlich die Entscheidung bevorstand, ein Auslandstrimester zu absolvieren, welches zusätzlich finanziert werden musste und einige Tausend Euro kosten konnte, oder für das sogenannte Äquivalenzstudium (das Pendant zum Auslandsaufenthalt an der heimischen Hochschule) zu optieren, geriet Sophie in einen Konflikt. Ginge sie ins Ausland, müsste sie einen weiteren Kredit aufnehmen. Bliebe sie zu Hause, würde ihr die vielbeschworene Qualifikation „Auslandserfahrung" fehlen. Sophie fragte viele Menschen um Rat und wurde immer verwirrter. Die meisten rieten ihr zum Auslandsaufenthalt, „da das heute unheimlich wichtig sei, wenn man Karriere machen wolle". Schließlich suchte Sophie mich auf und wir besprachen ihr Anliegen. Es wurde schnell klar, dass Sophie auf keinen Fall einen weiteren Kredit aufnehmen wollte (der Gedanke nahm ihr die Luft zum Atmen); zudem hatte sie Bedenken, dass sie nicht wieder in ihre gut funktionierenden Jobs zurückkehren könne, wenn sie sie einmal aufgeben würde. Ich bestärkte Sophie in ihrem persönlichen Gefühl, obwohl ich selbst meine Auslandserfahrung als eine der wertvollsten meines Lebens einschätze. Es war jedoch klar, dass ein zusätzlicher Kredit Sophies Sicherheitsbedürfnis zu stark strapazieren würde. Entscheidungen zu treffen, so sagte ich ihr, hinter denen wir nicht voll und ganz stehen, sind keine guten Entscheidungen und liefern uns in der Regel auch nicht die Früchte, die wir uns von ihnen erhoffen. Wenn sie gerne Auslandserfahrung sammeln würde, könne sie dies auch noch später, zu einem für sie passenderen Zeitpunkt, tun. Jeder vernünftige Personaler, so versicherte ich ihr, würde ihr Tribut dafür zollen, dass sie ihr Studium an einer privaten Hochschule selbstständig finanziert habe, und nicht danach bohren, warum sie kein Auslandstrimester absolviert habe. Es war für Sophie schließlich nicht leicht, ihre Kommilitonen ins Ausland zu verabschieden, doch sie spürte und wusste, dass es – zum damaligen Zeitpunkt – nicht der passende Weg für sie gewesen wäre.

▸ **Fazit** Wir müssen lernen, Entscheidungen in unserem Leben alleine und unabhängig zu treffen. Es kann durchaus Sinn machen, andere um deren Einschätzung zu fragen, da die verschiedenen Perspektiven, die wir erhalten, unser Möglichkeitenspektrum erhöhen. Letzten Endes müssen wir jedoch selbst – in Abstimmung mit den Eckdaten unserer Persönlichkeit, unserer Vision und den äußeren Rahmenbedingungen, die unser Leben markieren, – entscheiden und die Verantwortung für unsere Entscheidungen übernehmen. Beim Thema Entscheidungen ist der Bauch, also unsere gefühlsmäßige, intuitive Einschätzung, fast immer der bessere Kompass – hören Sie also auf Ihr Bauchgefühl und treffen Sie Ihre Entscheidungen alleine und in Eigenverantwortung.

Meine Empfehlung

- Wenn das nächste Mal eine wichtige Entscheidung ansteht, widerstehen Sie zunächst dem Impuls, Freunde oder Verwandte zu fragen.
- Gehen Sie stattdessen lieber eine halbe Stunde spazieren und denken über Ihre Entscheidungsmöglichkeiten im Stillen oder auch – laut sinnierend – nach.
- Hilfreiche Fragen sind die folgenden:
  - Wie würden Sie sich fühlen, wenn Sie sich für Alternative X entscheiden?
  - Wie würden Sie sich fühlen, wenn Sie sich für Alternative Y entscheiden?
- Werfen Sie die Eckdaten Ihrer Persönlichkeit mit ins Spiel:
  - Welche Umstände brauchen Sie, damit es Ihnen gut geht?
  - Welche Komfortzonen gilt es zu verlassen?
  - Welche Ängste zu überwinden?
  - Wie lautet Ihre Vision?

  Prüfen Sie, ob die Berücksichtigung dieser Fragestellungen Ihnen bei der Entscheidung hilft.
- Hilfreich kann es auch sein, wenn Sie sich vorstellen, es wäre gar niemand da, den Sie um Rat fragen könnten und Sie müssten die Entscheidung ganz alleine treffen.

2.3.2 Sei ehrlich mit dir selbst

Wie würden Sie unter diesen Umständen entscheiden?
- Vertrauen Sie darauf, dass Sie alle Dinge, die Sie für eine sichere und richtige Entscheidung benötigen, in sich tragen.

2.3.2 Sei ehrlich mit dir selbst

> Die Natur betrügt uns nie. Wir sind es immer, die wir uns selbst betrügen.
> (Jean-Jacques Rousseau)

Ebenso wie es uns vielleicht auf den ersten Blick merkwürdig erscheint, dass wir uns selbst so gut wie möglich kennenlernen sollen, kann uns der Aufruf, ehrlich mit uns selbst zu sein, zunächst nur verwundern. Aus welchem Grund sollte man sich selbst anlügen? Kann es dafür eine überzeugende Erklärung geben? Lassen Sie mich versuchen, Ihnen die Sache ein wenig näherzubringen.

Der Mensch ist ein sehr komplexes Geschöpf und seine Psyche zu ergründen, ein ebenso spannendes wie rätselhaftes Unterfangen. Wir alle kennen Momente, in denen zwei Herzen in unserer Brust schlagen und wir uns zwischen verschiedenen Handlungsoptionen hin- und hergerissen fühlen. Vermutlich haben die meisten sich auch schon Dinge sagen hören, die sie sich eben noch vorgenommen hatten, keinesfalls zu sagen. Und wahrscheinlich kennen viele auch das Gefühl, eine Entscheidung zu bereuen, die sie erst vor Kurzem getroffen haben. Es passieren also gelegentlich rätselhafte Dinge, die uns daran zweifeln lassen, ob wir wirklich jene vernünftigen und rationalen Wesen sind, für die wir uns gemeinhin halten. Die Vorstellung, wir seien dies, beruhigt uns und darum halten wir mit Hartnäckigkeit und wider unzähliger Erfahrungen an ihr fest. Tatsächlich, so meine ich, würden wir gut daran tun anzuerkennen, dass es uns – ohne Reflexion und innerer Klärung – naturgemäß gar nicht gelingen kann, in jeder Lebenslage so geradeheraus, logisch und nachvollziehbar zu agieren, wie wir das vielleicht gerne hätten.

Exkurs – Der Mensch ist nicht nur eins
Unter anderen griffen der Transaktionsanalytiker Thomas Harris und der Kommunikationspsychologe Friedemann Schulz von Thun den Freud'schen Gedanken der Pluralität der menschlichen Persönlichkeit auf. Während die Transaktionsanalytiker rund um Thomas Harris die Persönlichkeit des Menschen in das Kindheits-, Eltern- und Erwachsenen-Ich aufspalteten (siehe Harris 1975, Kap. 2), prägte Schulz von Thun das Bild des inneren Teams, welches es – je nach Situation – aufzustellen gilt (siehe Schulz von Thun 2013).

Alle Modelle tragen der Tatsache Rechnung, dass wir Menschen eben nicht nur eins sind: Wir verfügen über verschiedenste Facetten, können – je nach Situation und Umgebung – unterschiedlichstes Verhalten zeigen und sind nicht selten inner-

Abb. 2.10 Beispiel für die Aufstellung eines „Inneren Teams"

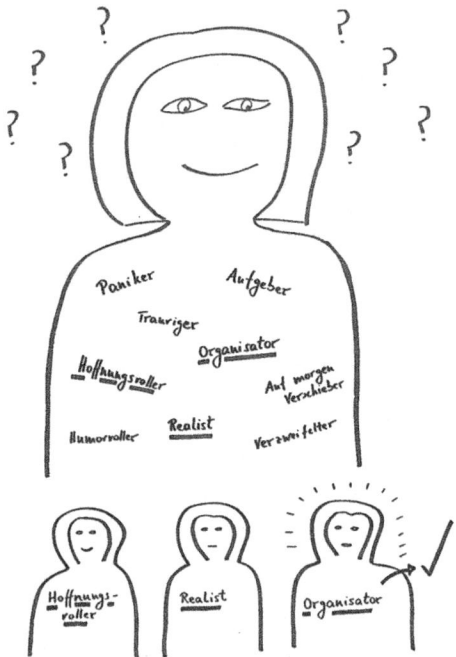

lich zerrissen oder zumindest unentschieden. Wir tun gut daran, dieses Phänomen nicht zu leugnen, uns im Gegenteil in unserem Verhaltensreichtum zu beobachten und gelegentlich einen Moment der Reflexion zu nutzen, um uns bewusst für das ein oder andere Verhalten zu entscheiden. Abbildung 2.10 zeigt ein Beispiel für ein „Inneres Team". Hier haben zwei Studentinnen dargelegt, welche inneren Stimmen sie in einem prekären Moment ihres Lebens (während eines Auslandsaufenthaltes in Australien stand am Mittag noch nicht fest, wo sie diese und die nächsten Nächte würden schlafen können) im Nachhinein in sich ausfindig machen konnten. Mit der Übung wurde ihnen klar, dass sie ihr Problem gemeistert hatten, indem sie dem hoffnungsvollen, realistischen Organisator das Ruder überließen und den Panik auslösenden „Verschieber" auf die Reservebank schickten.

Wenn wir also zwei (oder mehrere) Herzen in unserer Brust schlagen hören, sollten wir uns aus dem Tagesgeschäft zurückziehen und eruieren, wofür die schlagenden Herzen stehen bzw. welche Facette unserer Persönlichkeit sie verkörpern. Meist wissen wir intuitiv, welcher der Herzen (oder Stimmen) wir in der jeweiligen Situation mehr Gewicht verleihen wollen. Es kann auch dann noch sein, dass sich die nicht berücksichtigten Herzen später noch mal nörgelnd zu Wort melden. Wenn wir uns jedoch bewusst entschieden haben, einer oder wenigen der Stimmen aus

2.3 Agiere unabhängig und eigenverantwortlich

bestimmten Gründen mehr Gewicht zu verleihen, bleiben wir trotzdem in unserer Entscheidung standhaft.

Beispiel – Endlich wieder klar sehen können

Jonathan, Studierender im zweiten Jahr, kam zu mir, weil er am liebsten sein Studium hinschmeißen und in Asien noch einmal von vorne beginnen wollte. Er war gerade von einem Praktikum in China und einer Rucksacktour durch Thailand in das winterliche Deutschland zurückgekehrt, besuchte Seminare, die ihn wenig überzeugten und spürte den schon immer in sich vorhandenen Drang, ins Ausland zu gehen, stärker denn je. Da er jedoch eine so schwerwiegende Entscheidung nicht übers Knie brechen wollte, suchte er mich auf. Gemeinsam bestimmten wir die Stimmen, die sich im inneren Konflikt ihn ihm zu Wort meldeten, gaben ihnen Namen, schrieben diese auf verschiedenfarbige Moderationskarten und positionierten sie auf dem Fußboden vor uns. Da lagen also u. a. der Ungeduldige, der Abenteurer, der Anti-Establishment-Vertreter, der Suchende, der Zweifelnde, der Vernünftige, der Rationale, der Abwägende. Im Gespräch spürte Jonathan sehr deutlich, mit welcher Vehemenz der Abenteurer und der Suchende sich ihn ihm zu Wort meldeten. Er musste wieder ins Ausland, das wurde ihm klar. Dennoch ließ er den Vernünftigen und Abwägenden zu Wort kommen und begriff, dass im Grunde nur noch acht Monate in Deutschland vor ihm lagen, danach würde er ins Auslandssemester gehen können. Zudem sah er ein, dass es immer wieder nicht zufriedenstellende Seminare für ihn geben würde, auch an einer Hochschule in Asien. Drittens wurde ihm klar, dass es eine furchtbare Zeit- und Geldverschwendung wäre, jetzt, nach mehr als der Hälfte des Studiums, das Ganze hinzuschmeißen. Als Jonathan sich an diesem Tag von mir verabschiedete, war ich nicht sicher, welche Stimmen in den nächsten Tagen in ihm die Oberhand gewinnen würden. Dass er endgültige Klarheit finden würde, das wusste ich. Einen Monat später kam er wieder zu mir – aufrecht und sehr beschwingt. Er würde sein Studium bei uns zu Ende machen, so teilte er mir mit. Und dann dem Abenteurer in sich eine Plattform bieten …

▶   **Fazit** Ehrlich mit uns zu sein bedeutet letztendlich, sich mit den verschiedenen Facetten unserer Persönlichkeit auseinanderzusetzen bzw. in bestimmten Situationen in einen Dialog mit ihnen zu treten. Ehrlich zu sein bedeutet, dem zuzuhören, was sich in unserem Inneren abspielt. Tun wir dies nicht, versäumen wir die Chance, unser „Inneres Team" zu koordinieren und verlieren auf diese Weise die Oberhand. Dann kann es passieren, dass einer entscheidet und der andere kurze Zeit später bereut, dass einer beschließt zu schweigen und der andere kurz darauf doch etwas sagt … Es ist also wieder einmal das bewusste Wahrnehmen und Reflektieren, das uns helfen kann, geradeaus zu denken, klar zu handeln und Entscheidungen zu treffen, die zu uns und unseren jeweiligen Rahmenbedingungen passen, die wohlüberlegt sind und damit langfristig eine positive Wirkung nach sich ziehen.

Meine Empfehlung

- Wenn das nächste Mal eine schwierige Entscheidung ansteht oder Sie eine innere Zerrissenheit in Bezug auf einen Konflikt o. Ä. erleben, nehmen Sie sich ein wenig Zeit und versuchen, die diversen Stimmen in Ihrem Inneren zu identifizieren und zu benennen.
- Notieren Sie dann die Bezeichnungen für die verschiedenen Positionen in sich und überlegen Sie, für welchen Anteil diese Positionen stehen und sprechen.
- Entscheiden Sie dann, welchem Anteil in sich Sie idealerweise in dieser Situation das Ruder überlassen und schicken Sie die anderen Anteile auf die Reservebank.
- Dieses Vorgehen scheint recht zeitintensiv und natürlich haben wir oft nicht die Möglichkeiten, vor einer Entscheidung eine solche innere Analyse aufzustellen. Oft genug ist aber die Zeit tatsächlich vorhanden. In diesem Falle sollten Sie sie nutzen.

Zum Weiterlesen

- Neben den bereits genannten Büchern von Thomas Harris (Harris 1975) und Schulz von Thun (Schulz von Thun 2013) möchte ich Ihnen das Kapitel „Psychologische Vorgänge in der zwischenmenschlichen Kommunikation" aus Karl Beniens Buch *Schwierige Gespräche führen* ans Herz legen (S. 23–44). Hier gibt der Verfasser in recht kompakter Manier einen Einblick in Schulz von Thuns Modell der vier Seiten und vier Ohren und liefert zudem einen kurzen, aber doch inhaltsreichen Einblick in die Idee des Inneren Teams (S. 38–44) (Benien 2005).
- Falls Sie mehr über die Transaktionsanalyse lesen möchten, empfehle ich Ihnen das Werk *Einführung in die Transaktionsanalyse* von Ian Stewart und Vann Joines (Stewart und Joines 2000). Zudem möchte ich Sie unbedingt auf die bekanntesten Klassiker des Begründers der Transaktionsanalyse, dem kanadischen Psychiater Eric Berne, hinweisen: *Spiele der Erwachsenen* (Berne 2002) und *Was sagen Sie, nachdem Sie ‚Guten Tag' gesagt haben?* (Berne 2012).

Beides sind Bücher verblüffenden Inhalts. Sie sind gut zu lesen und der Inhalt geht einem über lange Zeit nicht mehr aus dem Kopf. Lassen Sie sich das nicht entgehen.

2.3.3 Mache dich frei vom Urteil anderer

Sardinen wissen, dass Gleichmachen mit Kopfabschneiden beginnt.
(Jeannine Luczak)

Wir Menschen sind Individuen und zugleich soziale Wesen – aus dieser Dichotomie erwächst der Großteil unserer inneren Konflikte. Auf der einen Seite streben wir nach Selbstverwirklichung, auf der anderen nach Anerkennung. Zu einem Teil versuchen wir uns abzugrenzen und unsere Individualität zu leben, zu einem anderen ist es uns bedeutsam, dazuzugehören und uns in einer Gemeinschaft aufgehoben zu fühlen. Nach vielen Jahren der intensiven Beschäftigung mit Menschen wird mir immer klarer, dass unsere kontinuierliche Suche nach unserem individuellen Glück eine Menge damit zu tun hat, ob wir auf der Skala zwischen Individualität und Zugehörigkeit den für uns optimalen Standpunkt finden. Wir brauchen eine stimmige Balance zwischen dem Allein- und dem Zusammensein, zwischen Egoismus und Altruismus, zwischen Abgrenzung und Dazugehören, und dieser Standpunkt ist – wie könnte es anders sein – individuell (siehe Abb. 2.11).

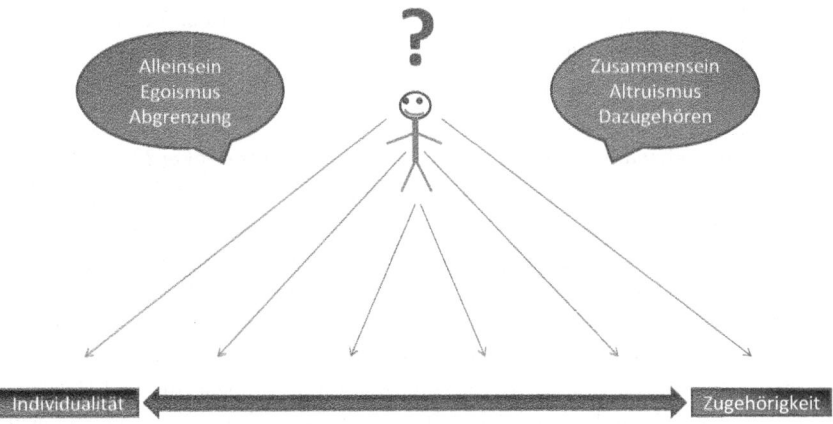

Abb. 2.11 Der Mensch als Individuum und soziales Wesen

In Summe meine ich beobachten zu können, dass insbesondere für junge Menschen der individuelle Teil ihres Daseins zu kurz kommt und dem Wunsch nach Anerkennung, Zugehörigkeit und Akzeptanz zu viel Raum gewährt wird. Der Preis, den sie (und alle anderen, die das tun) für das Kleinhalten ihrer Individualität zahlen, ist indessen hoch: Er reicht von innerer Unausgeglichenheit und Verunsicherung über mangelnde Ausstrahlung und Überzeugungskraft bis hin zu beachtlichen psychosomatischen Beeinträchtigungen. Warum messen so viele junge Menschen dennoch der Anerkennung durch andere mehr Bedeutung bei als dem selbstbewussten Leben des Eigenen? Nun, viele Pubertierende kennen – persönlich oder vom Hörensagen – grauselige Geschichten aus Schulen, deren Ausprägungen von subtiler Ausgrenzung bis zu ostentativem Sadismus reichen. Kein Wunder also, dass nur sehr wenige den Mut haben, sich bewusst von einer Gruppe und ihren Tonangebern sowie einer mehrheitlichen Meinung abzusetzen – zu hoch scheint die Wahrscheinlichkeit, zur Zielscheibe für Gemeinheiten zu werden.

Studierende sind natürlich seltener offensichtlichen Mobbing-Attacken ausgesetzt, praktizieren den subtilen Funkverkehr, das Lästern hinter vorgehaltener Hand und die Grüppchenbildung mit Ausschluss Einzelner aber nicht minder häufig. Kein Wunder also, dass sich auch im universitären Umfeld viele nicht trauen, ihre Individualität zu leben und aus der Masse hervorzustechen. Nicht zuletzt schließlich haben es ja auch viele Erwachsene (30 +) noch nicht geschafft, ihr Eigenes zu leben und sich von dem, was die Gesellschaft zu ihren Entscheidungen, ihren Vorlieben und ihrer Lebensweise zu sagen hat, unabhängig zu machen. Diese Erwachsenen werden wiederum Eltern und vermitteln ihren Kindern – oft ganz unbewusst –, dass Anpassung ein notwendiges Übel sei, um klarzukommen.

▶ Der Preis, den wir für soziale Anerkennung zahlen, ist der Verzicht auf das Leben unserer Individualität.

Beispiel – Seit wann interessiert uns, was andere Leute denken?

Als mein jüngerer Sohn ungefähr acht Jahre alt war, stand in seiner Klasse die alljährliche Weihnachtsfeier an. Die Kinder durften, wenn sie konnten und wollten, an diesem Nachmittag ein Musikinstrument vorspielen, ein Gedicht aufsagen o. Ä. Mein Sohn lernte zu der Zeit gerade, „Last Christmas" auf dem Schlagzeug zu begleiten, und wollte dies beim Adventsnachmittag vorspielen. Er steigerte sich immer mehr in seinen Auftritt hinein und plante schließlich, mit seinem neuen Hut aus Berlin-Kreuzberg, mit Sonnenbrille und Halskette sein Outfit zu komplettieren. Ich stellte mir ihn leibhaftig an diesem Schulnach-

2.3 Agiere unabhängig und eigenverantwortlich

mittag vor, dachte mit Graus an die Gesichter der anderen Anwesenden und sagte: „Lass uns das in dieser Form lieber lassen. Die denken doch, wir spinnen." Daraufhin schaute er mich überrascht an und entgegnete: „Seit wann interessiert uns, was andere Leute denken?" Stimmt, das hatte ich ihm beigebracht: Nicht daran zu denken, was die anderen sagen, sondern das machen, was einem richtig erscheint. So hatte er mich dabei ertappt, meine eigenen Ideale – wenigstens für diesen Adventsnachmittag – über Bord zu werfen. Am Ende fiel die ganze Vorspiel-Aktion wegen eines anderen Programmpunktes aus. Schade eigentlich, denn ich war schließlich bereit, mich dem Spaß hinzugeben. Und ich bin ganz sicher: Manch einer hätte den Mut meines Sohnes, das Extrovertierte zu leben, bewundert ...

Hören wir also auf, uns daran zu orientieren, was die Mehrheit für vermeintlich richtig hält! Hängen wir die Angst davor, aufzufallen und Gesprächsthema zu werden, an den Nagel! Trauen wir uns doch, unsere Meinung zu äußern, Dinge zu tun, die wir für richtig halten und gegen den Strom zu schwimmen, wenn uns das inhaltlich angemessen erscheint! Aggressive Mobber agieren immer aus einer Position der Schwäche heraus und nur, wenn wir sie darin bestärken, gewinnen sie an Macht. Subtile Flurfunker versuchen ebenfalls, eigene Unzulänglichkeiten zu verdecken, indem sie die Schwächen anderer fokussieren. Wenn wir ihre Gift-Pfeile an uns vorbeiziehen lassen und keine Projektionsfläche bieten, verlieren sie schnell die Freude am Ärgern. Und – unsere Belohnung ist groß, denn wer im Einklang mit seinen Überzeugungen und Individualitäten lebt, gewinnt Ausgeglichenheit und innere Ruhe, Überzeugungskraft und Ausstrahlung, in Summe also das vielbeschworene Charisma.

▶ Mobber agieren immer aus einer Position der Schwäche. Lästerer versuchen häufig, über ihre eigenen Unzulänglichkeiten hinwegzutäuschen.

▶ **Fazit** Ob wir zufrieden werden und den für uns passenden Lebensweg einschlagen, hängt in großem Maße davon ab, ob es uns, in einem ersten Schritt, gelingt, unsere Individualität zu entdecken und sie dann, in einem zweiten Schritt, zu leben. Hierfür müssen wir den Mut aufbringen, uns in manchen Lebenssituationen von der Masse abzusetzen und uns den gelegentlich von ihr verhängten Sanktionen zu widersetzen. Wir müssen riskieren, auch mal alleine dazustehen und stark genug sein, ohne den Beifall der anderen oder gar unter ihren Buh-Rufen auf unserem Weg weiterzugehen. Ich kann Ihnen versichern, dass diese Anstrengung sich am Ende immer auszahlt, denn wichtig ist unterm Strich nur, dass wir uns selbst treu bleiben. Der beste Kompass, den wir bei uns tragen, ist – vergessen Sie das nie – unsere Intuition. Wenn wir lernen, ihr zuzuhören und zu vertrauen, wissen wir in der Tiefe unseres Herzens immer, was richtig und passend für uns ist.

Meine Empfehlung

- Wenn Sie sich das nächste Mal dabei ertappen, aus Angst vor sozialen Sanktionen Ihre Meinung nicht zu äußern, Ihrem Standpunkt nicht treu zu bleiben oder auf einen ordentlichen Spaß zu verzichten, atmen Sie tief durch und bleiben Sie sich treu: Sagen Sie, was Sie sagen möchten! Bleiben Sie dort stehen, wo Sie stehen! Stürzen Sie sich in das Vergnügen!
- Vergessen Sie das, was andere möglicherweise über Sie denken oder sagen.
- Vertrauen Sie darauf, dass echte Freunde Sie auch schätzen, wenn Sie nicht mit dem Strom schwimmen, wenn Sie anderer Meinung sind, wenn Sie Dinge tun, die andere sich möglicherweise nicht trauen.

2.3.4 Du bist dein Maßstab

… denn Neid ist im Grunde nichts anderes als Verrat an der eigenen Leistung.
(Die Autorin)

Wie viel Frustration, Traurigkeit und im schlimmsten Falle Gefühle von Demütigung blieben uns erspart, wenn wir uns nicht ständig mit anderen vergleichen würden? Der Vergleich, jedenfalls der unspezifische und wahllose, vermag nur wenig positive Effekte nach sich zu ziehen: Durch ihn können wir unsere eigene Leistung auf einem Spektrum der Möglichkeiten einordnen, durch ihn erhalten wir Anregungen, Perspektiven und Entwicklungspfade. Doch wer nutzt schon den Vergleich für den Erhalt dieser durchaus zu gebrauchenden „Daten"? In der Regel handeln wir uns durch die Art und Weise, wie wir uns vergleichen, Frustration und Demotivation ein: Wir vergleichen uns nämlich meist nur mit denen, die besser abgeschnitten haben als wir oder mit denen, die ganz andere, meist bessere Voraussetzungen hatten als wir …

2.3 Agiere unabhängig und eigenverantwortlich

Beispiel – Von der Destruktivität des Vergleichens

Miriam suchte mich zu Beginn ihres zweiten Studienjahres auf. Sie war unsicher, ob sie sich mit dem Studium nicht „zu viel vorgenommen hatte" und wollte das mit mir gemeinsam prüfen. Als ich sie nach dem Grund ihrer Unsicherheit fragte, führte sie ihren „mittelmäßigen" Durchschnitt auf, der in Wahrheit einer Zwei minus entsprach. „Wie kommen Sie darauf, dass Ihr Durchschnitt ‚mittelmäßig' ist?", fragte ich Miriam. „Na ja, die anderen sind alle besser als ich", entgegnete sie. „Wen genau meinen Sie?", fragte ich. „Meine Freundinnen und die meisten anderen auch, glaube ich …", stammelte sie. „Und wann konkret waren die besser als Sie?", bohrte ich. „Zum Beispiel in der Economics-Klausur. Da hatten fast alle etwas Besseres als ich mit meiner 3,0", so Miriams Antwort. Ich ging hinunter zum Prüfungsamt und ließ mir die Durchschnittsnote der von Miriam angesprochenen Klausur geben – sie lautete 3,5. „Sie waren eine halbe Note besser als der Durchschnitt", sagte ich zu Miriam. „Ihr Eindruck, *alle* seien besser gewesen, entspricht also nicht der Realität. Es muss eine Menge Leute geben, die schlechter waren als Sie." Ich gab ihr einen Moment Zeit zum Nachdenken. „Und wie kommen Sie überhaupt darauf, Ihren Durchschnitt von Zwei minus als mittelmäßige Note zu bezeichnen? Haben Sie sich einmal den Gesamtdurchschnitt Ihres Jahrgangs geben lassen? Ich bin sicher, dass der nicht bei Zwei minus liegt …" Miriam dachte nach und wir unterhielten uns weiter. Im Gespräch erfuhr ich, dass die Clique, mit der sie an unserer Hochschule unterwegs war, in der Tat aus *den* Leistungsträgern ihres Jahrgangs bestand. Miriam hatte in Gesellschaft dieser Kommilitonen vollkommen das Auge dafür verloren, dass es auch noch eine ganze Menge weniger leistungsstarker, um nicht zu sagen, recht schwacher Studierender gab. Außerdem war sie die jüngere von zwei Schwestern, und ihre ältere Schwester war gerade dabei, ihr Jurastudium mit Auszeichnung zu beenden. Durch den ständigen Vergleich mit Menschen, die überdurchschnittlich gute Leistungen erzielten, hatte sie das gesunde Einschätzungsvermögen bezüglich ihrer eigenen Leistung vollkommen verloren. Wir vereinbarten, dass sie sich in Zukunft, wenn sie sich schon vergleichen wollte, wenigstens mit den Studierenden, die besser *und* schlechter als sie abgeschnitten hatten, vergleichen und sich zudem auf all ihre anderen Stärken besinnen wollte. Ganz nebenbei hatte ich nämlich noch erfahren, dass Miriam trotz der Anforderungen im Studium Leistungsturnen betrieb und demnächst an den Hessischen Meisterschaften teilnehmen würde.

Wenn Sie sich also unbedingt vergleichen wollen (ich halte nicht besonders viel davon), vergleichen Sie sich mit denen, die besser *und* schlechter als Sie abgeschnitten haben. Darüber hinaus achten Sie bitte darauf, sich mit Menschen zu vergleichen, die ähnliche Voraussetzungen mitbringen wie Sie. Dass ein Studierender,

der eine spanische Mutter hat, in einer Spanisch-Klausur besser abschneidet als jemand, der sich seit zwei Jahren im Selbststudium Grundkenntnisse angeeignet hat, sollte Sie nicht verwundern. Auch darf es Sie nicht überraschen, wenn ein Bankkaufmann in Rechnungswesen mit weniger Aufwand eine gute Note erzielt als jemand, der zum ersten Mal etwas von Buchungssätzen hört. Wenn Sie neben dem Studium intensiv jobben, haben Sie weniger Zeit zum Lernen als jemand, der von zu Hause großzügige, monatliche Überweisungen erhält. Prüfen Sie also, ob die Vergleiche, die Sie tätigen, überhaupt gerechtfertigt sind.

Viel sinnvoller als sich zu vergleichen ist dieser Ansatz: Schauen Sie sich an, wie erfolgreiche Menschen agieren, versuchen Sie, ihre Erfolgsmuster herauszufinden, machen Sie es ihnen nach. Wie genau lernen die, die meist gute Klausuren schreiben? Wie genau gehen die vor, die ohne Probleme einen tollen Praktikumsplatz bekommen? Wie verhalten sich die, die immer als Erste die wichtigsten Informationen haben? Das sind Fragestellungen, die Sinn machen und Ihnen weiterhelfen.

Beispiel – Vier konzentrierte Stunden täglich

Als ich begann, an meiner Dissertation zu arbeiten, hatte ich zunächst keinen rechten „Plan" davon, wie ich das ganze Vorhaben angehen sollte. Doktorarbeiten im geisteswissenschaftlichen Bereich werden meist über mehrere Jahre geschrieben und sind im Ergebnis oft sehr umfangreich (400 Seiten sind keine Seltenheit). Mein Doktorvater hatte mir zu Beginn den Tipp gegeben, doch erstmal ein Jahr lang nur zu lesen und mir einen Überblick zu verschaffen. Ich arbeitete zu der Zeit zwei volle Tage an der Uni, der Rest der Zeit stand mir für meine Promotion zur Verfügung. Was machte ich also? Ich las und las und las, und wenn ich nicht las, hatte ich ein schlechtes Gewissen. Kam ich voran? Nicht wirklich … Ich war sehr unzufrieden und hatte den Eindruck, dauernd nur zu arbeiten, ohne wirklich etwas zu erreichen. Schließlich lernte ich in einem Kolloquium eine Frau – Anne – kennen, die auch promovierte, zehn Jahre älter als ich war und Mann und zwei Kinder hatte. „Wie schaffst du das?", fragte ich sie vollkommen fassungslos. Ich war Anfang 20, hatte viel Zeit und wenig Verpflichtungen und fühlte mich schon überlastet. „Ich habe nur den Morgen zum Arbeiten", sagte sie. „Das geht aber gut. Wenn die Kinder aus dem Haus sind, setze ich mich für vier Stunden an den Schreibtisch. Dann habe ich noch eine Stunde Zeit für den Haushalt. Ich mache das jetzt schon zwei Jahre und gebe meine Arbeit in drei Monaten ab." Ich war – wie gesagt – fassungslos und schämte mich auch ein wenig. Ab dem nächsten Tag machte ich es genauso – und zwar für die nächsten Jahre, konsequent und ohne Ausnahme. Ich saß um 9 am Schreibtisch und stand um 13 Uhr wieder auf – das hielt ich durch und kam schneller voran, als ich jemals zu hoffen gewagt hatte. Ganz nebenbei gewann ich freie Stunden ohne schlechtes Gewissen, Zeit für Sport und Freunde, und Zeit über das, was ich am Morgen gemacht hatte, nachzudenken. Natürlich arbeitete ich immer auch noch am Nachmittag – hier recherchierte ich Literatur, erstellte Literaturlisten, fertigte Übersichtsdarstellungen an, um die Dinge, die ich am Morgen bearbeitet hatte, einzuordnen. Das konzentrierte Arbeiten aber erledigte ich nur noch an meinen vier Vormittagsstunden. Ich bin Anne bis heute dankbar für das, was ich von ihr lernen durfte: Nämlich, dass wir viel effektiver arbeiten, wenn wir uns für einen genau abgegrenzten Zeitraum ein inhaltliches Paket schnüren und dies diszipliniert, Tag für Tag, abarbeiten. Gut, dass ich mich an ihrer Seite nicht nur schlecht fühlte, sondern sie nach dem Geheimnis ihres Erfolges fragte.

Hören Sie also auf, sich mit anderen zu vergleichen. Schauen Sie sich lieber an, was Menschen, die Dinge gut hinkriegen, genau tun. Wem etwas gelingt, der macht etwas gut – das ist ein Gesetz. Viele effektive Verhaltensweisen – Soft Skills – sind universell und damit nachahmbar. Jammern Sie nicht herum, dass andere besser sind, sondern sehen Sie zu, dass Sie selbst besser werden, indem Sie für sich Erfolgsrezepte entwickeln oder diese von anderen abschauen. Der einzige Vergleich, der in diesem Zusammenhang also Sinn macht, ist der von „früher" zu „später": „Wie habe ich die Dinge früher gemacht?" – „Wie mache ich sie jetzt?".

Exkurs – Von den Erfolgreichen lernen
Die Erfolgstechnologie NLP (**Neurolinguistisches Programmieren**) ist aus der modernen Coaching-Szene nicht mehr wegzudenken, und ihre Herangehensweisen und Übungen sollten zum festen Repertoire eines jeden Coaches, Elternteils oder Lehrers gehören. NLP entstand genau auf die beschriebene Weise: In den 70er-Jahren begegneten sich der Psychologie- und Informatikstudent Richard Bandler und der Sprachwissenschaftler John Grinder und beschlossen zu untersuchen, worin die Erfolgsgeheimnisse der renommiertesten Therapeuten der USA – Milton Erickson, Fritz Perls und Virginia Satir – lagen. Die beiden Wissenschaftler fassten die von den Therapeuten unbewusst und intuitiv angewandten Kommunikations- und Verhaltensmuster – ihre Erfolgsstrategien – aufbereitet und systematisiert zusammen und nannten es Neurolinguistisches Programmieren. Sie hatten im Grunde „nur" herausgefunden, systematisiert und niedergeschrieben, wie der Erfolg der drei Therapeuten genau zustande kam (vgl. Schwarz und Schweppe 2009, S. 10; vgl. Haag 2012, S. 11 f.).

Im Übrigen bin ich ein Anhänger der Devise: Du bist dein Maßstab! Setzen Sie sich realistische (und je nach Persönlichkeit) ehrgeizige oder weniger ehrgeizige Ziele und tun Sie dann etwas dafür, dass Sie diese erreichen. Wir wissen selbst immer, zu welcher Leistung wir theoretisch imstande sind und was wir praktisch bereit sind, dafür zu leisten. Nichts anderes zählt, nichts anderes ist wichtig. Das alleine darf unser Maßstab sein. Neid ist im Übrigen nichts anderes als Verrat an der eigenen Leistung. Und wer will sich schon selbst verraten? Orientieren Sie sich also nur an anderen, wenn sie von ihnen lernen wollen. Ansonsten konzentrieren

Abb. 2.12 Leistungsvermögen, Leistungsbereitschaft und Ziele müssen zusammenpassen

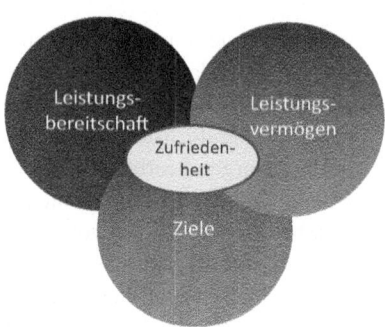

Sie sich auf sich und auf das, was Sie wollen, auf das, was Sie können, auf das, was Ihnen etwas wert ist. Und dann kämpfen Sie dafür! (Abb. 2.12 zeigt die Notwendigkeit der Übereinstimmung von Leistungsvermögen, Leistungsbereitschaft und den eigenen Zielen.)

Meine Empfehlung

- Widerstehen Sie kommenden Impulsen, sich selbst kleinzumachen, indem Sie sich nur mit Besseren vergleichen.
- Ordnen Sie stattdessen Ihre Leistung realistisch ein.
- Wenn Sie unzufrieden sind, prüfen Sie, woran Ihre Unzufriedenheit liegt. (Waren Ihre Ziele zu hochgesteckt? Haben Sie zu wenig getan? Leiden Sie unter falscher Selbsteinschätzung?)
- Wenn Sie besser werden wollen, arbeiten Sie daran, dass Ihre Ziele, Ihr Leistungsvermögen und Ihre Leistungsbereitschaft zusammenpassen.
- Wenn Sie besser werden wollen, schauen Sie, was Leistungsträger anders machen als Sie.

2.3.5 Da wo du bist, da willst du sein[3]

> Wer nicht zufrieden ist mit dem, was er hat, der wäre auch nicht zufrieden mit dem, was er haben möchte. (Berthold Auerbach)

Ich persönlich glaube, dass es ein großes Glück für uns Menschen ist, wenn wir das Gefühl haben, an dem Ort zu sein, an den wir gehören. Man kann immer wieder

---

[3] Den Titel dieses Kapitels formte ich in Anlehnung an das Unterkapitel „Wo ich bin, will ich sein" in Jens Corssens Buch *Der Selbstentwickler* (Corssen 2004, S. 38–51).

2.3 Agiere unabhängig und eigenverantwortlich

erleben, wie zufrieden Menschen sind, die wissen, wo sie zu Hause sind, die nicht davon träumen, dass an einem anderen Ort alles besser wäre, die ganz sicher wissen, wo sie leben und wo sie irgendwann einmal begraben werden möchten. Sie, verehrte Leser, sind für die endgültige Beantwortung dieser Frage natürlich viel zu jung. Dennoch wird die Fragestellung „Wo willst du sein?" Sie in den nächsten Jahren intensiv beschäftigen. Das Phänomen hat jedoch mehrere Facetten, und von denen will ich Ihnen berichten.

Waren Sie schon während der Schule für längere Zeit im Ausland oder haben bereits ein Auslandssemester absolviert? Dann wissen Sie, dass wir in diesen Zeiten schnell dem (Irr-)Glauben erliegen, in diesem Land, in dieser Stadt, an diesem Ort sei das Leben einfach besser – die Menschen netter, alles unkomplizierter, der Himmel heller, man selbst freier. Das stimmt in der Regel auch alles – das Problem ist nur, dass diese Feststellungen nichts mit dem Ort, sondern mit der Situation zu tun haben. Wir sind frei, weil die Menschen, denen wir begegnen, unsere Vorgeschichte nicht kennen. Auch werden wir nicht in Schubladen gesteckt, weil man im Ausland unsere kulturellen Gepflogenheiten nicht kennt und nicht mit vorschnellen Urteilen bei der Hand ist. Gastfamilien sind meist toleranter und verständnisvoller als die eigenen Eltern. Der Druck in der Schule oder der Uni ist geringer – schließlich wollen wir ja in erster Linie Erfahrungen sammeln und unseren Horizont erweitern, nicht unbedingt unseren Notendurchschnitt verbessern. Erliegen Sie also bitte nicht dem Irrglauben, Ihr Leben wäre einfacher und schöner, wenn Sie woanders lebten. Verwechseln Sie bitte nicht Situation und Ort sowie deren jeweilige Begleitumstände. Früher oder später kehrt, wo auch immer wir uns aufhalten, eine gewisse Normalität ein. Früher oder später müssen wir uns auch an einem neuen Ort wieder mit denselben Dingen auseinandersetzen, mit denen wir uns an einem anderen Ort beschäftigt haben, nämlich mit uns selbst. Wir nehmen uns überall mit hin. Das muss uns klar sein. Glück entsteht nicht aufgrund einer geografischen Gegebenheit, Glück erwächst aus unserem Inneren und unserer Haltung, in der wir dem Leben begegnen.

> **Beispiel – Holen Sie sich Ihr Barcelona nach Gießen**
>
> Ich hatte während meines Auslandssemesters in Oxford meinen spanischen Freund kennengelernt und bewegte mich mehrere Jahre zwischen Oxford und Barcelona, London und Barcelona und schließlich Gießen und Barcelona hin und her (ich gebe an dieser Stelle offen zu, dass es Orte gibt, durch die man lieber wandert als andere ...). Es war, wie Sie sich vorstellen können, alles recht kompliziert, da wir beide unser Studium noch abschließen mussten und für die Zeit danach unterschiedliche berufliche Pläne hatten – ich wollte an meiner Uni in Gießen promovieren und hatte Aussicht auf eine Anstellung, er wollte in den diplomatischen Dienst nach Asien. Schließlich wurden die Dinge

für uns so kompliziert, dass unsere Beziehung enormen Schaden nahm und wir uns trennten. Ich kam jedoch über diese Geschichte einfach nicht hinweg und konnte meinen Exfreund nicht vergessen (Liebeskummer ist eine schreckliche, aber im Nachhinein auch wertvolle Erfahrung, denn sie lehrt uns Demut vor der Macht der Gefühle). Schließlich wurde mein Zustand so schlimm, dass ich beschloss, nach Spanien zu gehen. Was ich dort wollte, wusste ich selbst nicht so genau. Irgendwie wollte ich ihm und unserer gemeinsamen Vergangenheit wohl näher sein. Da er inzwischen tatsächlich in Asien lebte, machte das jedoch wenig Sinn. Doch wer verhält sich schon im Liebeskummer rational? Ich glaube heute, ich wollte damals in erster Linie einfach nur weg – von mir, vom Liebeskummer, von meinen Verpflichtungen. Ich ging zu einem Professor meiner Uni, von dem ich wusste, dass er gute Kontakte zu spanischen Unis hatte. Als ich ihm meine Geschichte erzählte (den Liebeskummer ließ ich weg, doch ich glaube, er ahnte, was hinter meinem Wunsch steckte), sah er mich sehr ernsthaft an und sagte: „Mädchen, jetzt hören Sie mir mal gut zu. Sie haben hier eine wirklich gute Stelle und die Chance, bei einem tollen Doktorvater zu promovieren. Vor welchem Problem Sie auch immer weglaufen wollen, ich kann Ihnen versichern, dass es in Ihrem Koffer sein wird, egal wo Sie hingehen. Holen Sie sich Ihr Barcelona nach Gießen (wer beide Städte kennt, weiß, dass das im Grunde ein Ding der Unmöglichkeit ist). Was auch immer Sie dort suchen, organisieren Sie es sich hier und begehen Sie nicht den Fehler, etwas Gutes für ein großes Fragezeichen aufzugeben." Er sagte das liebevoll, aber sehr bestimmt. Bis heute bin ich ihm dafür dankbar. Ich blieb, überwand meinen Liebeskummer (auch wenn es noch eine ganze Weile gedauert hat) und ging tatsächlich ein Jahr später nach Spanien – allerdings innerhalb meiner Anstellung und im Rahmen eines Stipendienprogramms.

Das Credo „Da wo du bist, da willst du sein" müsste also im Grunde lauten: „So wie du bist, so willst du sein". Denn unsere Vorstellung, dass es einen kausalen Zusammenhang zwischen einem bestimmten Aufenthaltsort und unserer inneren Verfassung gibt, ist meines Erachtens schlichtweg falsch. Gleichwohl kommen bestimmte geografische Gegebenheiten unseren individuellen Wesen näher als andere. Manche Menschen bevorzugen es, auf dem Land zu leben – sie lieben freie Flächen, Weite, den Kontakt zum Himmel, Abstand zu Nachbarn, Platz. Manche lieben die Großstadt – Trubel, Leben, Vielfalt, Möglichkeiten, Wandel, Lautstärke. Wiederum andere suchen den Wechsel zwischen Stadt und Land, zwischen Ruhe und Langsamkeit, Geschäftigkeit und Geschwindigkeit. Es ist unsere Aufgabe, im Laufe unseres Lebens herauszufinden, welche Orte unserer psychischen Disposition guttun, wo wir uns wohlfühlen, wo wir den Eindruck haben, richtig zu sein.

2.3 Agiere unabhängig und eigenverantwortlich

Dabei kann es durchaus auch sein, dass Menschen sich bewusst gegen ein „Heimat-Konzept" entscheiden – wahrscheinlich tun dies Menschen, die ein geringes Sicherheitsbedürfnis haben, neugierig sind, Abwechslung und Veränderung brauchen. Eine geografische Heimat suchen sich hingegen eher die Sicherheitsbedürftigen, denen das Aufgehobensein – auch in geografischen Strukturen – Geborgenheit verleiht. Finden Sie also im Laufe der Jahre den Ort oder die Orte, an denen Sie sich wohlfühlen und zu denen Sie „Ja!" sagen. Finden Sie jedoch vor allem sich selbst und Sie werden überall ein Stück weit zu Hause sein.

▶ Es gibt keinen Zusammenhang zwischen einem bestimmten geografischen Ort und unserer inneren Verfassung. Wahres Glück können wir nur in uns selbst finden, nicht an einem bestimmten Ort. Gleichwohl gibt es geografische Gegebenheiten, die unserem Naturell eher entgegenkommen als andere. Diese sollten wir herausfinden.

„Da wo du bist, da willst du sein!" hat aber noch eine andere, sehr bedeutsame Facette. Wenn wir diesen Satz mehrmals am Tag voller Überzeugung sagen können, impliziert das nämlich, dass wir Verantwortung für unser Handeln übernehmen. Es bedeutet, dass wir uns bewusst für Handlungen entscheiden und daher voller Überzeugung an dem Ort sind, an dem wir sind, das tun, was wir tun, mit den Menschen zu tun haben, mit denen wir zu tun haben wollen, uns so zeigen, wie wir uns zeigen wollen. Das heißt natürlich nicht, dass wir unser Leben jeden Tag wunderbar finden, jauchzend zur Arbeit oder in die Uni gehen, unsere Partner ohne Höhen und Tiefen lieben – das wäre unnatürlich und unrealistisch. Selbstverständlich gehen wir an manchen Tagen mit weniger Enthusiasmus an die Arbeit als an anderen. Selbstverständlich geht man sich in Partnerschaften gelegentlich auf die Nerven. Selbstverständlich ist nicht jeden Tag alles wunderbar. Doch wenn wir grundsätzlich zu dem, wie wir sind, was wir tun, was wir sagen, mit wem wir zusammen sind und wie wir uns verhalten, „Ja!" sagen können, haben weniger gute Tage einen ganz anderen Geschmack, als wenn wir unschlüssig durch unser Leben wandern und immer wieder der Illusion erliegen, an einem anderen Ort, an einer anderen Uni, bei einem anderen Professor oder mit einem anderen Partner wäre unser Leben einfach schöner.

▶ **Fazit** Glück können wir ursächlich nur in uns selbst, nicht an einem bestimmten Ort finden. Die Zufriedenheit mit uns und unserem Leben fällt umso höher aus, je bewusster wir uns für ein Leben an einem bestimmten Ort, für ein Leben mit bestimmten Menschen und für das Ausführen bestimmter Handlungen entscheiden. Zufriedenheit entsteht da, wo wir im Einklang mit unseren innersten Überzeugungen leben und wirken können. Dafür müssen wir Verantwortung für unser Tun und Handeln übernehmen und uns immer wieder von Neuem bewusst entscheiden. „So wie ich bin, so will ich sein!" „Da wo ich bin, da will ich sein!" – Sagen Sie sich diese Sätze immer wieder und prüfen Sie, inwiefern Sie sich stimmig anfühlen.

Meine Empfehlung

- Finden Sie im Laufe der Zeit für sich heraus, wo, wie und mit wem Sie am liebsten leben möchten. Achten Sie darauf, dass Sie Ihrer inneren Stimme folgen und nicht einer gesellschaftlichen Vorstellung.
- Sollten Sie einmal einen Fluchtimpuls verspüren (Studium beenden, Job kündigen, Partner verlassen, Freundschaft beenden), hinterfragen Sie ihn gründlich. Wäre ein Weglaufen wirklich hilfreich oder würden Sie die Schwierigkeiten lediglich in einen Koffer packen und an einen anderen Ort, eine andere Hochschule, zu einem anderen Partner mitnehmen?

Zum Weiterlesen

- Das Buch *Der Selbst-Entwickler* des bekannten Top-Management-Berater Jens Corssen ist wirklich ein Geschenk. Corssen ruft seine Leser geradezu provokativ zum Umdenken auf und zeigt uns, dass Limitationen häufig nur selbstgemacht in unseren Köpfen entstehen. Insbesondere das Unterkapitel „Wo ich bin, will ich sein" (S. 38–51) führt die hier dargestellten Gedanken weiter aus (Corssen 2004).

2.3.6 Gestalte dein Leben pro-aktiv

> Der Unterschied zwischen Leuten, die selbst initiativ werden, und jenen, die das nicht tun, ist so groß wie der zwischen Tag und Nacht.
> (Stephen Covey, *Die 7 Wege zur Effektivität*)

Der Ausdruck „pro-aktiv" ist, so glaube ich, der, den ich in meiner Arbeit als Coach am häufigsten verwende. Ich selbst bin bei Stephen Covey über ihn gestolpert und habe ihn seitdem nie mehr aus den Augen gelassen. Was ist damit gemeint? Nun, wenn wir einen re-aktiven Lebensstil leben, lassen wir uns eher treiben, schwimmen mit, geraten zufällig in Situationen, Partnerschaften oder Studiengänge. Wir kommen häufig zu spät oder jedenfalls spät und müssen dann nehmen, was noch da ist. Wer pro-aktiv lebt, schaut hingegen voraus, ahnt, was kommt und versucht zu planen, zu managen, zu steuern. Der Pro-Aktive ist früh vor Ort oder früh informiert und hat daher in der Regel die Möglichkeit zu wählen. Das klingt zugegebenermaßen ein wenig anstrengend und erinnert auch an die aufmunternden Aufrufe jener, die den schnellen Erfolg an der nächsten Ecke versprechen. Echte Pro-Aktivität – die Königin unter den Soft Skills – hat mit diesen Erfolgs-Verheißungen aber rein gar nichts zu tun.

Pro-aktiv zu leben bedeutet, regelmäßig gedanklich in die Zukunft zu reisen und sich klarzumachen, welche Dinge unweigerlich auf uns zukommen *werden* und welche bitte auf uns zukommen *sollen*. Im Klartext befasst sich der Pro-Aktive also mit zwei Fragen: „Was ist schon geplant?" und „Was möchte ich planen?" Aus der Beantwortung dieser beiden Fragen ergeben sich Schritte, die zu gehen sind. Angenommen, verschiedene Klausuren warten auf mich (sind also schon geplant), so macht es Sinn, rechtzeitig in Erfahrung zu bringen, was auf mich zukommt, welche Lernmaterialien ich brauche, wie ich meine Zeit einteilen kann. Angenommen, ich habe ganz bestimmte Vorstellungen in Bezug auf meine berufliche Zukunft (ich möchte das planen), so sollte ich frühzeitig so viele Informationen wie möglich sammeln, unter Umständen Kontakte knüpfen, Bewerbungsunterlagen entsprechend gestalten, Menschen von meinem Interesse und meiner Absicht in Kenntnis setzen.

Wer pro-aktiv handelt, der folgt der innersten Überzeugung, dass er die Dinge in seinem Leben in beträchtlichem Ausmaße mitgestalten kann. Wer pro-aktiv handelt, hat eine klare Vorstellung von dem, was er will, und zugleich Freude daran, aktiv und vorausschauend dafür zu sorgen, dass sich diese Dinge auch für ihn ergeben werden. Wer pro-aktiv handelt, sucht nicht nach Stopp-Schildern und Begrenzungen, sondern nach Vorfahrts-Schildern und Möglichkeiten. Wer pro-aktiv handelt, glaubt an Lösungen, nicht an Sackgassen. Wer pro-aktiv handelt, weiß, dass in den meisten Fällen niemand anders für das Gelingen der eigenen Vorhaben verantwortlich ist als er selbst (bzw. dass es auch noch etwas zu lernen gibt, wenn die Dinge nicht gut ausgehen). Das alles heißt natürlich nicht, dass Pro-Aktive ununterbrochen energiegeladen und optimistisch unterwegs sind, dass sie alles bekommen, was sie wollen und nie scheitern. Das wäre unrealistisch, der Sache nicht dienlich und sicher auch nicht gesund. In Summe zeichnet pro-aktive Menschen aber der Glaube an die eigenen Möglichkeiten aus. Und genau aus diesem Grund ist der Ansatz in seiner Wertigkeit gar nicht hoch genug einzuschätzen.

Beispiel – Die Dinge selbst in die Hand nehmen

Fabienne ist eine meiner Studentinnen, die bereits im Arbeitsleben steht und nebenher – an einigen Abenden in der Woche sowie am Wochenende – in Teilzeit studiert. Sie kam zu mir, um mich bezüglich der Fortführung ihrer beruflichen Situation um Rat zu fragen. Sie arbeitete unter dem Dach eines Lehrlingsvertrags für ein Unternehmen. Dieses zahlte ihr ein entsprechend geringes Gehalt und hatte ihr zudem nur einen Einjahresvertrag gewährt, der in neun Monaten auslaufen würde. Fabienne wollte von mir wissen, wie sie die Dinge am besten angehen sollte. Das Erste, was ich ihr riet, war, das Ganze pro-aktiv anzugehen. Sie würde die Dinge selbst in die Hand nehmen, die Situation vorausschauend steuern müssen und keinesfalls abwarten dürfen, bis jemand von Unternehmensseite auf sie zukommen würde. Konkret sah unser Plan so aus: Vier bis fünf Monate vor Ablauf ihres Vertrages würde sie einen Termin mit dem Chef ausmachen, um mit ihm gemeinsam die Lage zu besprechen. In diesem Gespräch würde sie ihm erzählen müssen, wie sie sich die Dinge für ihre Zukunft im Unternehmen wünschte. Hierzu gehörte beispielsweise, dass sie einen konventionellen, keinen Lehrlingsvertrag mehr unterzeichnen wollte. Zudem war es ihr Wunsch, verantwortungsvollere Aufgaben zu übernehmen – sie hatte sich hierzu schon konkrete Gedanken gemacht. Drittens schließlich hatte sie sich überlegt, für den Rest ihrer Studienzeit ihre Studiengebühr lieber selbst zahlen zu wollen, da sie so unabhängig von dem Unternehmen sein würde. Fabienne war etwas mulmig bei diesem Vorgehen – sie empfand es als zu forsch und beinahe etwas frech. „Darf ich denn überhaupt Wünsche äußern?", fragte sie mich häufiger während unseres Gesprächs. Ich berichtete ihr davon, dass meiner Einschätzung nach die meisten Menschen sogar gut damit klar kamen, wenn man seine Vorstellungen bereits konkretisiert hatte und diese auch darlegen konnte. „Sie fordern ja nichts", so sagte ich ihr, „sondern äußern nur Ihre Wünsche und Vorstellungen. Wenn der Chef Ihnen diese Dinge nicht anbieten kann, können Sie es natürlich nicht ändern. Doch unter Umständen bringen Sie ihn auf gute Ideen. Und sollte er gar nichts Schmackhaftes für Sie haben, so haben Sie immer noch genug Zeit, sich nach etwas anderem umzusehen." Fabienne verließ mich mit einem zaudernden Lächeln und begegnete mir nach einiger Zeit mit einem breiten Lachen. Das Gespräch war gut gelaufen und ihr Chef war richtig froh, dass sie mitgedacht und sich selbst schon Dinge überlegt hatte. Sie war nun fest angestellt und kümmerte sich um ein wesentlich anspruchsvolleres Aufgabengebiet.

▶ **Fazit** Pro-Aktivität ist die Königin unter den Selbstführungs-Kompetenzen. Menschen, die pro-aktiv handeln, glauben daran, dass sie die Dinge in ihrem Leben in beträchtlichem Ausmaße mitgestalten können. Sie blicken häufig in die Zukunft, machen sich eine Vorstellung davon, was sie sich wünschen, und versuchen, diese Dinge durch vorausschauendes und gestalterisches Handeln bewusst herbeizuführen.

2.3 Agiere unabhängig und eigenverantwortlich

Pro-aktive Menschen fokussieren die eigenen Möglichkeiten und nicht die äußeren Limitationen.

Meine Empfehlung

- Gewöhnen Sie sich den Zweischritt der folgenden zwei Fragen an: Wie soll meine Zukunft aussehen? Was kann und was muss ich tun, damit sie so aussehen wird?
- Hören Sie auf, die Verantwortung für Missstände im Außen zu suchen. Selbst wenn sie dort lägen, könnten Sie sie niemals beheben, da das Außen jenseits Ihres Einflussbereiches liegt.

Zum Weiterlesen

- Wiederum möchte ich an dieser Stelle auf Stephen Coveys großartiges Buch *Die 7 Wege zur Effektivität* hinweisen. In diesem empfehle ich Ihnen insbesondere die Seiten 79–107, welche den – in Coveys Sprache – 1. Weg, den Weg der Pro-Aktivität, darstellen (Covey 2014).

Kurz zusammengefasst – Was Sie aus Kap. 2.3 mitnehmen sollten

Nur wenn der Mensch seine innersten Überzeugungen lebt, die wichtigen und auch vermeintlich unwichtigen Entscheidungen in seinem Leben individuell trifft und die volle Verantwortung für seine Entscheidungen übernimmt, hat er Aussicht auf Erfolg (d. h. er hat Aussicht auf Zufriedenheit, Stimmigkeit, Gelingen und Glück). Wir müssen also den Mut aufbringen, unser Eigenes herauszufinden, zu artikulieren und zu leben. Das kann manchmal Schwierigkeiten mit sich bringen, da Gruppen von Menschen häufig Sanktionen gegen Ausscherer verhängen (meist können sie es nicht ertragen, dass andere sich etwas trauen, das sie selbst sich nicht trauen). Diese Kröte müssen wir in der Gewissheit bereit sein zu schlucken, dass die andere Kröte, die wir schlucken müssten, wenn wir uns selbst nicht treu blieben, eine viel weniger bekömmliche wäre. Gemäß dem Eingangsmotto dieses Buches fallen verhängte Sanktionen umso halbherziger aus, je vollherziger jemand aus dem „Mainstream" der Vielen ausschert. Haben Sie also den Mut, Ihre individuellen Entscheidungen zu treffen. Charisma und Erfolg ergeben sich in der Regel aus einem optimalen Zusammenwirken von innersten Überzeugungen, Geäußertem und Taten.

2.4 Sorge gut für dich

> Sie müssen das Individuum in sich „füttern", um das soziale Wesen zu wecken.
> (Die Autorin)

All die Haltungen und Verhaltensweisen, die ich Ihnen bisher ans Herz gelegt habe, haben unterm Strich damit zu tun, dass wir gut für uns sorgen. Sie alle helfen dabei, die Wahrscheinlichkeit zu erhöhen, dass wir ein Leben nach unseren Vorstellungen leben, ein Leben, in dem wir uns wohl und richtig fühlen, ein Leben, in dem wir unser Potenzial entfalten und in die Welt hinaus tragen, ein Leben, in dem wir einen Partner finden, der zu uns passt und mit dem wir gemeinsam mehr bewerkstelligen, als uns alleine möglich wäre. All diese Dinge wünschen sich wohl die meisten von uns. Und dennoch ist uns der Gedanke, dass wir diese Zustände nur erreichen, indem wir zunächst gut für uns selbst sorgen, den meisten von uns fremd. Für andere sorgen – ja! Für Kinder sorgen – ja! Für Schwache und Benachteiligte sorgen – erst recht! Doch für uns selbst sorgen? Fehlanzeige! Wenn es im Flugzeug nicht immer extra gezeigt würde, würden die meisten Mütter und Väter wohl im Falle eines Druck- und Sauerstoffverlustes intuitiv zuerst ihren Kindern und dann erst sich selbst die Sauerstoffmaske aufsetzen. Diese Reihenfolge wäre aber fatal, denn wenn Verantwortliche während des Versuchs, andere zu umsorgen, selbst kollabieren, können Sie den Schwächeren nicht mehr helfen.

Ich behaupte manchmal augenzwinkernd, dass hier in der Schöpfung etwas schiefgelaufen ist: Sehr viele Menschen halten Selbstfürsorge für etwas Unangebrachtes, Egoistisches, ja geradezu Peinliches, und das hat häufig fatale Konsequenzen. Selbstverständlich ist ein narzisstisches, ein ewiges Um-sich-selbst-Kreisen keine effektive Lebenshaltung und bringt daher keine effektiven Verhaltensweisen, keine Soft Skills, hervor. Sie erwächst allerdings meist auch aus ungesunden Verhältnissen – in der Regel zeigen diejenigen Menschen narzisstische Züge, um die sich entweder viel zu wenig oder viel zu viel gekümmert wurde. Auf diese Weise wachsen sie in dem Irrglauben auf, die Welt habe sich um sie zu drehen. In ihrem tief sitzenden Hunger nach Anerkennung und Fürsorge bleiben die Erstgenannten in ihrem Leben die ewig nach wahrer Liebe Suchenden. In ihrem unfreiwillig anerzogenen Unvermögen, für sich selbst zu sorgen, fordern die Zweitgenannten für den Rest aller Tage die Rundum-Sorge, die ihnen – so meinen sie – per Geburt zustünde. Gesunde Selbstfürsorge aber hat mit Narzissmus nichts zu tun. Gesunde Selbstfürsorge entspringt einer gesunden Selbstliebe – und wer liebt, der kümmert sich, auch um sich selbst. Mein Appell an Sie lautet daher: Freunden Sie sich mit sich selbst an, wagen Sie es, sich sympathisch zu finden, trauen Sie sich, sich zu mögen und stolz auf sich zu sein. Und sorgen Sie für sich. Sie müssen das Individuum in sich „füttern", um das soziale Wesen in sich zu wecken. Die Fähigkeit zur Selbstfürsorge ist Voraussetzung für die Fähigkeit zur Fürsorge anderer.

2.4 Sorge gut für dich

Im Folgenden werde ich einige Dinge aufzählen, die meiner Einschätzung nach unter das Thema Selbstfürsorge fallen und für jeden von uns von essenzieller Bedeutung sind. Bitte verstehen Sie meine Appelle nicht als Botschaften eines „Moralapostels" – ich selbst habe viele Jahre hinter mir, in denen ich die Dinge, die ich heute für so wichtig halte, sträflich vernachlässigt habe. Vielleicht liegen sie mir gerade deshalb so sehr am Herzen. Zudem: Erliegen Sie nicht dem Irrglauben, für sich selbst zu sorgen bedeute in erster Linie Verzicht (keine Burger, keine Zigaretten, keine gewagten Spritztouren). Dem ist in meinen Augen gar nicht so – im Gegenteil –. Selbstfürsorge schenkt uns eine aufrechte Lebenshaltung, Rückgrat und eine große Sicherheit in schwierigen Lebensfragen – und wirklichen Spaß machen uns hoffentlich andere Dinge als eine ungesunde Lebensweise und lebensgefährliche Aktionen.

Exkurs – Was Sie über die Zeichnungen dieses Kapitels wissen sollten
Die Zeichnungen, die Sie als Illustration für die in Kap. 2.4 dargestellten Inhalte finden, sind allesamt von Thuwaragan Nithiananthan, 24 Jahre alt und Student des Studiengangs General Management an der accadis Hochschule Bad Homburg, angefertigt. In dem Bewerbungsgespräch an unserer Hochschule, welches ich mit Thuwaragan führte, berichtete er mir von seinen kreativen Fähigkeiten – u. a. tanzt er Hip-Hop/Funk und zeichnet. Für ein von ihm mitgestaltetes Kunstwerk erhielt er während seiner Oberstufenzeit die Auszeichnung für außergewöhnliches Bürgerengagement vom Kulturdezernent der Stadt Frankfurt/M. Als ich das Kap. 2.4 schrieb, kam mir die Idee, Thuwi zu fragen, ob er Interesse und Lust hätte, Illustrationen anzufertigen, die den durchaus sehr ernst gemeinten Inhalt humoristisch begleiten würden. Er sagte sofort zu und ich bin ihm für seine schöne Arbeit sehr dankbar.

2.4.1 Ernähre dich vernünftig

80 % der Lebensmittel, die wir heute in Supermärkten kaufen können, sind aus meiner Sicht „Schrott". Wir essen zu viel Fett, zu viel Zucker, zu viele mit billigen Zusatzstoffen angereicherte Fertigprodukte. Vernünftige Ernährung ist kein Hexenwerk und nicht teuer: Obst, Gemüse, Joghurt, Müsli ohne Zucker, Vollkornbrot, vernünftiges Fleisch, Fisch, Pasta mit verschiedenen selbstgemachten Saucen, Trockenobst, pure Säfte, Wasser. Achten Sie einmal darauf, wie gesund und vor allem wie energiegeladen Sie sich fühlen, wenn Sie mehr auf „pur" setzen, Abgepacktes, Billiges, Süßes einfach weglassen. Ihr Körper ist kein Mülleimer, sondern Ihr wertvollster Begleiter. Und um hier gleich mit zwei Vorurteilen aufzuräumen: Sich gesund zu ernähren ist weder besonders teuer noch bedeutet es Verzicht. Teuer sind die vielen Kleinigkeiten, die wir ständig nebenbei in uns hineinstopfen und die uns – der Lebensmittelindustrie sei Dank – immer noch mehr Appetit auf diese Dinge machen. Verzicht entsteht eher für den, der sich ungesund ernährt, denn er kennt nicht das wunderbare Gefühl des wirklichen Sattseins und des geschmacklichen Erlebens, welches uns der Verzehr purer Lebensmittel beschert (Abb. 2.13).

Abb. 2.13 Ernähre dich vernünftig. (inspiriert durch *Stomach Hurt* von Dave Granlund; Thuwaragan Nithiananthan)

2.4.2 Höre auf zu rauchen oder fange es niemals an

Laut statistischer Erhebungen rauchen immer weniger Menschen, zum Glück. In meiner Wahrnehmung sind es aber vor allem noch viel zu viele junge Menschen, die rauchen. Offensichtlich gibt Rauchen vielen Heranwachsenden oder jungen Erwachsenen nach wie vor ein Gefühl von Coolsein, Erwachsensein, Unabhängigkeit, Nonkonformität. Wer einmal damit begonnen hat, bleibt in der Regel mindestens ein paar Jahre dabei – Zigaretten korrumpieren unseren Geist und machen uns mental ziemlich abhängig, die körperlichen „Entzugserscheinungen" sind kaum wahrnehmbar, lassen einen zumindest nicht die Wände hochgehen (ich weiß, wovon ich spreche.)

Rauchen, lassen Sie sich das gesagt sein, hat keinen einzigen Vorteil, keinen einzigen positiven Effekt. Es ist ungesund, es ist teuer, es stinkt, es schmeckt nicht (erinnern Sie sich an Ihre erste Zigarette?) und vor allem: Es macht uns mental abhängig und korrumpiert unseren Geist – und das ist in meinen Augen das Schlimmste. Ich selbst habe zehn Jahre lang geraucht und brauchte mehrere Anläufe, um endlich aufzuhören. Darüber bin ich heute – 17 Jahre später – immer noch heilfroh. Ich habe kein Gramm zugenommen, ich hatte keinerlei Entzugserscheinungen, es kostete lediglich Disziplin, meine Gewohnheiten zu verändern. Jeder Morgen nach

2.4 Sorge gut für dich

einer Party aber, auf der ich nicht geraucht hatte, war ein fantastischer Morgen: Keine Kopfschmerzen, kein schlechtes Gewissen, kein „Du solltest damit wirklich endlich aufhören" im Kopf, Lust auf Sport und frische Luft.

Hören Sie auf oder fangen es niemals an: An den Zigaretten, die Sie rauchen, verdienen nur zwei – die Zigarettenindustrie und der Staat. Sie stehen zu 100 % auf der Verliererliste. Lassen Sie es einfach sein. Es kostet wirklich wenig Mühe und Sie gewinnen jeden Tag etwas sehr Wertvolles zurück: Ihre mentale Autarkie, Ihre geistige Unabhängigkeit, Freiheit im Kopf! (Abb. 2.14)

Abb. 2.14 Höre auf zu rauchen oder fange es niemals an. (Thuwaragan Nithiananthan)

2.4.3 Bewege dich

Weder unser Körper noch unser Gehirn sind für das Herumsitzen gemacht. Ganz im Gegenteil – beide brauchen Bewegung und frische Luft, beide wollen gefordert werden. Je nach Gemüt und Verfassung braucht der eine Mensch mehr davon als der andere, doch niemand kommt grundsätzlich ohne aus. Das Herumsitzen bringt verschiedene Nachteile mit sich (auch hier ist es individuell unterschiedlich, bei wem welcher Nachteil am meisten zu Buche schlägt): Wir nehmen zu, unsere Muskulatur erschlafft, unsere Haltung leidet, wir bekommen Rückenschmerzen, wir werden immer träger, wir werden – und dies ist für mich persönlich der schwerwiegendste Nachteil – geistig unbeweglich. Wer sich körperlich bewegt, der bewegt sich auch geistig. In der Bewegung kommen uns die besten Ideen, finden wir Lösungen für scheinbar unlösbare Probleme, sehen auf einmal dort wieder klar, wo zuvor alles vernebelt war. Es ist, als ob in der Bewegung der Inhalt unseres Gehirns durcheinandergeschüttelt wird und die Dinge sich auf ganz neue, häufig sehr sinnvolle Weise, zusammensetzen können. Probieren Sie es aus!

Ausdauersport ist mein persönliches Steckenpferd – ich laufe und schwimme, gar nicht so viel und auch nicht jeden Tag, aber regelmäßig. Andere bevorzugen Tanz, Ballsportarten, Pilates – was auch immer Sie mögen, was auch immer Ihnen guttut, finden Sie es heraus und praktizieren Sie es regelmäßig. Insbesondere Studierende, deren Job es nun einmal ist, auf dem Hintern zu sitzen und stundenlang vornübergebeugt zu lesen, zu schreiben, zu lernen, müssen sich bewegen.

Fangen Sie am besten heute mit irgendeiner Art von Bewegung an und nehmen Sie sich realistische Einheiten für jede Woche vor. (Bitte erliegen Sie nicht – wie so viele – dem Größenwahn, nehmen sich viel zu viel vor, machen das zehn Tage und verfallen dann wieder in die Couch-Mentalität.) Halten Sie sich an diesen Plan und freuen Sie sich auf die positiven Begleiterscheinungen. Achten Sie vor allem auch darauf, wie viel schneller Sie beim Lernen sind – wenn Ihr Gehirn mit Sauerstoff versorgt und Ihr Körper ausgelastet ist, lernt es sich beinahe doppelt so schnell (Abb. 2.15).

Abb. 2.15 Bewege dich. (inspiriert durch *Alarmierender Klimabericht* von Andreas Rulle; Thuwaragan Nithiananthan)

2.4.4 Schaffe Raum und Zeit für Ausgleich

Manche Menschen erliegen der vermeintlichen Verlockung des ewigen Nichtstuns, des Faulseins, des (neudeutsch) „Chillens". Andere wiederum tappen in die Falle der Dauer-Geschäftigkeit, des pausenlosen Aktivseins, des Nicht-innehalten-Könnens. Weder das eine noch das andere ist gesund. Weder das eine noch das andere ist auf Dauer durchzuhalten. Weder für das eine noch für das andere sind wir gemacht. Unser Leben braucht einen alternierenden Rhythmus zwischen Anspannung und Entspannung, zwischen Aktivität und Passivität, zwischen Dynamik und Müßiggang. Vergleichsweise einfacher haben es die Menschen, die täglichen Feierabend und feste Urlaubstage haben. Schwerer ist es für Selbstständige und auch für Studierende, einen gesunden Rhythmus zu finden, da sie von außen keine Vorgaben bekommen, da sie theoretisch ununterbrochen arbeiten könnten, da es im Grunde nie den Gedanken des „Ich bin fertig" gibt. Sie müssen also selbstständig dafür sorgen, dass sie Auszeiten bekommen, in denen ihr Körper und ihr Geist zur Ruhe kommen können. In der Regel muss das gar nicht so viel Zeit sein, viel wichtiger ist – wie bei so vielen Dingen – die Regelmäßigkeit, die tägliche Wiederholung, die Routine. Achten Sie also auf sich und gönnen Sie Geist und Körper sowohl Aktion als auch Ruhe und Entspannung (Abb. 2.16).

Abb. 2.16 Schaffe Raum und Zeit für Ausgleich. (Thuwaragan Nithiananthan)

2.4.5 Übernimm Verantwortung im Straßenverkehr

Autofahren ist kein Kinderspiel – leider haben viele Menschen das überhaupt nicht begriffen! Sobald wir am Steuer eines Fahrzeugs sitzen, übernehmen wir eine Menge Verantwortung – für uns, für unsere Beifahrer und für alle anderen, die uns auf unserer Fahrt begegnen. Leider sind wir als einer von vielen auf der Straße nicht die Einzigen, die darüber entscheiden, ob wir unversehrt am Ziel ankommen. Dennoch sollten wir die Einflussmöglichkeit, die wir selbst haben, voll ausschöpfen.

Als junge Autofahrer haben Sie wenig Erfahrung im Straßenverkehr – auch wenn Sie schon drei, vier oder fünf Jahre fahren, haben Sie erst eine begrenzte Anzahl an kniffligen Situationen erlebt: Fahren Sie daher in angemessenem Tempo, riskieren Sie nichts, seien Sie vor allem bei viel Verkehr, schlechtem Wetter und im Dunkeln vorsichtig (all diese Dinge sollte man natürlich auch als erfahrenerer Autofahrer beherzigen). Ich bin während meiner Tätigkeit an der Hochschule mehreren jungen Menschen begegnet, die selbst für den Tod eines Freundes verantwortlich waren, eine Freundin bei einem Autounfall verloren hatten oder von deren Tod im Straßenverkehr ich später erfuhr. Ich werde den Tag nie vergessen, als wir in einer mündlichen Prüfung auf einen Studenten warteten und schließlich erfuhren, dass er am Abend zuvor tödlich verunglückt war. Es ist unendlich tragisch und nicht zu begreifen, wenn junge Menschen auf diese Weise – häufig vollkommen unnötig – ums Leben kommen. Die Überlebenden, die Angehörigen, die Schuldigen verlieren ihr sorgloses Leben mit einem tragischen Unfall auf einen Schlag für immer. Gehen Sie deshalb mit Ihrer Verantwortung im Straßenverkehr achtsam um: Trinken Sie keinen Schluck Alkohol, wenn Sie Auto fahren (und machen Sie keine einzige Ausnahme). Lassen Sie Ihr Handy aus dem Spiel (und machen Sie keine einzige Ausnahme). Halten Sie sich an die Verkehrsregeln und seien Sie nicht so naiv, andere mit Ihren Fahrkünsten (über die Sie nicht verfügen) beeindrucken zu wollen.

Im Übrigen hat man auch als Bei- oder Mitfahrer dieselbe Verantwortung: Steigen Sie bei niemandem ein, der getrunken hat. Steigen Sie bei niemandem ein, der verrückt fährt. Quetschen Sie sich nicht zu siebt in einen Mini. Übernehmen Sie Verantwortung und seien Sie mutig. Sprechen Sie die Menschen auf ihre Verantwortung an. Machen Sie sich meinetwegen unbeliebt. Das spielt keine Rolle, denn es geht um Menschenleben und darum, dass wir Menschen im Miteinander für uns und für andere Verantwortung übernehmen müssen. Wenn Sie bei jemandem im Fahrzeug sitzen, der verrückt fährt und nicht auf Sie hört, steigen Sie aus. Ihre Eltern holen Sie – das verspreche ich Ihnen – lieber nachts um drei in einem 100 km entfernt gelegenen Ort ab, als Sie zum Friedhof zu begleiten. Rufen Sie einen Freund an, warten Sie auf den ersten Zug, im Notfall laufen Sie. Alles ist besser, als unnötig Ihr Leben zu riskieren (Abb. 2.17).

Abb. 2.17 Übernimm Verantwortung im Straßenverkehr. (Thuwaragan Nithiananthan)

2.4.6 Umgib dich mit Menschen, die dir guttun

An dieser Stelle möchte ich noch mal ein Loblied auf unsere bereits häufig erwähnte Intuition singen: Sie ist eines der größten Geschenke, das wir mit unserer Geburt erhalten, sie ist unser innerster, immer zuverlässiger Kompass, sie täuscht uns so gut wie nie. Umso tragischer, dass wir Menschen in den verkopften Industrienationen dieses Geschenk häufig ungenutzt und unbeachtet am Rande liegen lassen und immer wieder ignorieren, obwohl es sich uns jeden Tag von Neuem zeigt.

Prüfen Sie einmal Ihre Intuition, wenn es um die Begegnung mit Menschen geht: Manche Menschen lassen uns im wahrsten Sinne des Wortes „kalt", wir nehmen sie häufig nicht einmal wahr, andere gelangen ohne Mühe in unseren Aufmerksamkeitsfokus und lösen zum Teil heftige körperliche Reaktionen aus: Wir fühlen uns magisch angezogen oder heftig abgestoßen. Die körperlichen Begleiterscheinungen sind in der positiven wie in der negativen Variante ähnlich: Unser

Herz schlägt schneller, uns wird warm oder kalt, uns läuft ein Schauer über den Rücken, wir bekommen Gänsehaut, der Schweiß bricht uns aus, der Adrenalinpegel steigt. Im positiven wie im negativen Reaktionsfall können wir sicher sein: Hier ist uns ein Mensch begegnet, mit dem wir in Resonanz gehen, d. h. seine und unsere energetischen Schwingungen (unsere Ausstrahlung) reagieren aufeinander. Im positiven Falle sind wir kurz davor, uns Hals über Kopf zu verlieben, oder spüren: Hier ist uns ein Mensch begegnet, der uns fasziniert – vielleicht lebt er Dinge, die wir gerne leben würden, vielleicht tut er etwas, das wir gerne tun würden, vielleicht verkörpert er etwas, dem wir mit Herz und Seele entgegenstreben. Im negativen Falle signalisiert uns unser Körper mit allen ihm zur Verfügung stehenden Mitteln: Achtung! Vielleicht steht uns ein Mensch gegenüber, dem wir nicht trauen sollten. Vielleicht erinnert uns dieser Mensch an jemanden, mit dem wir schlechte Erfahrungen gemacht haben. Vielleicht passen unsere Schwingungen einfach gar nicht zusammen und würden – in Gemeinsamkeit – zerstörerische Kräfte entwickeln.

Nehmen Sie das, was Ihre Intuition Ihnen mitteilt, ernst. Prüfen Sie die Achtsamkeitsbotschaft auf ihren inhaltlichen Gehalt. Bestätigt sich das negative Gefühl, lassen Sie die Finger von diesen Menschen und gehen Sie auf Distanz. Wenn wir jemanden – im wahrsten Sinne des Wortes – nicht riechen können, wenn wir körperlich Abstand nehmen möchten, sobald uns jemand nahekommt, wenn unser ganzes System auf „Flucht" umschaltet, so hat das seinen Grund. Nehmen Sie ihn ernst und prüfen Sie, wie gut es sich anfühlt zu wissen, dass Sie den zuverlässigsten Ratgeber immer bei sich haben – Ihre Intuition.

Umgeben Sie sich also mit Menschen, die Ihnen guttun, an deren Seite Sie wachsen können, die Sie bestärken, auf die Sie vertrauen können. Häufig kann auch viel Gutes, Konstruktives aus der Reibung, aus der Auseinandersetzung mit Menschen entstehen. Im Innersten sollten wir aber immer das Gefühl haben, dass wir an der Seite der Menschen, die wir an uns heranlassen, gut aufgehoben sind. Achten Sie darauf, wie viel Kraft Sie sparen, wenn Sie das Energiefeld um sich herum „sauber" halten (Abb. 2.18).

2.4 Sorge gut für dich

Abb. 2.18 Umgib dich mit Menschen, die dir guttun. (inspiriert durch *The Parastatal Gang* von Zapiro; Thuwaragan Nithiananthan)

> **Kurz zusammengefasst – Was Sie aus Kap. 2.4 mitnehmen sollten**
>
> Es ist alles andere als verwerflich, sich gut um sich selbst zu kümmern, für sich zu sorgen und – allem voran – sich selbst zu mögen. Vergessen Sie all die Sprüche, die Selbstliebe verurteilen – „Eigenlob stinkt", „Hochmut kommt vor dem Fall", „Denke immer zuerst an die anderen". Wer sich selbst nicht mag, wird Schwierigkeiten haben, andere zu mögen. Wer nicht für sich selbst sorgt, ist oft unzufrieden. Wer sich nicht um sich selbst kümmert, ist häufig frustriert und alles andere als ein geselliger, gern gesehener Begleiter. Mögen Sie sich, seien Sie stolz auf sich und Ihre Leistungen, seien Sie sich Ihrer Stärken bewusst und treten Sie mit einem gesunden Selbstvertrauen auf. Gut für sich zu sorgen hat nichts mit Narzissmus, Egoismus oder Arroganz zu tun, sondern ist Bedingung für Zufriedenheit und Beziehungsfähigkeit. Und noch mal: Sie müssen das Individuum in sich „füttern", um das soziale Wesen in sich zu wecken.

Literatur

Adams, J (2004) Think! Einfach genial denken lernen. Econ, Berlin
Augstein, R (Hrsg.) (2015) Richtig scheitern. Der Spiegel Wissen 1/2015
Beck, K (2014) Kommunikationswissenschaft. 3. überarbeitete Auflage. UTB, Stuttgart
Benien, K (2005) Schwierige Gespräche führen. 3. Auflage. Rowohlt Taschenbuch, Reinbek bei Hamburg
Berne, E (2002) Spiele der Erwachsenen. 14. Auflage. Rowohlt Taschenbuch, Reinbek bei Hamburg
Berne, E (2012) Was sagen Sie, nachdem Sie ‚Guten Tag' gesagt haben? 22. Auflage. Fischer Taschenbuch, Frankfurt am Main
Besser-Siegmund, C/Siegmund, H (2010) wingwave-Coaching: Wie der Flügelschlag eines Schmetterlings. Junfermann, Paderborn
Bruch, H/Vogel, B (2008) Die Philosophie der Nummer Eins. Harvard Business Manager Juni 2008, S. 33–42
Corssen, J (2004) Der Selbst-Entwickler. Das Corssen Seminar. Beust, Wiesbaden
Covey, S R (2014) Die 7 Wege zur Effektivität. 29. erweiterte und überarbeitete Neuauflage, Gabal, Offenbach
Csikszentmihalyi, M (2014) Flow: Das Geheimnis des Glücks. Klett-Cotta, Stuttgart
Dietz, A (2013) Gesundes Kommunizieren. BusinessVillage, Göttingen
Gay, F (2006) Das DISG® Persönlichkeits-Profil. 34. Auflage. Persolog, Remchingen
Goleman, D (2003) Kreativität entdecken. 3. Auflage. Deutscher Taschenbuch Verlag, München
Haag, S (2012) NLP – Eine Einführung. 9. Auflage. Schirner, Darmstadt
Harris, T A (1975) Ich bin o.k., Du bist o.k.: Wie wir uns selbst besser verstehen und unsere Einstellung zu anderen verändern können. Eine Einführung in die Transaktionsanalyse. Rowohlt Taschenbuch, Reinbek bei Hamburg
Hesse, J/Schrader, H C (2013) Persönlichkeitstests. Stark Verlagsgesellschaft mbH, Hallbergmoos
Horx, M (2014) Das Megatrend-Prinzip – Wie die Welt von morgen entsteht. Pantheon, München
Kofman, F (2005) Meta-Management – Der neue Weg zu einer effektiven Führung. Kamphausen, Bielefeld
Kreller, A (2014) Soll der Staat die Arbeitszeit begrenzen? Brand eins – Wirtschaftsmagazin. 16 Jg. 05/2014, S. 12–13
Malik, F (2014) Führen Leisten Leben – Wirksames Management für eine neue Zeit. Campus, Frankfurt am Main
Matchar, E (2012) How those spoiled millennials will make the workplace better for everyone. http://www.washingtonpost.com/opinions/how-those-spoiled-millennials-will-make-the-workplace-better-for-everyone/2012/08/16/814af692-d5d8-11e1-a0cc-8954acd5f90c_story.html. Zugegriffen: 23.02.2015
MSA Motivation Systems GmbH (2014) MSA – Emotionale Intelligenz für Business, Sinn und Selbst. http://www.msaprofil.com/. Zugegriffen: 27.03.2015
Schulz von Thun, F (2010) Miteinander reden: 1 – Störungen und Klärungen. 48. Auflage. Rowohlt Taschenbuch, Reinbek bei Hamburg
Schulz von Thun, F (2013) Miteinander reden: 3 – Das „Innere Team" und situationsgerechte Kommunikation. 23. Auflage. Rowohlt Taschenbuch, Reinbek bei Hamburg

Schulz von Thun, F/Ruppel, J/Stratmann, R (2009) Miteinander reden: Kommunikationspsychologie für Führungskräfte. 10. Auflage. Rowohlt Taschenbuch, Reinbek bei Hamburg

Schwarz, A/Schweppe, R (2009) NLP Praxis. 4. Auflage. Südwest, München

Stewart, I/Joines, V (2000) Einführung in die Transaktionsanalyse. 12. Auflage. Herder, München

Stopp, U (2007) Praktische Betriebspsychologie. 14. Auflage. Expert, Renningen

Die Kunst zu kooperieren 3

Zusammenfassung

Das nun folgende zweite Großkapitel handelt von der Kunst der zwischenmenschlichen Kooperation und ihren aus meiner Sicht wesentlichen Facetten. Unter den Überschriften „Wertschätze das Andere" (Kap. 3.1) und „Gestalte deine Beziehungen aktiv" (Kap. 3.2) erläutere ich jeweils verschiedene Haltungen bzw. Skills, welche – erfolgreich umgesetzt – das Erreichen des in der jeweiligen Überschrift genannten Ziels bewirken. Gemäß dem eingangs vorgestellten Modell führen wir unser Soft-Skill-Training also mit dem sich an den intrapsychischen Kern des Modells anschmiegenden Ring der interpersonalen Kompetenzen fort. Gemeinsam mit den intrapsychischen Kompetenzen stellen die interpersonalen Kompetenzen den Unterbau für die später behandelten „studentischen Kompetenzen" (Kap. 4), denn ohne die Fähigkeit, aus dem Miteinander mit anderen Synergieeffekte zu erzielen, wird Ihnen ein erfolgreiches Studium nur schwer möglich sein.

3.1 Wertschätze das Andere

Gegner bedürfen einander oft mehr als Freunde, denn ohne Wind gehen keine Mühlen.
(Hermann Hesse)

Ohne Menschen in unserer Umgebung, die auf uns reagieren, die uns antworten, die uns Feedback in jeglicher Hinsicht erteilen, sind wir nicht „ganz". Wir Menschen brauchen den Austausch und das Miteinander mit anderen genauso wie die Selbstverwirklichung und das Kümmern um unsere eigenen Bedürfnisse. Damit wir aber tatsächlich einen Mehrwert aus den Begegnungen mit anderen Menschen ziehen können, benötigen wir eine grundsätzlich wertschätzende Haltung gegenüber dem anderen – und damit sind sowohl die anderen Menschen als auch das Anderssein im Allgemeinen gemeint. Es hilft und bestärkt uns, wenn wir von Menschen umgeben sind, die uns zustimmen, uns bestärken und ähnlicher Meinung sind wie wir – ja! Genauso wichtig ist es aber, nicht nur von „Klonen" unserer selbst umgeben zu sein, auch wenn wir häufig dem Irrglauben erliegen, unser Leben wäre dann leichter. Wir brauchen das Andere immer wieder, um uns selbst neu zu definieren, um uns im Abgrenzen besser zu erkennen, um uns in der Auseinandersetzung weiterzuentwickeln. Es ist das Andere, was uns anzieht oder abstößt, was uns fasziniert oder erschreckt, was uns in jedem Falle lebendig hält. Wir verlieben uns immer in das Andere, nie in das Gleiche, stets in unser Gegenüber, nie in unser Ebenbild – und im Verliebtsein empfinden wir Menschen das größte Glück – wir fühlen uns in der Verbindung mit unserem Gegenüber „vollkommen". Auch oder gerade weil das Andere uns genauso fasziniert und anzieht wie irritiert und verstört, fällt uns der konstruktive Umgang oft nicht leicht. Es bedarf einiger grundlegender Einsichten, um in der Auseinandersetzung einen langen Atem zu behalten und auf Dauer aus dem Miteinander ein „Mehr" zu erzeugen. Lassen Sie mich Ihnen hierzu einige Dinge erklären.

3.1.1 Jeder verdient Respekt

> Ich vermute mal, dass irgendwie jeder, der den Ehrgeiz hat, etwas zu erschaffen und nicht kaputt zu machen, Respekt verdient. (Kurt Cobain)

Das A und O des konstruktiven zwischenmenschlichen Miteinanders ist der gegenseitige Respekt. Wenn Menschen sich respektieren – das Wort findet seinen etymologischen Ursprung im Lateinischen („respicere") und bedeutet im eigentlichen Wortsinn „zurückblicken" oder „jemanden noch einmal anschauen", im übertragenen Sinne „besonders wahrnehmen", oder „beachten" –, dann begegnen sie sich rücksichtsvoll, treten einander höflich gegenüber und behandeln sich anständig. Jemandem Respekt zu zollen heißt, ihn in seiner Persönlichkeit anzuerkennen und seine Würde zu achten. Letztendlich bedeutet der respektvolle Umgang nichts anderes, als den anderen so zu behandeln, wie man selbst wünscht, behandelt zu werden. „Respekt", so zitiert Mark Hübner-Weinhold den Kommunikationsexperten René Borbonus, „ist der Sauerstoff unter den sozialen Elementen. Er definiert unsere Beziehungen und unser gesamtes Sozialverhalten wie kein anderer Faktor menschlichen Miteinanders" (Hübner-Weinhold 2015).

3.1 Wertschätze das Andere

▶ Respekt ist Basis und Grundvoraussetzung allen konstruktiven menschlichen Miteinanders.

An sich eine Selbstverständlichkeit, so möchte man meinen, doch die meisten Auseinandersetzungen zwischen Menschen entstehen dadurch, dass sie einander eben nicht den notwendigen Respekt entgegenbringen. Häufig ist dies gar nicht böse oder absichtsvoll gemeint, sondern nur nicht erlernt. Wenn in unserer Ursprungsfamilie grenzüberschreitendes Verhalten an der Tagesordnung stand oder zumindest oft vorkam, so halten wir dies wahrscheinlich für normal und tun uns schwer damit zu erkennen, wo wir selbst Grenzen überschreiten bzw. unsere eigenen Grenzen überschritten werden. Wenn wir in unserer Ursprungsfamilie oder an einem anderen uns prägenden Ort nicht mit Gesten der Höflichkeit vertraut gemacht wurden und folglich deren Sinnhaftigkeit nicht erfahren haben, so werden wir sie nicht anwenden können. Zugleich werden wir uns der Ermangelung dieses wichtigen Handwerkszeugs des Miteinanders gar nicht bewusst sein. Denn – was wir nicht kennen, das fehlt uns auch nicht.

Exkurs – Nicht ohne Erlaubnis in den Vorgarten treten
Ein Bild, das den Respekt-Gedanken aus meiner Sicht gut veranschaulicht, ist das des Vorgartens. Jeder von uns kennt Reihenhaussiedlungen, in denen die Reihenhäuschen durch kleine Vorgärten vom Bürgersteig abgegrenzt sind. Stellen Sie sich nun vor, jeder Mensch verfüge ebenfalls über eine Art kleinen Vorgarten, in den niemand – eben wie bei den Reihenhäuschen – ohne Erlaubnis einfach so eintreten darf. Man muss zuvor um Erlaubnis bitten und darf nur eintreten, wenn diese einem gewährt wird. Solange wir diese Regel respektieren, ist aus meiner Sicht viel zwischen Menschen schon geregelt. Schließlich läuft auch – abgesehen von nicht nachdenkenden Randalierern – niemand durch die Straßen und tritt einfach so in die Vorgärten der Häuser. Niemand pflückt dort ungefragt Blumen oder trampelt die Floristik nieder. Niemand klingelt und sagt den Bewohnern der Häuser und Gestalter der Vorgärten, wie sie es hübscher und moderner tun könnten. Doch im Zwischenmenschlichen machen wir dies sehr häufig. Wir treten – im übertragenen Sinne – in Vorgärten, sagen Dinge, nach denen uns niemand gefragt hat, pflanzen Blumen, die uns gefallen und reißen die der Besitzer einfach so aus dem Boden. Achten Sie also darauf, nicht ungefragt „in die Vorgärten" der Menschen zu stapfen, mit denen Sie zu tun haben. Wenn Sie eintreten möchten, so bitten Sie um Erlaubnis. Wenn Ihnen der Eintritt nicht gestattet wird, so bleiben Sie draußen.

Respekt erwächst indessen aus der tief angelegten Überzeugung, dass alle Menschen gleichwertig sind – ungeachtet von Geschlecht, Religion, Hautfarbe, sexueller Orientierung, beruflicher Position, finanzieller Situation usw. Wenn manchen Menschen mehr gelingt als anderen, so gebührt ihnen möglicherweise durchaus mehr Anerkennung. Mehr Respekt steht ihnen deswegen allerdings nicht zu, denn Respekt ist ein Grundbedürfnis, das allen Menschen ungeachtet ihrer Errungenschaften zuteilwerden sollte. Häufig hat Gelingen auch weniger damit zu tun, dass die Menschen, denen etwas gelungen ist, „fähigere", geschweige denn „bessere" Menschen sind, als die, denen die Dinge nicht so recht von der Hand gehen. Häufig haben Menschen, die mehr oder weniger Großes bewerkstelligen, einfach nur mit manchen wesentlichen Dingen in ihrem Leben sehr viel Glück gehabt. Es kann sehr entscheidend für unser Leben sein, in welchem Land wir zu welcher Zeit auf die Welt kommen, ob man zu Hause an uns geglaubt und uns gestärkt, gefördert und gefordert hat oder ob wir kaum Beachtung oder gar Geringschätzung erfuhren. Wenn eine Familie von Schicksalsschlägen heimgesucht wird, beeinträchtigt das das Leben aller anderen Familienmitglieder meist maßgeblich und sie müssen mit wesentlich mehr Widrigkeiten kämpfen, als Menschen, deren Familien unversehrt bleiben.

Zudem, und ich werde nicht müde darauf hinzuweisen, ist es eben in der Einschätzung des von einem Menschen Geleisteten immer auch von Bedeutung, ob er auf seinem Weg moralisch integer gehandelt, links und rechts um sich geschaut und den Respekt gegenüber weniger erfolgreichen Menschen nicht verloren hat. Weniger bzw. gar keine Anerkennung verdienen die, die andere ausnutzen, ihren Gewinn aus dem Elend anderer ziehen, Menschen – auf welche Weise auch immer – Leid antun. Ein Recht auf Respekt verdient sich der Mensch einfach mit seiner Geburt, unabhängig davon, ob er als Straßenmusiker seinen Tageslohn zusammenkratzt, als Geschäftsführer ein Unternehmen leitet, für eine Familie den Haushalt führt, an der Kasse einer Mensa sitzt oder die Toiletten in der Universität reinigt (ich finde, ehrlich gesagt, dass Menschen, die Dienste für uns erledigen, die wir selbst als sehr wenig attraktiv erachten, besonderen Respekt verdienen).

▶ Respekt darf nicht das Ergebnis von Anerkennung bzw. Bewunderung bestimmter Errungenschaften sein, sondern eine grundsätzliche Haltung gegenüber dem Menschen.

Im täglichen Miteinander nun zeigt sich eine respektvolle Grundhaltung ganz einfach in höflichem und verbindlichem Umgang. Höflichkeit und Verbindlichkeit sind *die* Türöffner Nummer eins im zwischenmenschlichen Bereich – vorausgesetzt sie entspringen einer echten Überzeugung. Beherzigen Sie also von nun an das ABC des zwischenmenschlichen Umgangs: Begrüßen Sie die Menschen, mit denen Sie zu tun haben, freundlich und aufmerksam und schauen Sie ihnen in die Augen. Entwickeln Sie ein Gespür für ihre Befindlichkeit und behandeln Sie sie entsprechend. Treten Sie nicht ungefragt in fremde Vorgärten. Fragen Sie die Menschen, wie es ihnen geht. Zeigen Sie Verständnis, wenn sie gerade in Arbeit zu ersticken scheinen. Geben Sie den Menschen Zeit, Dinge für Sie zu erledigen.

3.1 Wertschätze das Andere

Tragen Sie Ihre Anliegen freundlich vor. Bitten Sie um Hilfe statt anzuordnen. Bedanken Sie sich aufrichtig. Verabschieden Sie sich herzlich. Halten Sie Ihre Versprechen. Führen Sie das, was Sie ankündigen, auch aus. Reden Sie nicht hinter vorgehaltener Hand über Dritte. Wenn Menschen sich wahrgenommen, beachtet und aufrichtig anständig behandelt fühlen, werden Sie Ihnen vertrauensvoll entgegentreten und Ihnen helfen, wo Sie nur können. Ich erlebe das jeden Tag aufs Neue. Selbstverständlich sollten Sie auch darauf achten, dass Ihnen selbst Höflichkeit und Verbindlichkeit zuteilwird. Fordern Sie sie also ganz selbstverständlich und selbstbewusst ein, wo sie Ihnen zu fehlen scheinen.

▶ Eine respektvolle Haltung äußert sich in höflichem Verhalten. Höflichkeit und Verbindlichkeit sind die Türöffner Nummer eins – vorausgesetzt, sie entspringen einer authentischen Grundhaltung.

> Ein neues Land, neue Gesichter, eine neue Hochschule, ein komplett neuer Lebensabschnitt. Zum Glück hatte ich meine Familie im Gepäck, aber wie würde es wohl sein? Geboren in Italien und aufgewachsen in Malaysia, der Schweiz und Schweden war Deutschland eine neue Herausforderung für mich. Ab ins kalte Wasser! Schaffe ich es, auf Deutsch zu studieren? Bestehe ich meine erste deutsche Klausur? Bin ich den Herausforderungen gewachsen? Das alles waren Fragen, die mich täglich beschäftigten. Meine (nicht sehr hilfreiche) innere Einstellung damals lautete: „Wahrscheinlich hast du keine Chance. Die deutschen Studenten werden besser sein als du."
> Obwohl ich eigentlich eine sehr extrovertierte Person bin, war ich am Anfang entsprechend schüchtern und zurückhaltend, worüber ich mich innerlich ärgerte. Zum Glück begriff ich schnell, dass der erste Schritt für mich darin bestehen musste, mehr Vertrauen in mich selbst und meine eigenen Fähigkeiten zu entwickeln. Selbstachtung aufbauen bzw. stärken – das war meine wichtigste Aufgabe. Wenn ich mich selbst als Person voll akzeptieren und mir meiner Stärken bewusst werden würde, nur dann konnte ich neue, gesunde Beziehungen eingehen und zugleich mein volles Potenzial ausschöpfen. Meine Kommilitonen und Dozenten an meiner Hochschule unterstützten mich sehr in meiner Entwicklung, vor allem dadurch, dass sie für mich und nicht gegen mich arbeiteten. Im Rückblick weiß ich, dass die positive Stimmung an der Hochschule und der ausgeprägte gegenseitige Respekt der Menschen, die dort aktiv sind, entscheidend mit zu meiner persönlichen Entwicklung beigetragen haben. Ich glaube nicht, dass es mir irgendwo anders besser hätte ergehen können. Und heute weiß ich: Die Achtung vor sich selbst ist genauso wichtig wie der Respekt der Menschen untereinander.
> Meine (viel hilfreichere) Einstellung heute lautet: „Ich bin stolz darauf, dass ich meinen Weg bis hierher beschritten habe. Wer auf sich selbst achtet und andere respektiert, kann alles schaffen."
> Clara Cavalli, Studentin International Business Communication,
> accadis Hochschule Bad Homburg

Meine Empfehlung
- Beginnen Sie noch heute damit, Ihr eigenes Respekt-Verständnis zu prüfen.
- Wie halten Sie es mit den Vorgärten Ihrer Mitmenschen?
- Welches sind die von Ihnen genutzten Gesten der Höflichkeit?
  Gilt es, Ihr Repertoire zu erweitern?
- Wie lassen Sie mit sich umgehen?
  Gilt es, die Grenzen Ihres Vorgartens deutlicher zu markieren?
- Achten Sie einmal ganz bewusst darauf, wie viel angenehmer Begegnungen verlaufen, wenn sie von Gesten der Höflichkeit begleitet werden.
- Achten Sie einmal ganz bewusst darauf, wie viel angenehmer Ihre Beziehungen sich gestalten, wenn Sie (noch) mehr Respekt, Höflichkeit und Achtsamkeit an den Tag legen.

Zum Weiterlesen
- Als empfehlenswert erachte ich das Buch Respekt – *Wie Sie Ansehen bei Freund und Feind gewinnen von René Borbonus*. Neben Erklärungsversuchen, warum wir manchen Menschen mehr Respekt entgegenbringen als anderen, und konkreten Tipps, wie wir selbst mehr Respekt ernten bzw. anderen mehr davon zollen können, gebührt dem Autor der Verdienst, dass er deutlich herausstellt, dass nur der Respekt ernten wird, der ihn gegenüber anderen auch sät. Das Buch ist zudem sehr kurzweilig und unterhaltsam geschrieben sowie mit eingängigen Beispielen gespickt (Borbonus 2011).
- Schließlich möchte ich Sie auf das Buch *Der neue Taschen-Knigge – Gute Umgangsformen in jeder Lebenslage* hinweisen. Der Verfasser Herbert Schwinghammer zeigt, dass gute Umgangsformen nicht nur der Schlüssel zu beruflichem und privatem Erfolg sind, sondern das menschliche Miteinander auch zugleich sehr angenehm machen. Nicht außen vor gelassen wird der empfohlene Umgang mit dem Handy in der Öffentlichkeit sowie Tipps und Tricks für vorbildliches Benehmen im Restaurant und auf Reisen (Schwinghammer 2014).

3.1.2 Jeder trägt seine individuelle Brille

> Wir sehen die Welt nicht so, wie sie ist, sondern so, wie wir sind.
> (Stephen Covey, *Die 7 Wege zur Effektivität*)

Einer der größten kollektiven Irrtümer ist das Konglomerat aus folgenden Annahmen: Erstens – Wir glauben, dass die Welt um uns herum auf eine bestimmte Weise existiere und auf objektive Art wahrzunehmen sei. Zweitens – Jeder von

3.1 Wertschätze das Andere

uns glaubt, dass er die Welt auf diese objektive Art wahrnehme. Drittens – Wir schlussfolgern, dass die, die die Welt anders wahrnehmen als wir selbst, „falsch" liegen. Und so kommt es, dass täglich rund um den Globus in allen Altersklassen und Berufsgruppen Menschen darüber streiten, wer recht hat und wer die Dinge „richtig" sieht ...

In Wahrheit verhält sich die Sache jedoch ganz anders: Die Welt „ist" nicht, sondern jeder von uns „macht" sie. Lassen Sie zwei Menschen in ein- und dieselbe Stadt reisen und sie diese am Ende beschreiben – dabei kommen unter Umständen zwei vollkommen verschiedene Charakterisierungen heraus. „Barcelona ist laut, eng, schmutzig und gefährlich", sagt der eine; „Barcelona ist eine bezaubernde Hafenstadt mit lauschigen Plätzen und freundlichen Menschen", sagt der andere. Und beide haben wahrscheinlich recht, denn Barcelona hat – wie so viele Metropolen – diese beiden und viele anderen Gesichter. Die Tatsache, dass zwei Menschen ein- und dieselbe Stadt so verschieden wahrnehmen, liegt daran, dass die Menschen verschieden sind, ganz andere Dinge sehen, auf verschiedene Dinge Wert legen, mit unterschiedlicher Laune verschiedenen Menschen begegnen, im richtigen Moment am richtigen Ort oder im falschen Moment am falschen Ort sind, zuvor andere Städte gesehen haben, mit denen sie Barcelona vergleichen, vielleicht ganz andere Erwartungen hatten. Im Klartext: Diese Menschen tragen verschiedene Brillen und nehmen daher ein- und dasselbe Phänomen sehr unterschiedlich wahr. Keiner von ihnen liegt falsch, sie sehen die Dinge lediglich anders. Barcelona „ist" also nicht auf eine bestimmte Weise, sondern Barcelona wird auf eine bestimmte Weise erlebt und wahrgenommen. Wie Barcelona erlebt wird, hat häufig mehr mit dem Menschen, der erlebt, als mit der Stadt, die erlebt wird, zu tun. „Was Paul über Peter sagt, sagt mehr über Paul als über Peter" – ein Aphorismus, der diese Erkenntnis auf die Beurteilung von Menschen bezieht.

Herr Algebra (ein älterer, autoritärer, durchaus freundlicher, aber sehr bestimmter Lehrer) „ist" eben nicht, sondern wird von verschiedenen Menschen verschieden erlebt. Wenn Paul Herrn Algebra nicht mag, liegt das vielleicht daran, dass Paul ein Problem mit autoritären älteren Herren hat. Zutreffender wäre es also, wenn Paul statt „Herr Algebra ist doof" sagen würde: „Ich mag Herrn Algebra nicht". Unter Umständen könnte er noch hinzufügen: „Er erinnert mich an meinen Großvater, vor dem ich als Kind immer Angst hatte." Rebecca findet Herrn Algebra wunderbar. Er ist der einzige Lehrer, der es mit seiner strukturierten Art schafft, ihr Mathe zu erklären. Statt „Herr Algebra ist einfach super" würde Rebecca also richtigerweise sagen: „Ich mag Herrn Algebra sehr. Er kann mir Mathe gut erklären und ich glaube, hinter seiner harten Schale verbirgt sich ein weicher Kern".

▶ Die Welt mit allen ihren Erscheinungen existiert nicht auf eine bestimmte objektive Weise, sondern jeder von uns konstruiert sich seine subjektive Sicht der Welt und all ihrer Erscheinungen.

Natürlich wird die Beschreibung einer Stadt, eines Menschen, eines Sachverhaltes mit einer Form des Verbes „sein" immer zuverlässiger, je mehr Menschen von einer Stadt, von einem Menschen, von einem Sachverhalt etwas Ähnliches halten. Wenn 85 % der Schüler einer Klasse Mathe bei Herrn Algebra sehr gut verstehen, ist Herr Algebra wohl tatsächlich ein guter Lehrer. Wenn 85 % der Barcelona-Besucher die Stadt begeistert verlassen und sich unbedingt vornehmen, bald zurückzukehren, ist Barcelona wohl als eine attraktive Stadt zu begreifen. Und dennoch hat der, der Barcelona als wenig attraktive, laute, schmutzige, gefährliche Stadt wahrnimmt, mit seiner persönlichen Wahrnehmung auch recht. Und auch der, der bei Herrn Algebra Mathe nicht versteht, hat recht, auch wenn die Mehrheit der Klasse seine Meinung nicht teilt. Seien Sie sich schließlich dessen bewusst, dass, wenn es überhaupt so etwas wie „Wahrheit" oder „Objektivität" geben kann, diese sich immer nur aus dem Zusammensetzen verschiedener Puzzlestücke (Perspektiven) ergibt (siehe Abb. 3.1).

Wie kann man nun die sich täglich rund um den Globus abspielenden, müßigen Streitereien um „richtig" oder „falsch" abstellen? Im Grunde ist das ganz einfach: Wir müssen uns nur angewöhnen, unsere persönlichen, subjektiven Eindrücke

Abb. 3.1 Eine vermeintliche Wahrheit kann sich nur aus dem Zusammenspiel verschiedener Perspektiven ergeben

3.1 Wertschätze das Andere

(und das sind die einzigen, die wir in der Lage sind wahrzunehmen) auch als solche zu kennzeichnen. Verwenden Sie also stets Ausdrücke wie „Ich bin der Meinung", „Mein Eindruck ist", „Ich finde", „Ich erlebe ... als so und so" und achten Sie einmal darauf, wie viel weniger Verwunderung oder gar heftige Reaktionen Sie ernten und wie viel weniger leidige Diskussionen sich ergeben. Entscheidend ist, dass Sie nicht nur so formulieren, sondern es auch so meinen, wie Sie es formulieren – Sie müssen die Tatsache verinnerlicht haben, dass Ihre Perspektive eben nur Ihre Perspektive ist und dass es viele andere Perspektiven gibt. Sie müssen verinnerlicht haben, dass Ihre Perspektive meist kein Stück „richtiger" ist als die der anderen, sondern einfach nur anders. Hören Sie den Menschen einmal aufmerksam bei ihren Unterhaltungen zu und achten Sie darauf, wie häufig der Tonfall schnell aggressiv und unfreundlich wird, nur weil die passenden Einführungsworte fehlen.

▶ Wir liegen richtiger und bereiten eher den Boden für fruchtbare und angenehme Diskussionen, wenn wir seltener Formen des Verbs „sein" benutzen, um Dinge zu beschreiben, sondern unseren Beobachtungen Ausdrücke der Subjektivität voranstellen.

Beispiel – Der Film war toll, der Film war doof

Michael und Tobias gehen regelmäßig zusammen ins Kino. Sie haben einen ähnlichen Filmgeschmack und es macht ihnen Freude, nach dem Kinobesuch bei einem Bier über den Film zu sprechen und die besten Szenen noch mal gemeinsam Revue passieren zu lassen. Am heutigen Abend ist es jedoch anders: Schon auf dem Weg aus dem Kinosaal raunt Michael Tobias zu: „Das war ja wohl ein bescheuerter Film! Ich ärgere mich, dass wir nicht doch den anderen geguckt haben!" Tobias ist verwundert, denn er fand den Film richtig gut. Er fühlt sich fast ein bisschen angegriffen und fängt an nachzudenken: Habe ich mich von etwas täuschen lassen? Habe ich Dinge nicht wahrgenommen, die Michael gesehen hat? Schließlich sagt er trotzdem: „Wie kommst du darauf? Das war doch ein toller Film!" „Was?", fragt Michael. „Spinnst du jetzt, oder was? Lässt dich von amerikanischer Leichtigkeit blenden!". Die beiden gehen noch in eine Kneipe und reden weiter, doch so richtig will das Gespräch nicht in Gang kommen. Irgendwie ist die Stimmung verdorben. Was ist passiert? Anstatt darauf zu vertrauen, dass der Freund seine Gründe haben wird, den gemeinsam angeschauten Film gut oder schlecht gefunden zu haben und sich für diese Gründe zu interessieren, verabsolutieren beide ihre subjektiven Eindrücke: „Der Film ist toll!" bzw. „Der Film ist bescheuert!" Damit werten sie zugleich die entgegengesetzte Meinung des anderen ab, denn der Gebrauch des Indikativ impliziert, dass das Festgestellte so *ist* und der jeweils andere nicht in der Lage ist, „die Wirklichkeit" wahrzunehmen. Hätte Michael seinen Eindruck des Films als subjektiven Eindruck geäußert und sich zugleich aufrichtig für den Eindruck seines Freundes interessiert, wäre der Abend anders gelaufen. Sicher hätten beide auch noch etwas von der Perspektive des anderen lernen und den Film im wahrsten Sinne des Wortes „mit anderen Augen" sehen können.

Im Grunde läuft jeder von uns mit einer individuellen Brille durch die Weltgeschichte, durch die er seine Umgebung, wie durch einen subjektiven Filter gesiebt, wahrnimmt. Was wir sehen und wahrnehmen, hängt damit zusammen, was wir gelernt haben zu sehen und wahrzunehmen. Wie wir die Dinge bewerten, hängt viel mehr mit unserem Horizont, unseren Erwartungen und unserem Wertekanon zusammen als mit den Dingen, die wir bewerten. Es wird uns nie gelingen, ohne Brille durch die Welt zu laufen. Doch wir können uns weitere Brillen anschaffen, unsere Wahrnehmungsmöglichkeiten erweitern und differenzieren und uns vor allem für die Sichtweisen der anderen, die sich durch den Blick durch deren Brillen ergibt, zu interessieren beginnen. Nur dann haben wir die Chance, einer vermeintlichen Wahrheit auf die Spur zu kommen. Hören Sie auf, sich wie kleine Kinder darüber zu streiten, ob Erdbeer- oder Schokoladeneis besser schmeckt, ob Mathe schwer oder einfach ist, ob der neuste modische Schrei schick oder scheußlich ist. Tauschen Sie sich lieber über Ihre verschiedenen Eindrücke aus und fühlen Sie sich bereichert dadurch, dass Sie erfahren dürfen, wie andere Menschen das Leben erleben.

Exkurs – Die Landkarte ist nicht das Gebiet
Fred Kofman spricht in diesem Zusammenhang von der Sinnlosigkeit der Arbeit mit dem „Paradigma von der einzigen Wahrheit" (Kofman 2005, S. 110). Wenn Menschen, die miteinander zu tun haben, jeweils davon ausgehen, dass sie die Dinge „richtig" sehen (also mit dem „Paradigma von der einzigen Wahrheit" arbeiten), ist ihr Austausch dazu verdammt, auf einer oberflächlichen und nicht zielgerichteten Ebene im besten Falle ins Leere, im schlimmsten Falle in ein Zerwürfnis zu laufen. Wenn es ihnen aber gelingt zu erkennen, dass sich über Wahrnehmung und Geschmack selten bis gar nicht streiten lässt und dass auch eine Diskussion darüber, ob ein Problem vorliegt oder nicht, meist müßig ist, dann haben die Partizipierenden eine Chance, in einen wertvollen Austausch einzusteigen, der die Erkenntnisse beider Seiten erhöhen und bereichern kann (vgl. Kofman 2005, S. 110). Stephen Covey benennt denselben Gedanken auf eine etwas andere Weise, indem er den auch aus dem NLP bekannten Grundsatz davon, dass die Landkarte nicht das Land ist (im NLP – „Die Landkarte ist nicht das Gebiet"), aufgreift (vgl. Covey 2014, S. 32). „Eine Karte ist einfach eine Erklärung gewisser Aspekte eines Territoriums", so Covey. „Jeder von uns hat viele, viele Arten von Karten im Kopf. [...] Wir interpretieren alles, was wir erfahren, anhand dieser mentalen Landkarten. Dabei stellen wir ihre Genauigkeit selten infrage. Meist sind wir uns

3.1 Wertschätze das Andere

nicht einmal bewusst, dass wir sie benutzen. Wir nehmen einfach an, dass die Art, in der wir die Dinge sehen, auch die Art ist, wie sie sind oder wie sie sein sollten" (Covey 2014, S. 32, 33). Es macht also vermutlich Sinn, dass wir uns immer wieder über unsere eigenen mentalen Landkarten bewusst werden, uns fragen, inwiefern die Benutzung dieser Landkarten uns in unserem Leben weiterhilft, und uns für die Landkarten bzw. Paradigmen unserer Mitmenschen interessieren, anstatt sie für falsch zu deklarieren.

▶ Was wir wahrnehmen und sehen, hat viel mehr mit uns zu tun als mit dem, was wir sehen. Es ist, als trügen wir eine einzigartige Brille, die im Laufe unserer Lebensgeschichte geformt wurde und die uns so sehen lässt, wie wir gelernt haben zu sehen. Erst wenn wir uns dessen bewusst sind, geraten wir in die Lage, uns andere Brillen anzuschaffen und unsere Sichtweisen zu differenzieren.

Meine Empfehlung
- Stellen Sie den Darstellungen Ihres Erlebens der Welt und ihren vielfältigen Erscheinungsformen Ausdrücke der Subjektivität voran.
- Erkundigen Sie sich nach der Sichtweise und dem Erleben Ihrer Mitmenschen und behalten Sie im Hinterkopf, dass eine vermeintliche Objektivität sich immer nur aus dem Zusammensetzen verschiedener Puzzlestücke ergeben kann (siehe 3.1).
- Achten Sie darauf, wie viel emotional ruhiger, persönlich angenehmer und inhaltlich fruchtbarer Ihre Diskussionen unter diesen Voraussetzungen ablaufen.

Zum Weiterlesen
- Fred Kofman geht in seinem Buch *Meta-Management* auf sehr verständliche Weise auf den Gedanken des Perspektivenreichtums und der Nicht-Existenz einer vermeintlich objektiven Realität ein. Zur Vertiefung empfehle ich Ihnen die Lektüre des Abschnitts „Probleme im Team lösen" (S. 110–115) aus Kap. 3 – „Probleme, Erklärungen und Lösungen" (S. 89–115) (Kofman 2005).
- Stephen Covey nennt die Abschnitte, in denen er unser Verhaftetsein in Paradigmen sowie die Sinnhaftigkeit von Paradigmenwechseln beschreibt, „Die Macht eines Paradigmas" und „Die Macht eines Paradigmenwechsels". Ich empfinde Coveys Ausführungen als besonders wertvoll, da er seine Leser nie als Nicht-Wissende entlarvt, sondern sich selbst sehr persönlich mit in seine Gedankengänge einbringt und seine eigenen Wege der Erkenntnis illustriert und darstellt (S. 32–40) (Covey 2014).

3.1.3 Die Menschen sind verschieden und das ist gut so

Disagreement is something normal. (Dalai-Lama)

Jeder Mensch ist ein Individuum, und alleine das ist schon faszinierend genug. Gerade jetzt (20.01.2015, 10.33 Uhr) gibt es laut Weltbevölkerungsuhr 7.269.203.643 Menschen auf der Welt. Jeder von ihnen hat eine einzigartige DNA, einen einzigartigen Fingerabdruck, einen einzigartigen Charakter, ein einzigartiges Aussehen, eine einzigartige Lebensgeschichte. Jeder Mensch erlebt die Dinge auf seine ganz individuelle Art, versucht die Welt auf seine Weise zu verstehen, leitet seine persönlichen Erklärungsmuster ab, bildet seine Paradigmen heraus, feilt an seinen Brillen. Jeder Mensch hat verschiedene Vorlieben in Bezug auf die Gestaltung seines Lebens, und zumindest in demokratisch organisierten Staaten wie der BRD hat er rein theoretisch auch das Recht darauf, seine Vorlieben zu leben, solange er sich an die staatlichen Gesetze und die Regeln der Systeme hält, in denen er sich bewegt (hierzu gehören etwa Schulen, Hochschulen, Sportvereine, Wohngemeinschaften, öffentliche Verkehrsmittel, der Straßenverkehr). Jedes Problem, jede Schwierigkeit, die ein Mensch erlebt, entsteht aus einem ganz spezifischen Ursachengemisch, und auch wenn andere meinen, sie hätten ein ähnliches Problem schon einmal erlebt, wird der Umstand als solcher doch wieder von jedem Menschen anders, und zwar individuell, empfunden. Auch jede Lösung für ein Problem ist infolgedessen nur in einem individuellen und passgenauen Ansatz zu finden. Die Idee, wir Menschen könnten unsere Lösungsansätze auf die Probleme anderer übertragen, funktioniert in der Regel nicht. (Dies ist übrigens auch der Grund, warum wir so häufig durchaus wohlgemeinte Ratschläge als „Schläge" empfinden und allergisch auf Tipps reagieren.) Der wahre Schatz, den wir entsprechend bewundern sollten, ist also die jeweilige Individualität – wenn wir auf den Menschen als Einzelnen schauen – und die Vielfalt, wenn wir eine Menge von Menschen in Betracht ziehen. Vielfalt bereichert, im Zusammenleben, beim Finden von Lösungen, beim Entwickeln von Ideen, in der Befriedigung der eigenen Neugierde auf andere Perspektiven, anderes Erleben, andere Formen des Daseins.

▶ Das jeweils Individuelle eines Menschen macht ihn so erstaunlich und bedingt zugleich die Vielfalt, die sich aus dem Zusammenwirken mehrerer Menschen ergibt. Sowohl Individualität als auch Vielfalt sind Schätze, die es zu hüten und zu kultivieren gilt.

3.1 Wertschätze das Andere

Exkurs – Es ist diskriminierend, alle gleich zu behandeln
Diversity Management ist ein Management-Trend, der Ende der 80er-Jahre aus den USA nach Europa überschwappte und die Vielfalt von Menschen im Geschäftsleben zu schätzen und für ökonomische Zwecke zu nutzen sucht. Frei nach dem Motto „Es ist diskriminierend, alle gleich zu behandeln", verstand sich das *Diversity Management* als Weiterentwicklung bzw. moderne Antwort auf das Antidiskriminierungs- bzw. Allgemeine Gleichbehandlungsgesetz, das ja gerade die Gleichbehandlung aller postulierte. In einer globalisierten Welt, in der immer auch die Perspektiven verschiedener Kulturen und Nationen in Problemlösungs- oder Produktentwicklungsprozesse miteinbezogen werden müssen, macht *Diversity Management* natürlich besonders viel Sinn. Doch auch jedes national agierende Unternehmen täte gut daran, sich an dem Diversity-Grundgedanken zu orientieren, um eine Atmosphäre der Toleranz zu kreieren, die Ideenvielfalt zu erhöhen und die Wertschätzung des Individuums an erste Stelle zu setzen (vgl. Eppelsheim 2007).

Nun ist es so, dass wir uns unter den vielen verschiedenen Menschen, die uns umgeben, häufig Gleichgesinnte als Weggefährten heraussuchen. Aus verschiedenen Gründen ist das sicher auch wichtig für uns, denn in Gegenwart Gleichgesinnter fühlen wir uns inhaltlich „richtig" und bestätigt sowie persönlich aufgehoben und geborgen. Es würde die meisten von uns wohl psychisch überfordern und zutiefst verunsichern, wenn wir ständig von Menschen umgeben wären, die – wie zuvor formuliert – eine andere Brille trügen als wir selbst. Zudem ist eine gewisse Schnittmenge in Bezug auf Ziele, Interessen und Sichtweisen notwendig, damit Menschen überhaupt miteinander kooperieren wollen und können. Und dennoch: Wer sich hauptsächlich mit Gleichgesinnten umgibt, läuft Gefahr, „blind" für die vielfältigen anderen Sichtweisen und Interpretationsmöglichkeiten der Welt und ihrer Erscheinungsformen zu werden (die Folge sind Intoleranz und Engstirnigkeit). Wer sich im Wesentlichen mit Gleichgesinnten umgibt, schaut immer nur aus einer Perspektive auf die verschiedensten Phänomene und bleibt einer vermeintlichen „Wahrheit", die sich – wenn überhaupt – nur aus dem Zusammenspiel verschiedener Perspektiven ergeben kann, weitgehend fern. Wer sich nur mit Gleichgesinnten umgibt, beraubt sich selbst der Möglichkeit, seine Sichtweisen und Glaubenssätze zu hinterfragen, zu überdenken und infolgedessen möglicherweise anzupassen bzw. zu aktualisieren.

▶ Wir brauchen Gleichgesinnte um uns herum, denn sie geben uns inhaltliche Sicherheit und psychologische Geborgenheit. Zugleich birgt das ausschließliche Zusammensein mit Gleichgesinnten diverse Gefahren, wie z. B. Engstirnigkeit und Intoleranz, die Eindimensionalität unserer Perspektive und einen Mangel an intellektuellen Herausforderungen.

Wer sich also geistig beweglich halten will, sich entwickeln und lernen möchte, sollte sich für das Andere im Allgemeinen und für Andersdenkende, Andershandelnde, Anderslebende im Speziellen interessieren. Insbesondere sollten wir uns dabei mit denen beschäftigen, die unsere Aufmerksamkeit in exzeptioneller Weise auf sich ziehen, die uns „aufregen", uns emotional aufbringen. Warum? Nun, unsere Aufmerksamkeit fokussiert in der Regel nur Dinge, die uns in irgendeiner Art und Weise angehen. Wenn Menschen uns aufregen, gehen wir – zwar auf negative Weise, aber dennoch – mit ihnen in Resonanz. Möglicherweise spiegeln diese Menschen uns einen Teil von uns, den wir nicht bewusst wahrnehmen oder gar mit viel Energieaufwand negieren. Möglicherweise stören sie uns mit ihrem Gedankengut in unserer Komfortzone, in der wir offensichtlich doch nicht ganz so im Reinen mit uns sind. Möglicherweise leben sie einen Teil von uns, den wir uns nicht gestatten zu leben. Möglicherweise erlauben sie sich ein Verhalten, das wir uns nie erlauben würden. Vielleicht gehören sie irgendwo dazu, wo wir gerne dazugehören würden. Vielleicht gelingt ihnen etwas, von dem wir glauben, dass es uns nie gelingen wird. Es gibt viele Erklärungsmöglichkeiten für Phänomene der Resonanz. Sicher ist indessen, dass wir uns nur aufregen, wenn für uns etwas auf dem Spiel steht. Was das sein kann, muss oder kann jeder für sich selbst herausfinden. Fest steht also: Die Menschen, die uns in ihrem Auftreten am meisten verstören, irritieren und aufbringen, tragen häufig – vollkommen unbeabsichtigt – das größte Lehrpotenzial in sich. Mit ihnen sollten wir uns daher mindestens genauso viel beschäftigen wie mit Gleichgesinnten.

„Ich bin kein Teamplayer" – so lautete mein ernüchterndes Fazit am Ende meines ersten Studienjahres. Ich war sowohl mit den Ergebnissen als auch mit dem Verlauf der unzähligen Gruppenarbeiten, die ich bis dato in der Hochschule erledigt hatte, ziemlich unzufrieden. Mein Eindruck war, dass meine Teammitglieder sich in dem einen oder anderen Ausmaß auf meinem Engagement ausruhten, ich meist die alleinige Verantwortung für die Projekte übernehmen musste und am Ende immer vollkommen erschöpft in mich zusammensackte. Im Laufe der Zeit erkannte ich – dank unserer diversen Soft-Skill-Module – zweierlei Dinge. Erstens: ‚Das, was du am meisten fürchtest, wird dir begegnen' (Resonanz-Prinzip) – ich schien also mit meiner Antihaltung gegen Team-Arbeit die Probleme geradezu zu verursachen, in jedem Falle zu verschlimmern. Zweitens: ‚Wie sollen andere Aufgaben und Verantwortung übernehmen, wenn einer (in diesem Falle ich) vor lauter Misstrauen den anderen gegenüber alles an sich reißt?' (im System ‚Team' nahm ich so viel Raum ein, dass die anderen keinen Platz mehr hatten). Dank dieser Erkenntnisse konnte ich am Ende meines Studiums noch einige positive Erfahrungen im Team machen. Ich bin sehr froh darüber, denn auch während meines jetzigen Praktikums merke ich, dass man in kaum einem Job ohne echte Teamfähigkeiten zurechtkommt. Meinen ersten Teammitgliedern, die mich so viel Nerven gekostet haben, bin ich im Nachhinein doch dankbar für die Lehrstunde, die sie mir erteilt haben.
Ana-Maria Climescu, Alumna 2015 International Business Communication accadis Hochschule Bad Homburg

3.1 Wertschätze das Andere

▶ Am meisten über uns selbst können wir häufig von denen lernen, die ganz anders sind als wir und die das Potenzial haben, uns mit ihrem Anderssein zu verstören und zu irritieren. Umgeben Sie sich also immer wieder auch bewusst mit Anders-Denkenden. Verzichten Sie auf das Urteil über das Andere und versuchen stattdessen herauszufinden, warum ihre Aufmerksamkeit sich dieses bestimmte „Subjekt" gesucht hat.

Meine Empfehlung
- Wenn Sie Menschen für eine Kooperation suchen (Gruppen- und Teamarbeit o. Ä.), integrieren Sie Gleichgesinnte *und* Anders-Denkende. Einzige Bedingung sollte sein, dass alle, die sie auswählen, konstruktiv agieren und zielgerichtet nach vorne arbeiten. Wer nur anders argumentiert, um Dinge zu blockieren, mit dem kann nicht viel angefangen werden.
- Lernen Sie mehr und mehr, die Verschiedenartigkeit der Menschen als Bereicherung und nicht als Hemmnis zu empfinden.
- Denken Sie daran, dass die Menschen besonderes Lernpotenzial für Sie bergen, mit denen Sie negativ in Resonanz treten.

Zum Weiterlesen
- Zum Thema *Diversity Management* empfehle ich das Buch von Swetlana Franken *Personal: Diversity Management*. Es ist in der Reihe *Studienwissen kompakt* des Springer Gabler Verlags erschienen und daher vom Umfang her überschaubar sowie didaktisch angenehm aufbereitet. Es enthält viele Beispiele, illustriert mit Übersichtsdarstellungen, und festigt das Wissen der Leser durch Fragen, die am Ende der Kapitel gestellt werden (Franken 2015).
- Zu dem Themenbereich der negativen Resonanz verweise ich Sie gerne auf die beiden Kapitel „Das Resonanzprinzip von Anziehung und Abstoßung" (S. 60–69) und „Das Prinzip der Polarität" (S. 70–89) aus Irene und Thomas Freis *Das Lebensspiel*. Die beiden Trainer beschreiben die Prinzipien von Resonanz und Polarität sehr nachvollziehbar und alltagsnah und bringen den interessierten Leser in jedem Falle zu intensivem Reflektieren (Frei und Frei 2011).

> **Kurz zusammengefasst – Was Sie aus Kap. 3.1 mitnehmen sollten**
> Wir brauchen den Austausch mit anderen genauso wie das Kümmern um unsere eigenen Bedürfnisse. Um einen tatsächlichen Mehrwert aus den Begegnungen mit anderen, insbesondere mit Anders-Denkenden, zu ziehen, gilt es, einige grundlegende Dinge zu wissen und zu beherzigen. Erstens: Respekt und die sich hieraus ergebende Höflichkeit sind die Grundvoraussetzungen für zwischenmenschliche Kooperation. Zweitens: Unsere Sicht der Dinge ist immer

subjektiv und meist nicht richtiger als die der anderen, sondern einfach nur anders. Infolgedessen sollten wir unseren Beschreibungen der Dinge stets Ausdrücke der Subjektivität voranstellen. Drittens: Echte persönliche Entwicklung kann nur stattfinden, wenn wir uns immer wieder mit den Dingen auseinandersetzen, mit denen wir negativ in Resonanz treten. Ein echter Mehrwert in Gruppenarbeiten entsteht nur, wenn wir verschiedene Sichtweisen zulassen und willkommen heißen.

3.2 Gestalte deine Beziehungen aktiv

> Nicht jene, die streiten, sind zu fürchten, sondern jene, die ausweichen.
> (Marie von Ebner-Eschenbach)

Meinen Beobachtungen zufolge verhalten wir Menschen uns in Beziehungen – in geschäftlichen, privaten und auch in Liebesbeziehungen – weitgehend zu passiv. Damit meine ich natürlich nicht, dass wir zu wenig gemeinsam unternehmen oder zu wenig Sport treiben, sondern dass wir das Grundgefüge unserer Beziehungen nicht aktiv genug gestalten. Wir sollten uns deutlicher erklären, unsere Bedürfnisse und Vorstellungen verständlicher artikulieren, unser Gegenüber nach seiner Befindlichkeit befragen und genau zuhören, um dann im Sinne beider und der Beziehung aktiv-gestalterisch und lösungsorientiert tätig zu werden.

Unsere Passivität in Beziehungen erklärt sich meines Verständnisses als Folge zweier Fehlannahmen (mit einer haben wir im Laufe des Buches bereits aufgeräumt): Erstens wissen die meisten Menschen nichts von der Subjektivität aller Wahrnehmung und gehen stillschweigend davon aus, dass ihre Beziehungspartner dieselben Dinge wahrnehmen wie sie und diese obendrein auf dieselbe Weise interpretieren. Infolgedessen halten sie weiterführende Erklärungen oder einen Austausch für überflüssig. Zweitens wenden wir ein aus meiner Sicht wenig hilfreiches Verständnis von Höflichkeit an, wenn wir es für unangemessen halten, unsere Bedürfnisse oder Wünsche klar zu äußern, „Nein" zu Dingen zu sagen, die uns nicht sinnvoll erscheinen, oder unseren Partner wissen lassen, dass wir sein Verhalten als irritierend, überraschend, kontraproduktiv oder anders geartet empfinden.

Gemäß der Feststellung, dass Kommunikation naturgemäß nie Kommunion bedeuten kann (vgl. Kap. 2.3.1), dass zwei Menschen also niemals eine Begebenheit in identischer Weise wahrnehmen, bewerten und empfinden können, dürfen wir von unserem Partner nicht erwarten, dass er uns verstehen kann, ohne dass wir uns erklären. Erliegen Sie vor allem nicht dem Irrglauben, „richtig" zu lieben bedeute, in der Lage zu sein, die Bedürfnisse des anderen erraten zu können. Lernen Sie stattdessen, sich zu erklären. Lernen Sie stattdessen, dem anderen zuzuhören und überwinden Sie Ihre Scheu vor klarer Positionierung in Beziehungen. Sie werden viel seltener enttäuscht sein und viel seltener das Bedürfnis haben, mit anderen über andere zu reden. Sie werden sich immer öfter emotional frei fühlen und zudem das gute Gefühl haben, dass Sie selbst das Zepter ihres Lebens in der Hand halten.

3.2.1 Erkenne deinen Anteil an Beziehungsgefügen

Ich bin seit Jahren ein großer Anhänger des systemischen Ansatzes, welcher postuliert, dass sich dort, wo Menschen miteinander zu tun haben, immer eigene und einzigartige Systeme formieren. Jedes System funktioniert dabei nach seinen eigenen Regeln und – und das ist hier das Entscheidende – die Konstituenten eines Systems bedingen sich gegenseitig in ihrem Verhalten. Wenn wir uns selbst in unserem Alltag betrachten, können wir das sofort nachvollziehen, denn wir verhalten uns sehr unterschiedlich, je nachdem, mit wem wir zusammen sind. In Gegenwart mancher Menschen schaffen wir es, das Beste aus uns herauszuholen, die Präsenz anderer wiederum provoziert den unausgeglichenen Rebellen in uns. Manchen Menschen begegnen wir wohlwollend und fürsorglich, anderen können wir nicht den kleinsten Gefallen tun. Es ist also offensichtlich nicht so, dass wir einfach nur „sind" und uns auf einen festen Satz an Charaktereigenschaften und Verhaltenstendenzen reduzieren lassen. Vielmehr scheint es so zu sein, dass jeder von uns über ein ganzes Spektrum an Eigenschaften und Verhaltensmöglichkeiten verfügt, und dass es zu einem Großteil von unserer Gesellschaft, also von unseren jeweiligen systemischen Partnern, abhängt, welche Facetten dieses Spektrums wir zeigen.

▶ Wir Menschen zeigen uns nicht auf eine statische, gleichbleibende Weise, sondern wir bringen – in Abhängigkeit unserer Gesellschaft (unserer systemischen Partner) – verschiedenste Facetten unserer Persönlichkeit zum Vorschein.

Des Weiteren lässt sich beobachten, dass wir in Systemen (also in Beziehungsgefügen jedweder Art) unbewusst und wie automatisiert bestimmte Rollen spielen bzw. bestimmte Positionen besetzen, ungeachtet dessen, ob wir mittels der durch uns mitbestimmten Rollen- bzw. Positionskonstellation das innerhalb eines Systems erreichen oder erleben, das wir erreichen oder erleben möchten. Die Folge dieser unbewussten und damit nicht durchdachten Besetzung von bestimmten Positionen (übrigens häufig die, die andere uns passiv übrig lassen oder aktiv zuweisen) ist, dass wir uns viel zu oft als Opfer gewisser Umstände oder – anders ausgedrückt – unserer systemischen Partner wahrnehmen. Wir fühlen uns in eine Ecke gedrängt, erleben unser eigenes Verhalten als reine Reaktion auf das unseres Gegenübers und berauben uns in der Opferposition der Möglichkeit, bewusst eine andere Rolle zu wählen und eine andere Position zu besetzen, um auf diese Weise die ungeschriebenen Regeln des Systems so umzuschreiben, dass Effektivität möglich wird. Sehr häufig nehmen wir stattdessen die Vorgaben unseres Gegenübers unkommentiert hin und beschweren uns im Anschluss über sein oder ihr Verhalten. Das allseits bekannte „Lästern" basiert im Grunde auf unserem mangelnden Mut, unseren systemischen Partnern etwas entgegenzusetzen, bzw. resultiert aus unserer Unkenntnis davon, dass eine Einflussnahme auf die Regeln eines Systems durchaus möglich ist. Insbesondere wenn Gruppen auf hierarchisch höhergestellte Personen treffen, schwindet der Mut, sich zu äußern (häufig ist nicht einmal das Bewusstsein vorhanden, dass das rein theoretisch möglich wäre).

▶ Meist spielen wir in Systemen unbewusst bestimmte Rollen oder besetzen bestimmte Positionen, ohne zu prüfen, ob diese Effektivität ermöglichen. Statt uns als Opfer von Umständen oder den Verhaltensweisen anderer zu fühlen, sollten wir unsere Einflussmöglichkeiten ausloten und bewusst nutzen.

Exkurs – Du hast angefangen! – Nein, du!
Besonders ausweglos wirkt sich im systemischen Miteinander die Tatsache aus, dass wir Menschen uns im Streit tatsächlich und ganz authentisch meist als Opfer von Umständen oder Verhaltensweisen fühlen und unser eigenes Verhalten als reine Re-Aktion interpretieren. „Teuflisch" wird die ganze Angelegenheit dadurch, dass unser Gegenüber eben genauso – ebenfalls tatsächlich und authentisch – empfindet und sich an dieser Stelle „die Katze in den Schwanz beißt" (Abb. 3.2.). Um sich gegenseitig zu beweisen, dass „man" recht hat, beginnen wir nach dem Anfang und daher dem Verursacher eines Konfliktes zu suchen – ein dem systemischen Gedanken zufolge müßiges Unterfangen. Die Systemtheorie nämlich besagt, dass Kommunikation kreisförmig verläuft und es daher in einem kommunikativen Austausch keinen Anfang und kein Ende geben kann. Die willkürliche Benennung eines Schuldigen (in der Systemtheorie nennt man dieses Verhalten „interpunktieren" (vgl. Schulz von Thun 2010, S. 85) erweist sich daher in der Sache als vollkommen nutzlos. Der Blick zurück macht also in dem Versuch, einen Konflikt zu lösen, überhaupt keinen Sinn. Einzig und allein besteht eine Chance darin, in die Zukunft zu schauen und eine Lösung zu finden, mit der beide Gesprächspartner zufrieden sein können (siehe wiederum Schulz von Thun 2010, S. 85–87).

Hören Sie also auf, sich als Opfer von Umständen zu fühlen, sondern werden Sie sich darüber klar, dass Sie immer irgendeine Art von Einflussmöglichkeit haben. Mit den Dingen, die uns geschehen, haben wir in der Regel immer auch selbst zu tun – sei es dadurch, dass wir automatisiert auf das wenig effektive Verhalten eines anderen ebenso uneffektiv reagieren, sei es dadurch, dass wir uns in ein System fügen, welches uns nicht gefällt, ohne den Mut aufzubringen, dessen Rahmenbedingungen zu unseren Gunsten zu beeinflussen. Erkennen Sie also Ihren Anteil an den Beziehungsgefügen und kommen Sie heraus aus dem Ertragen hinein ins Handeln.

3.2 Gestalte deine Beziehungen aktiv

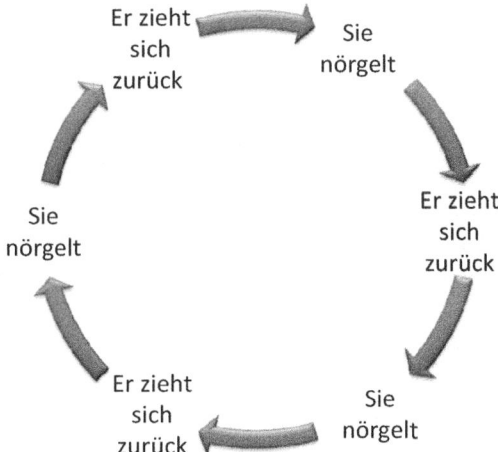

Abb. 3.2 Nach der Systemtheorie verläuft Kommunikation kreisförmig (eigene Abbildung in Anlehnung an: Bender 2014 [http://www.paulwatzlawick.de/images/axiom3.jpg]) zur Illustration von Watzlawicks Axiom Nr. 3 „Kommunikation ist immer Ursache und Wirkung")

Beispiel – Wir können Sie einfach nicht verstehen

Eine Gruppe von Studierenden im ersten Studienjahr fühlt sich in den Vorlesungen eines Dozenten weitgehend verloren. Ihrer Einschätzung nach geht er zu schnell voran, stellt das Vorbereitungsmaterial zu spät ins Intranet und prüft während der Vorlesung so gut wie nie, ob ihn überhaupt irgendjemand versteht. Nun sind bereits einige Wochen des Semesters vergangen und es hat sich eingebürgert, dass im Anschluss an die Vorlesung der Großteil der Studierenden über das „unmögliche Vorgehen" des Dozenten lästert. Maria ist eines Tages sehr verärgert über das Ganze – über das Vorgehen des Dozenten, aber auch über das Verhalten ihrer Kommilitonen. Sie fragt daher einige, ob sie den Dozenten vor Beginn der Vorlesung nicht einfach einmal um ein Gespräch bitten wollen. „Ach, das bringt doch nichts", lautet die Standardantwort der meisten. „Der macht doch ohnehin immer so weiter wie bisher. Den interessiert doch gar nicht, ob wir wirklich mitkommen." Maria spürt, dass sie dennoch etwas tun möchte, und beschließt, es alleine zu tun. Sie schreibt dem Dozenten eine E-Mail und bittet ihn um ein Gespräch. Überraschend erhält sie umgehend eine Antwort und trifft ihn schon am nächsten Tag in der Mittagspause in einem kleinen Besprechungsraum. Ganz anders als im großen Klassenraum zeigt der Dozent sich sehr interessiert. Er hört Maria aufmerksam zu und scheint ziemlich betroffen. „Ich bin auch nicht zufrieden damit, wie die Vorlesung läuft. Doch immer wenn ich nachhakte, ob es noch Fragen gibt, hat sich niemand gemeldet. Da dachte ich, es sei alles klar, ich könne die Studenten lediglich nicht wirklich mit der Materie locken." Am Ende bedankt er sich bei Maria für ihre Offenheit und verspricht ihr, das nächste Mal vor Vorlesungsbeginn mit der Gruppe ein Gespräch zu führen.

Sicher zeigen sich nicht immer alle gleich so verständnisvoll wie der in diesem Beispiel beschriebene Dozent. Dennoch hat es immer irgendeine Form der Wirkung, wenn Teilnehmer eines Systems ihre eigenen Möglichkeiten nutzen, die scheinbar herrschenden Regeln mit zu beeinflussen. Selbst wenn der Angesprochene zunächst sehr barsch reagiert, zeigt er im Nachhinein fast immer ein anderes Verhalten. Probieren Sie es einfach aus!

Beispiel – Ich sage es nur, wenn Sie es nicht schlecht machen

Mein vierzehnjähriger Sohn hat mir vor Kurzem von einer Geschichte aus der Schule erzählt. Sie hat mir so gut gefallen, dass ich sie hier noch kurz erzählen will. Das Schulpraktikum in der neunten Klasse stand bevor und eine Lehrerin fragte die Schüler am letzten Schultag vor dem Praktikumsstart, wo sie denn ihr Praktikum machen würden. „In einer Anwaltskanzlei", sagte der erste Schüler. „Na hoffentlich musst du dort nicht nur Kaffee kochen", entgegnete die Lehrerin. „Bei der Stadtverwaltung", sagte der zweite Schüler. „Das klingt ja nicht gerade aufregend", kommentierte die Lehrerin. „In einem Fitnessstudio", sagte die nächste Schülerin. „Ist dir nichts Spannenderes eingefallen?", hakte die Lehrerin nach. Dann kam mein Sohn an die Reihe. „Und, wo wirst du dein Praktikum machen?" „Das sage ich Ihnen nur, wenn Sie es nicht runtermachen!", antwortete mein Sohn. Die Lehrerin schaute überrascht: „Das war doch gar nicht meine Absicht." „Sie haben es aber trotzdem gemacht", entgegnete mein Sohn. Die Lehrerin wurde daraufhin sehr nachdenklich und erkundigte sich bei den übrigen Schülern mit deutlich mehr positivem Interesse. Sie können sich vorstellen, dass ich sehr stolz auf meinen Sohn war.

Meine Empfehlung
- Studieren Sie sich einmal selbst genau und beobachten Sie, in Gegenwart welcher Menschen Sie sich wie verhalten.
- Werden Sie sich auf diese Weise darüber klar, über ein wie großes Verhaltensrepertoire Sie eigentlich verfügen.
- Besetzen Sie nicht automatisch Positionen, die andere Ihnen unausgesprochen zuweisen, sondern nehmen Sie pro-aktiv attraktive Positionen ein.
- Fügen Sie sich nicht in die Rolle des Opfers von Begebenheiten oder Verhaltensweisen, sondern schöpfen Sie Ihre eigenen Gestaltungsmöglichkeiten extensiv aus.

Zum Weiterlesen
- Den systemischen Gedanken vermag aus meiner Sicht niemand so gut darzulegen wie der schon häufiger zitierte Friedemann Schulz von Thun. Ich empfehle Ihnen zum Einstieg das Kapitel „Interaktion" (S. 82–90) aus der ersten Reihe des Bandes *Miteinander reden* (Schulz von Thun 2010).
- Als hervorragend und ausgesprochen empfehlenswert empfinde ich darüber hinaus das Werk *Kommunikation als Lebenskunst*, welches die Diskurse zwischen dem Medienwissenschaftler und Professor der Universität Tübingen, Bernhard Pörksen, und Friedemann Schulz von Thun über eben *Kommunikation als Lebenskunst* darlegt. Das Buch ist fast ausnahmslos dialogisch aufgebaut und führt den interessierten Leser durch die Gedanken zweier Topexperten rund um das Thema „Zwischenmenschliche Begegnungen und Kommunikation". Den systemischen Gedanken finden Sie insbesondere in Kap. 3 „Teufelskreis und Beziehungsdynamik" (S. 53–71) dargelegt (Pörksen und Schulz von Thun 2014).
- Nicht versäumen möchte ich, Sie auf eines der großen klassischen Werke zur Kommunikation hinzuweisen: Paul Watzlawicks *Menschliche Kommunikation*. Wer hat nicht schon einmal von dem ersten der fünf von Watzlawick entwickelten Kommunikations-Axiome „Man kann nicht nicht kommunizieren" gehört … Die weiteren Axiome lauten (so oder durchaus auch in anderer Formulierung anzutreffen): „Jede Kommunikation hat einen Inhalts- und einen Beziehungsaspekt", „Kommunikation ist immer Ursache und Wirkung", „Menschliche Kommunikation bedient sich analoger und digitaler Modalitäten", „Kommunikation ist symmetrisch oder komplementär". Im Zusammenhang mit dem systemischen Gedanken verweise ich Sie insbesondere auf die Lektüre des Kap. 2.4 „Die Interpunktion von Ereignisfolgen" (S. 65–69) (Watzlawick 2011).

3.2.2 Kommuniziere konstruktiv

> When you talk you are only repeating what you already know. But when you listen you may learn something new. (Dalai-Lama)

Konstruktive Kommunikation erwächst aus dem Bewusstsein, dass alle Wahrnehmung subjektiv ist, wir stets einen Eigenanteil an dem Charakter unserer Beziehungsgefüge tragen und infolgedessen immer über gestalterische Möglichkeiten verfügen. Des Weiteren basiert sie auf einem tief angelegten Respekt-Verständnis gegenüber unseren Mitmenschen und der Einsicht, dass wir alleine nicht annähernd so stark sind wie wir zusammen sein können. Wer konstruktiv kommunizieren will, muss alle diese Dinge wirklich verinnerlicht haben. Denn wer auch in schwierigen Momenten überzeugend und effektiv agieren will, der muss Dinge fühlen, nicht nur denken. Warum? Weil unsere Emotionen in schwierigen Momenten unseren Verstand überholen und wir alles Vorgenommene zugunsten des Intuitiven über Bord werfen. Wiederum also gilt: Die Haltung kommt vor der Handlung. Wiederum also gilt: Wir müssen zunächst im intrapsychischen Bereich „aufräumen", bevor wir uns an die Entwicklung und Professionalisierung unserer Kompetenzen machen können.

Konstruktive Kommunikation ist in einer modernen Wissens- und Dienstleistungsgesellschaft *die* Königsdisziplin unter den Kooperationskompetenzen. Nur wer sie beherrscht, hat eine Chance, zusammen mit anderen stärker zu werden, als er alleine jemals sein könnte. Nur wer sie beherrscht, hat eine Chance darauf, in einer Welt der unendlichen Möglichkeiten den für ihn passenden Platz und damit sein persönliches Glück zu finden. Nur wer sie beherrscht, geht den entscheidenden Paradigmenwechsel von Akzeptieren und Reagieren zu pro-aktivem Gestalten. Im Kern folgt die konstruktive Kommunikation dabei immer einigen grundlegenden Imperativen. Denn auch wenn unser Erleben der Welt und Lösungsansätze für Probleme immer individueller und subjektiver Natur sind, so gibt es doch einige Prinzipien, die sich langfristig bewährt haben und für Effektivität, also für Gelingen, unter Menschen sorgen (Abb. 3.3 zeigt die grundlegenden Parameter des

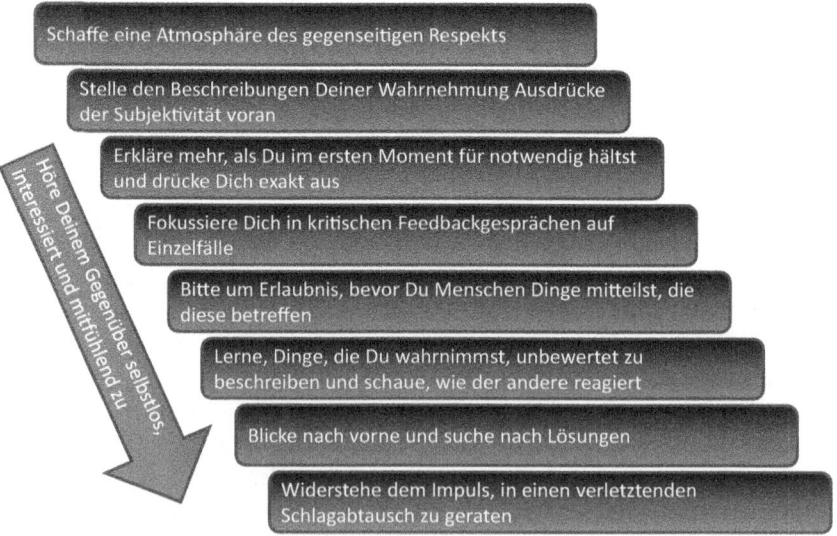

Abb. 3.3 Grundlegende Parameter des konstruktiven Kommunizierens

3.2 Gestalte deine Beziehungen aktiv

konstruktiven Kommunizierens in der Übersicht). (Einige der im Folgenden aufgeführten Punkte werden Ihnen aus vorherigen Abschnitten bekannt vorkommen, werden hier aber noch einmal ganz konkret auf das Thema des konstruktiven Kommunizierens zugeschnitten.)

▶ Konstruktive Kommunikation ist die Königsdisziplin unter den Kooperationskompetenzen. Wer sie beherrscht, geht den entscheidenden Schritt von Akzeptieren und Reagieren zu pro-aktivem Handeln, der Königsdisziplin unter den Selbstführungskompetenzen.

Grundvoraussetzung für ein gelingendes Gespräch ist dabei zunächst einmal die Herstellung einer Atmosphäre des gegenseitigen Respekts. Wenn überhaupt etwas zwischen Menschen funktionieren kann, dann nur, wenn sich jeder am Gespräch Beteiligte zutiefst respektiert fühlt (denken Sie an den Vorgarten; Kap. 3.1.1). Die Begegnung auf Augenhöhe ist der wesentliche Maßstab. Sobald ein Mensch sich (und wenn auch nur gedanklich) über seinen Gesprächspartner stellt, wird das Gespräch in einem unglückseligen Rahmen beginnen und wenig Aussicht auf Erfolg haben (umgekehrt übrigens genauso). Die Begegnung auf Augenhöhe kennt indessen keine beeinträchtigenden Parameter; sie muss unabhängig von der Hierarchiestufe, der Altersklasse, des Geschlechts, der beruflichen Position stattfinden. Im Gespräch begegnen sich in erster Linie immer Mensch und Mensch, nicht Chef und Mitarbeiter, nicht Professor und Student, nicht Elternteil und Kind, nicht Alt und Jung. (Bei einfühlsamen Eltern lässt sich immer wieder beobachten, wie sie für das Gespräch mit ihren Kindern in die Knie gehen, um genau das Angesprochene zu erreichen – dieselbe Augenhöhe.) Von Bedeutung ist also zuerst der im Innersten (im interpersonalen Ring) empfundene Respekt für das Gegenüber und die Überzeugung dessen, dass sich zwei gleichwertige und gleichberechtigte Partner gegenüberstehen. Aus Gefühl und Überzeugung ergeben sich im Anschluss automatisch Gesten und Worte der Höflichkeit und des Anstands.

▶ Grundvoraussetzung für ein gelingendes Gespräch ist eine Atmosphäre des gegenseitigen Respekts.

Die zweite bedeutsame Voraussetzung ist, dass wir unseren Darlegungen Ausdrücke der Subjektivität voranstellen (Kap. 3.1.2). Entscheidend ist hierbei eben auch, dass wir dies nicht nur tun, weil uns jemand gesagt hat, dass wir es tun sollen, sondern weil wir tatsächlich in der Tiefe verstanden haben, dass unsere Wahrnehmung von Phänomenen jeglicher Art naturgemäß ausschließlich subjektiver Natur sein kann. Wir können nichts anderes darlegen, berichten, erzählen, als das, was wir selbst mit unseren Augen, durch unsere eigene Brille, aus unserem individuellen Bezugsrahmen, aus unserem emotionalen Pool heraus wahrgenommen haben. Beginnen Sie also Ihre Ausführungen mit Ausdrücken wie „Meiner Wahrnehmung zufolge", „Gemäß meines Empfindens", „Aus meiner Perspektive" usw.

▶ Stelle den Beschreibungen deiner Wahrnehmung Ausdrücke der Subjektivität voran.

Ein dritter Aspekt, der ebenfalls zum Gelingen von Gesprächen beiträgt, ist der des unmissverständlichen Ausdrucks. Dazu gehört zum einen die Erkenntnis, dass wir unserem Gegenüber viel mehr mitteilen müssen, als wir gemeinhin annehmen und entsprechend intuitiv tun. Wenn wir uns vor Augen halten, dass unser Gegenüber uns nur annähernd verstehen kann, wenn es uns gelingt, ihn in unseren Bezugsrahmen einzuführen, dann müssen wir in unseren Ausführungen weiter ausholen. Darüber hinaus hilft es natürlich, wenn wir über einen recht großen Wortschatz verfügen, versiert im Formulieren sind und daher Phänomene so exakt und so treffend wie möglich darlegen können. Hierbei müssen wir natürlich immer darauf achten, eine ähnliche Kompetenz-Ebene wie unser Gegenüber zu treffen. Ansonsten laufen wir Gefahr, des „Klugredens" bezichtigt zu werden und das gegenseitige Verständnis aufs Spiel zu setzen.

▶ Erkläre mehr, als du im ersten Moment für notwendig hältst, und drücke dich exakt aus.

Viertens schließlich ist es insbesondere in Streit- oder kritischen Feedback-Gesprächen sehr wichtig, sich in der Darstellung auf Einzelfälle zu fokussieren und nicht zu verallgemeinern. Sobald wir zu verallgemeinern beginnen, geht unser Gegenüber – aus meiner Sicht zu Recht – in eine Abwehrhaltung, möchte sich verteidigen, Dinge geraderücken, von Begebenheiten erzählen, wo alles ganz anders war. Wenn Sie also einen kritischen Punkt ansprechen möchten, so picken Sie sich einen Moment exemplarisch heraus, an dem Sie die ganze Sache illustrieren. Sprechen Sie im gesteigerten Fall höchstens von „öfter", aber auf keinen Fall von „immer" (und seien Sie sich auch hier bewusst, dass „oft" oder der Komparativ „öfter" relative Begriffe sind; seien Sie sich zudem bewusst, dass unsere Aufmerksamkeit sich auf Dinge kapriziert, die uns stören und für andere Erscheinungen weniger offen ist; vielleicht passieren die Dinge also in den Augen Dritter gar nicht „oft", sondern Sie nehmen sie nur verstärkt wahr, weil Sie Ihre Aufmerksamkeit darauf konditioniert haben). Von besonderer Bedeutung ist in kritischen Feedbackgesprächen zudem, den anderen vor dem Gespräch um Erlaubnis zu bitten (Ach-

3.2 Gestalte deine Beziehungen aktiv

tung: Vorgarten!). „Ich würde dir sehr gerne einmal etwas sagen. Ist das für dich in Ordnung? Hast du gerade Zeit? Bist du im Moment bereit?" An dieser Stelle wenden im Unterricht manche Studierende ein, dass das doch komisch klänge und kein Mensch so rede. „Ich stimme Ihnen zu", entgegne ich dann, „doch Sie sind ja auch hier, um Gespräche konstruktiver gestalten zu können, als es ‚da draußen' häufig üblich ist, oder?"

▶ Fokussiere dich in kritischen Feedbackgesprächen auf Einzelfälle und frage um Erlaubnis, bevor du Menschen Dinge mitteilst, die diese betreffen.

Des Weiteren: Wenn Sie Dinge ansprechen, die Sie für erwähnenswert halten (warum auch immer), beschreiben Sie (nachdem Sie um Erlaubnis gebeten haben) zunächst nur, was Sie wahrnehmen, ohne das Wahrgenommene zu bewerten. Auf diese Weise betreten Sie nicht den Vorgarten Ihres Gesprächspartners, geben ihm Raum, Stellung zu beziehen, und bedrängen ihn nicht, geben ihm also psychisch Luft. Dadurch, dass Sie Erlebtes lediglich unbewertet schildern, verzichten Sie auf einen Angriff und das Gespräch hat eine Chance, mit klarem Verstand auf der passenden Ebene weitergeführt zu werden. Greifen wir unser Gegenüber an (mit lautem Ton, bedrohlichen Gebärden oder inhaltlichen Vorwürfen), verlagert sich die Aufmerksamkeit von einer möglichen sachlichen auf eine rein emotionale Ebene. Meist können wir Gespräche, die dort landen, nicht mehr retten.

▶ Lerne, Dinge, die du wahrnimmst, einfach nur unbewertet zu beschreiben, und schaue, wie der andere reagiert.

Beispiel – Mir fällt auf, dass du häufig später als verabredet kommst

Der fünfzehnjährige Sohn kommt zum vierten Mal diese Woche zwischen 30 und 60 min später nach Hause als mit seinen Eltern verabredet war. Nachdem er seine Jacke an die Garderobe gehängt hat und seine Eltern murmelnd (er weiß natürlich, dass er wieder zu spät ist) begrüßt hat, wendet sich sein Vater (der seinen Sohn zunächst auch – allerdings laut und freundlich – begrüßt hat) an ihn.

Vater: „Möchtest du noch etwas essen, bevor du schlafen gehst? Ich würde noch ein Gläschen Wein trinken und mich zu dir setzen. Was meinst du?"

Sohn: (murmelnd, skeptisch) „Von mir aus. Ist noch was vom Abendessen da?"

Vater: „Ja, das Essen steht im Kühlschrank."

Beide setzen sich eine Weile später hin.

Vater: „Darf ich dir etwas sagen? Ich habe etwas auf dem Herzen."
Sohn: (schaut erstaunt und schuldbewusst) „Ja, sag schon. Was ist?"
Vater: „Mir ist aufgefallen, dass du in dieser Woche häufig später, als wir verabredet hatten, nach Hause gekommen bist ..."
Sohn: „Ja und? Ist das vielleicht schlimm?"
Vater: „Angenehm finde ich es jedenfalls nicht. Obwohl ich weiß, dass du gut auf dich aufpasst, mache ich mir dann abends doch Gedanken, wo du bleibst. Es wäre für mich wichtig, dass ich mich auf dich verlassen kann. Was meinst du?"
Sohn: (auffallend ruhig und aufmerksam) „Ja, das verstehe ich schon. Aber es war doch nur eine halbe Stunde."
Vater: „Das stimmt. Es war nur eine halbe Stunde. Aber im Dunkeln eine halbe Stunde auf jemanden zu warten, den man sehr liebt, kann lange sein. Und mehr als um die halbe Stunde geht es mir auch um die gegenseitige Verlässlichkeit. Es ist für mich wichtig, dass wir uns in der Familie aufeinander verlassen können." usw.

Der Schritt vom vorwurfsvollen und bewertenden Vortragen eines Erlebnisses hin zum unbewerteten Wiedergeben ist für die meisten von uns sehr groß, sehr ungewohnt, sehr neu. Wer aber einmal die Erfahrung gemacht hat, wie konstruktiv, friedlich und zwischenmenschlich nahe Gespräche verlaufen, die auf diese Weise geführt werden, wird immer häufiger auf diese Elemente der sogenannten Gewaltfreien Kommunikation zurückgreifen.

Exkurs – Eine Sprache des Lebens
Die *Gewaltfreie Kommunikation* ist ein von dem international bekannten Konfliktmediator Marshall B. Rosenberg entwickeltes Konzept, welches seinen Neu-Anwendern wirklich einen Paradigmenwechsel in Sachen Streitführung abverlangt. Die *Gewaltfreie Kommunikation* basiert dabei im Wesentlichen auf den vier Schritten: 1. Beschreibe, was du beobachtest, 2. Beschreibe, wie du dich dabei fühlst, 3. Nenne dein Bedürfnis, welches in der beschriebenen Handlung nicht erfüllt wird, 4. Bitte um das, was du brauchst (vgl. Rosenberg 2010, S. 25 ff.). Im Kern postuliert die *Gewaltfreie Kommunikation* also ein Vorgehen, das im Alltag tatsächlich selten bis gar nicht angewandt wird: Rede von dir, anstatt den anderen zu beschuldigen. Sage was dir fehlt, anstatt das Handeln des anderen zu bewerten. Habe den Mut, das zu formulieren, was dir fehlt. Probieren Sie es aus, auch wenn es Ihnen zunächst lebensfern erscheint. Lebens- und herzensfern ist aus meiner Sicht die Art und Weise, wie wir Menschen im Alltag tatsächlich viel zu oft miteinander sprechen: verletzend, angreifend, rücksichtslos.

3.2 Gestalte deine Beziehungen aktiv

Schlussendlich macht es in Gesprächen wesentlich mehr Sinn, Lösungen suchend nach vorne zu schauen, als nach dem Schuldigen und Problem- oder Streitverursacher suchend in die Vergangenheit zu blicken. Widerstehen Sie zukünftig Impulsen, sich zu Schlagabtauschen oder Wortgefechten hinreißen zu lassen. In der Wut sagen wir oft Dinge, die sehr verletzend sind und die wir, wenn überhaupt, nur mit ganz viel Mühe und in sehr viel Zeit heilen können. Richten Sie Ihren Blick nach vorne und versichern Sie Ihrem Gegenüber, dass Sie an einer Lösung interessiert sind und alles dafür tun wollen, diese gemeinsam mit ihm zu finden.

▶ Blicke nach vorne, suche nach Lösungen und widerstehe dem Impuls, in einen verletzenden Schlagabtausch zu geraten.

> **Beispiel – Ich wünsche mir Disziplin, Verlässlichkeit und Effektivität**
> Mara muss mit einer Gruppe von vier Kommilitonen ein Referat für Geschichte vorbereiten. Beim letzten Treffen lief alles drunter und drüber – zwei kamen 30 min zu spät, einer hatte nichts vorbereitet, schließlich saßen sie 3 h zusammen, ohne wirklich etwas geschafft zu haben. Mara beschließt, zu Beginn des heutigen Treffens etwas zu dem Verlauf des letzten Treffens zu sagen. Als alle da sind, beginnt sie: „Bevor wir anfangen, inhaltlich zu arbeiten, würde ich gerne etwas Außerfachliches mit euch besprechen. Ist das für euch in Ordnung?" (Mara zeigt Respekt, indem sie sich die Erlaubnis für ihre Bemerkung abholt.) Die anderen schauen sich etwas verwundert an, nicken aber: „Ja, klar. Was ist los?" Mara nimmt all ihren Mut zusammen und beginnt: „Ich war letztes Mal nach unserem Treffen sehr unzufrieden und richtig genervt [Mara beschreibt, wie sie sich fühlte]. Zwei von euch kamen zu spät und einer hatte gar nichts vorbereitet. Dann haben wir aus meiner Sicht viel zu unkoordiniert gearbeitet und für meinen Geschmack viel zu wenig geschafft [sie drückt ihre subjektive Einschätzung der Dinge aus]. Ich weiß nicht, wie es euch geht, doch ich habe zurzeit richtig viel für die Uni zu tun, außerdem ist da noch mein Nebenjob. Es ist für mich wichtig, mich auf euch verlassen zu können. Außerdem ist es für mich essenziell, unsere gemeinsame Zeit auch wirklich für das Referat zu nutzen [Mara äußert ihre Bedürfnisse]. Hat jemand von euch unser Treffen vielleicht anders erlebt? Möglicherweise sehe ich das Ganze auch überspitzt." (Sie erkundigt sich nach der Sichtweise der anderen, zollt ihnen damit Respekt und gibt ihnen auch psychisch „Luft".) Die anderen schauen schuldbewusst und murmeln: „Ne, du hast schon Recht!" „Dann wünsche ich mir jetzt einfach mal von uns, dass wir ab jetzt diszipliniert arbeiten, uns an Verabredungen halten und uns für die Zeit, die wir zusammen sind, ganz konkrete Arbeitsziele setzen [Mara äußert ihre Wünsche]. Was meint Ihr?" (Sie gibt den anderen die Möglichkeit zuzustimmen, etwas einzuwenden oder zu ergänzen).

Schließlich und endlich empfehle ich – gemäß dem Eingangsmotto dieses Abschnitts – das selbstlose, interessierte und mitfühlende Zuhören. Ohne wirklich zuzuhören wird es unmöglich, wenigstens eine annähernde Vorstellung davon zu erhalten, was unser Gegenüber denkt und fühlt, wird ein echter Austausch zwischen Menschen niemals möglich sein.

▶ Höre deinem Gegenüber selbstlos, interessiert und mitfühlend zu.

Natürlich laufen trotz Berücksichtigung dieser wesentlichen Regeln noch nicht alle unsere Gespräche optimal. Manchmal kann es auch sehr heilsam und durchaus wichtig sein zu streiten, heftig zu argumentieren, sich emotional zu zeigen und einzubringen. „Veränderung beginnt mit Irritation" ist ein von meinem Mann sehr häufig geäußerter Aphorismus und meint die Notwendigkeit des Gewitters, um zu klarer Luft, zum Umdenken, zu neuen Perspektiven zu kommen. Ich selbst kann mich natürlich auch an unzählige Situationen erinnern, in denen ich alles anders als optimal agierte und mich hinterher ärgerte, die Dinge nicht besser hinbekommen zu haben. Inzwischen habe ich mir angewöhnt, mir manchmal mit dem Reagieren recht viel Zeit zu lassen, wenn ich mich über etwas oder jemanden ärgere. Ich möchte in solchen Situationen keinem nahestehenden Impuls mehr folgen, sondern ein Verhalten wählen, welches mir ein Weiterkommen mit einem Menschen oder in einer Sache beschert. In anderen Situationen, so habe ich gelernt, ist das impulsive Reagieren eher das richtige Verhalten. Wenn es um Menschen geht, gibt es nicht die Lösung „aus der Trickkiste", sondern Lösungen müssen immer wieder neu ausgelotet werden. Dennoch – die hier empfohlenen Techniken sind erfolgserprobt und wirklich dafür geeignet, auch schwierige Gespräche zum Gelingen zu bringen. Beginnen Sie hier und da und hin und wieder, eine Auswahl der empfohlenen Techniken anzuwenden, und Sie werden schnell feststellen, wie viel angenehmer Diskussionen und Auseinandersetzungen verlaufen, wie viele Auseinandersetzungen erst gar nicht stattfinden und zu welch hochwertigen und befriedigenden Ergebnissen die von Ihnen auf diese Weise organisierten Gespräche führen werden.

> Als wir bei uns an der Hochschule mit dem Soft-Skill-Training begannen, war es für mich schwierig zu erfassen, wann, wie und in welch vielschichtiger Hinsicht ich die Inhalte der diversen Veranstaltungen würde nutzen können. Entsprechend war ich ein wenig skeptisch … Mittlerweile weiß ich, wie sehr wir von der Vermittlung dieser Kompetenzen profitieren. Was ich heute mit am wichtigsten finde, ist die Empfehlung, das Wissen um die Subjektivität der eigenen Aussagen zu äußern. ‚Ich bin der Meinung', ‚Aus meiner Sicht', ‚Meines Verständnisses nach' – all dies sind scheinbar unbedeutende Sätze, die man den eigenen Aussagen voranstellt, in Wirklichkeit aber machen sie, sofern man das, was man sagt, auch wirklich empfindet, den großen Unterschied aus. Man gibt dem Gegenüber nicht das Gefühl, dass man selbst ‚die

3.2 Gestalte deine Beziehungen aktiv

Wahrheit mit Löffeln gefressen habe', sondern zeigt ihm, dass man um die natürliche Limitiertheit der eigenen Wahrnehmung weiß. Man verhindert, dass Gespräche auf persönlicher Ebene ausgetragen werden und eröffnet Möglichkeiten für einen sachlichen Austausch. Des Weiteren habe ich Metakommunikation (Kap. 4.2.3) mehr als schätzen gelernt – wenn eine Sache verfahren ist, hilft es oft sehr, wenn man sich gedanklich für kurze Zeit von der Diskussion entfernt, von oben auf sie draufschaut, sich klarmacht, wo man eigentlich hin wollte und dann einen Weg vorschlägt, der zum Ziel führt. Ich arbeite neben dem Studium als Werkstudent in einem großen Unternehmen, in dem ständig Meetings stattfinden. Wer hier keine konstruktive Kommunikation beherrscht, der ist schnell im Hintertreffen und macht sich – nebenbei bemerkt – auch noch unbeliebt.

Simone Giehl, Studentin International Business Communication, accadis Hochschule Bad Homburg

Meine Empfehlung
- Versuchen Sie, die aufgeführten Empfehlungen mehr und mehr in Ihren Gesprächsalltag zu integrieren.
- Stellen Sie dabei zunächst nicht zu hohe Erwartungen an sich, sondern freuen Sie sich über jeden Schritt, der Ihnen gelungen ist.
- Nehmen Sie sich bei nicht optimal verlaufenden Begegnungen im Anschluss ein wenig Zeit, um die Situation zu analysieren. Möglicherweise finden Sie einen Ansatzpunkt dafür, wie Sie beim nächsten Mal besser vorgehen können.
- Schließlich: Versuchen Sie auf keinen Fall, andere in einem schwierigen Gespräch in die Regeln des konstruktiven Kommunizierens einzuweihen. Meiner Erfahrung nach gehen Aktionen dieser Art meist nach hinten los. Wir lassen uns einfach nicht gerne belehren, schon gar nicht, wenn die Situation ohnehin schon angespannt ist.

Zum Weiterlesen
- Wärmstens empfehlen möchte ich Ihnen das bereits erwähnte Buch *Gewaltfreie Kommunikation – Eine Sprache des Lebens*, wirklich einer der ganz großen Klassiker unter den Kommunikations-Büchern. Es fordert – wie erwähnt – zu fundamentalem Umdenken auf und belohnt seinen aufmerksamen Leser und Anwender mit den erstaunlichsten Begegnungen (Rosenberg 2010).
- Auf die Klassiker von Friedemann Schulz von Thun habe ich bereits mehrfach verwiesen. Ihre Erwähnung darf aber an dieser Stelle selbstredend nicht fehlen. Gerne weise ich Sie in diesem Zusammenhang auf die neueste Ausgabe des Sammelbandes *Miteinander reden 1–4* hin (Schulz von Thun 2014), welches den zuletzt hinzugefügten vierten Band *Fragen und Antworten* mit beinhaltet (Schulz von Thun 2007).

- Im Zusammenhang mit dem Thema des aufmerksamen Zuhörens ist die Lektüre des „5. Weges – Erst verstehen, dann verstanden werden" in Stephen Coveys *Die 7 Wege zur Effektivität* (S. 263–290) ein absolutes Muss. Ich kenne keinen Autor, der den Zusammenhang zwischen der Notwendigkeit des Loslassens des eigenen Bezugsrahmens für die Möglichkeit echten Verstehens klarer, verständlicher und verblüffender darlegt als Covey (Covey 2014).

3.2.3 Mache Frieden mit deinen Feinden

> Die Freunde nennen sich aufrichtig, die Feinde sind es. (Arthur Schopenhauer)

„Mache Frieden mit deinen Feinden" ist eine Anregung, die ich Ihnen als letzte der hier aufgeführten Kooperationskompetenzen mit auf den Weg geben will. Bei aller Bereitschaft, sich für „das Andere" zu öffnen und zu interessieren, bei aller Erkenntnis, dass wir häufig gerade von denen, die uns verstören, lernen können, bleibt es doch ganz normal, dass wir mit manchen Menschen einfach nicht gut klarkommen – oder extremer –, dass wir manche Menschen einfach nicht ausstehen können. Antipathie kann dabei – auf einem Spektrum dargestellt – sehr verschiedene Formen annehmen: Auf der einen Seite ist uns jemand vielleicht einfach nur unsympathisch, auf der anderen Seite löst jemand alleine durch seine Anwesenheit heftige körperliche Abwehrreaktionen in uns aus. Auf der einen Seite verdrehen wir vielleicht einfach nur die Augen, wenn jemand (z. B. ein Kommilitone) in den Raum kommt, auf der anderen Seite sind wir vielleicht mit jemandem gnadenlos zerstritten und beherzigen nicht einmal mehr die grundlegendsten Basisbausteine des menschlichen Miteinanders (wer schon einmal über Tage oder Wochen von jemandem wie Luft behandelt wurde, weiß, wovon ich spreche).

Was machen wir nun, wenn wir mit Menschen, die wir nicht ausstehen können, täglich zu tun haben? Meine Empfehlung lautet: Schauen Sie dem Thema in die Augen und gehen Sie es an! Und zwar aus einem ganz einfachen Grund: Antipathie, Wut, Abwehr, im schlimmsten Falle Gefühle von Hass – das ganze Spektrum negativer Emotionalität – binden Unmengen kostbarer Aufmerksamkeit und Energie. Achten Sie einmal darauf, wie viel Aufmerksamkeit Sie darauf verwenden und damit zugleich verschwenden, sich über jemanden aufzuregen, den Sie nicht leiden können. Spüren Sie einmal, wie viel kostbare Energie in dem Kreisen um vermeintliche Opponenten oder gar „Feinde" gebunden wird und damit nicht an anderer Stelle eingesetzt werden kann. Antipathie beruht in der Regel auf Gegenseitigkeit – da können Sie sicher sein – und das macht die ganze Sache einfach, denn auch Ihr Gegenüber leidet unter der sinnlosen Gebundenheit wertvoller Aufmerksamkeit und Energie. Überwinden Sie sich also und bitten den betroffenen Menschen z. B. um ein Gespräch.

3.2 Gestalte deine Beziehungen aktiv

▶ Feindschaften aufrechtzuerhalten kostet viel Aufmerksamkeit und wertvolle Energie. Es lohnt sich, einen Versuch zu starten, das Thema in irgendeiner Form zu lösen, damit unsere Kräfte wieder frei für andere Dinge werden.

Beispiel – Waffenstillstand anbieten

Lisa und Stephanie studieren im zweiten Jahr in derselben Studiengruppe. Von Anfang an konnten sie sich nicht leiden und sind in der Tat sehr verschieden: Lisa ist schüchtern, unsicher, leise; Stephanie extrovertiert, selbstbewusst, laut. Dies wäre an sich nicht so schlimm, wären sie zwei Personen unter ganz vielen anderen. Doch Lisa und Stephanie studieren an einer privaten Hochschule in einer Studiengruppe mit knapp zwanzig Studierenden. Entsprechend haben sie ständig engen Kontakt, müssen in Kleingruppen zusammenarbeiten und können sich nicht aus dem Weg gehen. Ihre offensichtliche gegenseitige Antipathie hat sich so hochgeschaukelt, dass der gesamte Kurs inzwischen von den „negativen Wellen", die zwischen den beiden hin- und her schwingen, beeinträchtigt scheint. Im Coaching konfrontiere ich Lisa mit folgender Option: „Was halten Sie davon, wenn Sie Stephanie zu einem Kaffee einladen?" „Die einladen?", Lisa hebt die Augenbrauen, „wozu soll das gut sein?" „Ich glaube", entgegne ich, „Sie beide könnten viel wertvolle Energie sparen und den anderen in Ihrer Gruppe einen echten Gefallen tun, wenn Sie Ihr Gezänk beenden." „Das kann schon sein", sagt Lisa, „doch wie soll das gehen? Wir können uns einfach nicht ausstehen." „Nun, Sie legen einfach die Karten auf den Tisch und reden Tacheles. Sie sagen ihr, dass Sie beide sich wohl offensichtlich nicht leiden können und dass Sie sich aber entschieden haben, den offenen Zwist zwischen ihnen in einen geschlossenen zu überführen. Sie bieten ihr sozusagen Frieden im Unfrieden an. Waffenstillstand. Akzeptanz des Gegebenen. Es kommt oft vor, dass Menschen sich nicht mögen, doch müssen sie sich deswegen das Leben schwer machen?" Lisa schaut mich skeptisch an, doch irgendwie habe ich sie offensichtlich auch neugierig gemacht. Sie denkt nach, und es sieht aus, als ob sie begänne, Pläne zu schmieden ... Als sie geht, sage ich: „Denken Sie einfach über meinen Vorschlag nach. Und wenn er Ihnen nicht gefällt, ersinnen Sie einen anderen. Oder Sie belassen einfach alles beim Alten. Diese Option haben Sie immer." Zwei Wochen später entdecke ich Lisa und Stephanie in der Cafeteria. Sie sitzen sich bei einem Kaffee gegenüber und reden miteinander, sie lachen nicht, aber sie schreien auch nicht. „Das ist doch schon mal ein Anfang", denke ich und bin wirklich stolz auf Lisa, denn ich weiß, wie viel Überwindung es kostet, jemanden zu einem Gespräch zu bitten, den man nicht leiden kann.

Nun kann es aber auch vorkommen, dass Ihnen ein Mensch wirklich ganz und gar zuwider ist und Sie keinerlei Interesse an irgendeiner Form des Miteinanders haben. Vielleicht hat dieser Mensch Ihnen eine Seite gezeigt, die für Sie absolut unakzeptabel ist: Er hat die ihm geliehenen prüfungsvorbereitenden, für Sie essenziellen Unterlagen verschlampt, geborgte 100 € nicht zurückgegeben und behauptet, das Geld nie von Ihnen bekommen zu haben, er hat ein Verhältnis mit Ihrer Partnerin angefangen usw. Manche Menschen haben keinerlei Moralvorstellung, kein Gefühl von Anstand, Respekt ist für sie ein Fremdwort. Sie nehmen sich, was sie kriegen können, ohne Rücksicht auf Verluste, ohne Schuldgefühle, ohne Scham. Solche Menschen können wir zu Recht nicht ausstehen, über sie wollen wir nicht reflektieren, mit ihnen wollen wir auch nicht sprechen, mit ihnen wollen wir uns schon gar nicht versöhnen. Und dennoch bindet auch die Feindschaft mit einem solchen Menschen unsere kostbare Energie, insbesondere wenn wir zuvor einmal ein vermeintlich vertrauensvolles Verhältnis zu der entsprechenden Person hatten.

Es ist aus meiner Sicht vernünftig, sich von Menschen ohne Gewissen und Kooperationsfähigkeit abzuwenden. Doch ich halte es für ebenso bedeutsam, eine Beziehung, die einst bestand, offiziell zu beenden, um das Band zwischen uns und dem anderen Menschen zu kappen. Hierfür bieten sich aus meiner Sicht zwei Möglichkeiten an, wobei jeder nur selbst wirklich entscheiden kann, welche ihm die individuell passende erscheint. Option 1: Wir bringen den Mut auf und stellen uns der Person entgegen, um ihr von Angesicht zu Angesicht zu sagen, was wir von ihr halten und wie groß unsere Enttäuschung über das Geschehene ist. Im Anschluss teilen wir der Person mit, dass wir unsere Beziehung in diesem Moment für beendet erklären und keinen weiteren Kontakt wünschen. Was möglicherweise an Bosheiten zurückgeschossen wird, lassen wir an uns vorüberziehen und wenden uns mit einem „Auf Nimmerwiedersehen" von diesem Menschen ab. Mit einem solchen Ritual haben wir die Beziehung mutig und pro-aktiv gekappt und uns damit befreit. Selbst wenn wir diesem Menschen weiterhin begegnen, wird er uns nicht mehr wirklich stören. Wir sind frei und haben unseren persönlichen Frieden wieder hergestellt.

Option 2: Wir organisieren ein kleines Ritual ganz für uns alleine, für das wir uns bewusst ein wenig Zeit nehmen und dafür sorgen, dass wir in dieser Zeit alleine und ungestört bleiben. Dann überlegen wir uns eine Formulierung, mit der wir die Beziehung zu dem betreffenden Menschen offiziell kappen möchten und sprechen diesen Satz laut und deutlich aus. Ergänzend könnten Sie auch irgendein Band mit einer Schere durchtrennen. Im Anschluss sollten Sie lüften. Für Menschen, die sich in Ihrem Leben bisher wenig mit energetischen und atmosphärischen Phänomenen beschäftigt haben, mag ein solches Ritual absurd und überflüssig scheinen. Für Menschen, die erfahren haben, wie bedeutsam Psychohygiene und die sie erzeugenden Handlungen sind, wird dieses Ritual oder eine ähnliche Handlung etwas ganz Selbstverständliches sein.

Und denken Sie immer daran: Alle Dinge, die ich vorstelle und empfehle, sind Empfehlungen. Ob Sie versuchen, die eine oder andere Sache umzusetzen, entscheiden Sie ganz alleine. Zudem, und darauf möchte ich Sie unbedingt hinweisen, entfalten Handlungen ihre gewünschte Wirkkraft immer nur, wenn Sie sie aus Überzeugung ausführen. Tun Sie Dinge also immer erst, wenn Sie innerlich von ihrer Angemessenheit überzeugt sind.

▶ Wenn Menschen uns zutiefst enttäuscht haben, sollten wir die Verbindung zu ihnen kappen. Wie wir dies tun – ob offen in Gegenwart des anderen oder im Stillen nur für uns – spielt dabei keine Rolle. Wichtig ist nur, dass wir für unsere Psychohygiene sorgen und wieder Platz für Aktivität und positive Energie schaffen.

Kurz zusammengefasst – Was Sie aus Kap. 3.2 mitnehmen sollten

Wir müssen das Grundgefüge unserer Beziehungen aktiv gestalten, indem wir unsere Bedürfnisse äußern, uns klar positionieren und unserem jeweiligen Partner aufmerksam zuhören. Zudem sollten wir wissen, dass wir immer einen Anteil an jeglichen Beziehungsgefügen tragen, mit denen wir zu tun haben, und dass wir deswegen immer auch selbst die Möglichkeit haben, Konstellationen zu verändern. Unsere Versuche, pro-aktiv Einfluss zu nehmen, gestalten wir am besten im Sinne der konstruktiven Kommunikation, indem wir u. a. von uns sprechen und nicht vom anderen, indem wir nach vorne und nicht zurückblicken, indem wir nach Lösungen und nicht nach Ursachen suchen. Dort, wo wir mit gutem Grund keine Kooperation mehr wünschen, sollten wir dies sehr klar äußern und das Band, das uns mit den entsprechenden Menschen einst verband, im Gespräch oder in einem Ritual kappen.

Literatur

Bender, S (2014) Paul Watzlawick über menschliche Kommunikation. http://www.paulwatzlawick.de/index.html. Zugegriffen: 15.04.2015

Borbonus, R (2011) Respekt – Wie Sie Ansehen bei Freund und Feind gewinnen. Econ, Berlin

Covey, S. R. (2014) Die 7 Wege zur Effektivität. 29. erweiterte und überarbeitete Neuauflage. Gabal, Offenbach

Eppelsheim, P (2007) Der Charme der Vielfalt – Unternehmen entdecken die Toleranz. http://www.faz.net/aktuell/beruf-chance/arbeitswelt/unternehmenskultur-der-charme-der-vielfalt-1411868.html. Zugegriffen: 15.04.2015

Franken, S (2015) Personal: Diversity Management. Springer Gabler, Wiesbaden

Frei, I u. T (2011) Das Lebensspiel – Die Regeln verstehen, anwenden und – gewinnen. Arkana, München

Hübner-Weinhold, M (2015) So verschaffen Sie sich mehr Respekt. http://www.abendblatt.de/wirtschaft/karriere/article125103908/So-verschaffen-Sie-sich-mehr-Respekt.html. Zugegriffen: 14.04.2015

Kofman, F (2005) Meta-Management – Der neue Weg zu einer effektiven Führung. Kamphausen, Bielefeld

Pörksen, B/Schulz von Thun, F (2014) Kommunikation als Lebenskunst – Philosophie und Praxis des Miteinander-Redens. Carl-Auer, Heidelberg

Rosenberg, M (2010) Gewaltfreie Kommunikation – Eine Sprache des Lebens. 9. Auflage. Junfermann, Paderborn

Schulz von Thun, F (2007) Miteinander reden: Fragen und Antworten. Rowohlt Taschenbuch, Reinbek bei Hamburg

Schulz von Thun, F (2010) Miteinander reden: 1 – Störungen und Klärungen. 48. Auflage. Rowohlt Taschenbuch, Reinbek bei Hamburg

Schulz von Thun, F (2014) Miteinander reden 1–4: Störungen und Klärungen. Stile, Werte und Persönlichkeitsentwicklung. Das „Innere Team" und situationsgerechte Kommunikation. Fragen und Antworten. Rowohlt Taschenbuch, Reinbek bei Hamburg

Schwinghammer, H (2014) Der neue Taschen-Knigge – Gute Umgangsformen in jeder Lebenslage. 2. Auflage. Mankau, Murnau a. Staffelsee

Watzlawick, P (2011) Menschliche Kommunikation: Formen, Störungen, Paradoxien. 12. unveränderte Auflage. Hans Huber, Bern

Studentische Kompetenzen 4

> **Zusammenfassung**
>
> Nachdem ich Sie bis hierher ausführlich mit den verschiedensten Selbstführungs- und Kooperationskompetenzen vertraut gemacht habe, kommen wir nun zum Höhepunkt des Buches – den studentischen Soft Skills. Analog zu Kap. 2 und 3 sind auch diese in die Rubriken „Studentische Selbstführungskompetenzen" (Kap. 4.1) und „Studentische Kooperationskompetenzen" (Kap. 4.2) aufgeteilt. Und so werden Sie mit der Lektüre des nun anstehenden Kapitels nachvollziehen können, dass es auf der einen Seite einer Menge Mut, Entschlossenheit und Gestaltungswillen bedarf, um ein Studium erfolgreich zu meistern, dass aber genauso die Bereitschaft und der Wille, sich mit anderen zu verbinden, um von und mit ihnen zu lernen oder gemeinsam etwas zu erreichen, vonnöten ist. Ich wünsche Ihnen viel Freude beim Lesen.

4.1 Studentische Selbstführungskompetenzen

4.1.1 Sage ja zu deinem Studienfach

> Die kürzesten Wörter, nämlich „ja" und „nein", erfordern das meiste Nachdenken.
> (Pythagoras von Samos)

Eines der großen Themen, das vielen Studierenden ihr Studium mehr oder weniger verleidet, ist die Dauerfrage danach, ob sie tatsächlich das Richtige studieren. Nachdem wir uns viele Jahre in der Schule mit Fächern beschäftigten mussten, die uns nicht unbedingt vom Hocker gehauen haben, ist die Sehnsucht nach vollkommener Identifikation mit den zu studierenden Inhalten mehr als verständlich. Dennoch ist sie eine Illusion.

Denn jedes Curriculum muss dafür Sorge tragen, dass seine Studierenden mit dem theoretischen Sockel der jeweiligen Wissenschaft vertraut gemacht werden. Jedes Curriculum muss auch Randthemen anbieten und abdecken, jedes Curriculum enthält entsprechend zwangsläufig Fächer, die nicht jeden begeistern und zum Teil nur wenig mit den Beweggründen für ein Studium korrelieren. Wer z. B. Anglistik studiert, weil er gerne und gut Englisch spricht, eine tolle Zeit in Australien und einen sympathischen Englischlehrer hatte, der ist unter Umständen enttäuscht, überrascht oder gar entsetzt, wenn er Fächer wie „Einführung in die englische Sprachwissenschaft", „Phonetik" oder „Die Techniken des Übersetzens" belegen muss – doch so ist es nun einmal. Wer z. B. Medizin studiert, weil er Krankheiten heilen und Menschen helfen möchte, der ist unter Umständen enttäuscht, überrascht oder entsetzt, wenn er neben den Fächern, die ihm naheliegend erscheinen (Anatomie, Biologie), auch solche belegen muss, die auf den ersten Blick nicht unbedingt etwas mit Medizin zu tun haben, etwa Physik und Statistik (meine Nichte studiert Medizin und berichtete mir, dass diese beiden Fächer im Grundstudium die schlimmsten für sie waren) – doch so ist es nun einmal. Wer z. B. Betriebswirtschaft studiert, weil ihn wirtschaftliche Zusammenhänge interessieren, weil er gerne einmal ein eigenes Unternehmen gründen möchte oder Unternehmensberater werden will, der muss – auch wenn ihn insbesondere der Personalbereich interessiert – Mathematik, Investition und Finanzierung oder Marketing besuchen und bestehen, unabhängig davon, ob diese Fächer ihn begeistern oder nicht – so ist es nun einmal. Stellen Sie sich darauf ein, dass Sie nicht jedes Fach mögen werden. Stellen Sie sich darauf ein, dass Sie manche Dozenten nicht werden leiden können. Stellen Sie sich darauf ein, dass es Tage geben wird, an denen Ihnen das ganze Studium mächtig auf die Nerven geht. Doch so ist es nun einmal.

Zwei bedeutsame Soft Skills, die wir im Studium lernen – vorausgesetzt wir bleiben dabei und bringen die Sache zu Ende – sind Durchhaltevermögen und Hartnäckigkeit, die Fähigkeit also, bei einer Sache zu bleiben, auch wenn sie uns nicht immer Freude macht oder leichtfällt. Menschen, die Sie in einigen Jahren in Bewerbungsgesprächen interviewen werden, wissen das. Und genau das ist auch der Grund, warum wir als Akademiker neben unserem fachlichen Know-how oft Vorteile haben – wir haben uns durchgewurschtelt, wir haben weitergemacht, wir sind immer wieder aufgestanden und haben jeden Tag von Neuem Wege des Möglichen gesucht. Fragen Sie sich also nicht an zu vielen Tagen: „Warum das Ganze?", sondern bringen Sie die notwendigen Übel, also die Fächer, die Ihnen wenig Freude bereiten, einfach zielgerichtet hinter sich.

4.1 Studentische Selbstführungskompetenzen

Exkurs – Warum wir im Studium keinen Spaß suchen sollten
Aus irgendeinem Grund stellen wir heute an sehr viele Dinge, die wir tun, die Anforderung, dass sie *Spaß* machen sollen. Spaß ist eine nette Sache und wir sollten zusehen, dass wir ihn häufig erleben. Doch wir dürfen nicht den Fehler begehen und eine Spaßerwartung an Dinge herantragen, die gar nicht das Potenzial haben, Spaß zu bereiten (ähnlich wie wir niemals von Geld erwarten dürfen, dass es uns glücklich macht). Wenn ich an Spaß denke, denke ich daran, im Schwimmbad eine Tunnelrutsche hinunterzurutschen (idealer- und verbotenerweise im Doppelpack), im Klettergarten einen Tarzan-Sprung zu wagen (ebenfalls in Begleitung), mir von meinen Kindern Witze erzählen zu lassen. Doch was soll uns im Studium Spaß bringen? Die lustige Unterhaltung in der Mensa, ein ulkiger Dozent, eine unsinnige Frage eines Kommilitonen – ja! (Ich werde nie vergessen, als eine meiner Kommilitoninnen im ca. 6. Semester in einem vollbesetzten Hörsaal die Frage stellte, was denn ein Phallus-Symbol sei.) Doch soll Klausuren schreiben Spaß machen? Soll wochenlanges Lernen Spaß machen? Soll es Spaß machen, Hausarbeiten zu schreiben? Nun ja, irgendwie schon. Doch Spaß ist einfach die falsche Vokabel. Spaß erleben wir in der Regel, ohne dass wir eine persönliche Anstrengung beitragen. Meist müssen wir nur zufällig irgendwo anwesend sein (und etwas Lustiges passiert, dem wir beiwohnen dürfen) oder einen gewissen Geldbetrag beisteuern (und dürfen dann rutschen, lachen, uns amüsieren). Für das Vergnügen aber, das wir in einem Studium erwarten dürfen, passt aus meiner Sicht das Wort *Freude* viel besser, und man muss gleich noch ein weiteres Wort hinzufügen: nachdem. Aus meiner Erfahrung erleben wir im Studium nämlich Freude in der Regel nur, *nachdem* wir persönlich irgendetwas geleistet haben. „*Nachdem* der Stoff am Anfang undurchschaubar schien, bestand ich die Klausur schließlich doch und freute mich." „*Nachdem* ich eine Menge gelernt, mich immer wieder überwunden, wiederholt Verzicht geübt, jeden Tag von Neuem Knoten im Kopf gelöst und schließlich meine Abschlussarbeit beim Prüfungsamt eingereicht habe, freute ich mich." „Erst *nachdem* ich verstanden hatte, dass ich im Studium nicht immer alles verstehen muss, dass es ein Privileg ist, in einem Hörsaal und einem schlauen Menschen lauschen zu dürfen, dass es ein Luxus der besonderen Art ist, Jahre meines Lebens mit nichts anderem als mit Lernen verbringen zu dürfen, begann ich mich sehr häufig zu freuen." Die Freude, die wir also im Studium erleben und erwarten dürfen, ist in der Regel eine Belohnung für eine Anstrengung, die wir geleistet haben, sie ist eine Prämie. Sie hat aus meiner Sicht eine tiefere Dimension als der reine Spaß und ist wesentlich nachhaltiger in ihrer Wirkung.

▶ Lernen Sie, Spaß von Freude zu unterscheiden, und erwarten Sie im Studium im Zusammenhang mit dem Erwerb von Wissen Freude und keinen Spaß. Behalten Sie zudem im Kopf, dass Freude im Studium in der Regel eine Prämie ist, die Sie für einen wie auch immer geleisteten persönlichen Beitrag, eine Anstrengung, erhalten. Bevor Sie Freude spüren können, müssen Sie also selbst etwas leisten.

Ein weiterer Zweifel, der viele Studierende umtreibt und meiner Ansicht nach viel zu sehr beschäftigt, ist die Frage, ob das, was sie studieren, sie optimal auf den anvisierten beruflichen Weg vorbereitet. Das ist natürlich ein legitimer und durchaus nachvollziehbarer Gedanke, und dennoch macht er nicht immer Sinn und raubt allzu oft kostbare Energie und Aufmerksamkeit, die Sie, liebe Studierende, lieber in das Studium stecken sollten. Warum meine ich das? Nun, wer Lehrer werden will, muss Lehramt studieren, wer Arzt werden will, muss Medizin studieren, wer in das Unternehmen seiner Eltern einsteigen will, sollte Betriebswirtschaft studieren. Das ist schon klar. Doch nicht immer werden Medizinstudierende Ärzte – sie gehen in die Pharmaindustrie, sie managen vielleicht irgendwann ein Krankenhaus, sie arbeiten möglicherweise in der orthopädischen Schuhentwicklung von namhaften Sportartikelherstellern. Nicht immer werden Lehramtsstudierende Lehrer – manche kommen zwischen erstem und zweitem Staatsexamen auf andere Wege und steigen bei einem Unternehmen ein, andere werden Werbetexter oder gehen in eine journalistische Richtung. Nicht jeder Studierende der Betriebswirtschaft arbeitet im engeren Sinne betriebswirtschaftlich – einige werden Coach, andere Dozenten, dritte möglicherweise Berufsschullehrer. Es gibt die spannendsten und unkonventionellsten Lebensläufe; so kenne ich beispielsweise zwei studierte Theologen, von denen einer mit sehr viel Engagement und Erfolg die interne Kommunikation einer großen Unternehmensberatung leitet, der oder besser die zweite – heute Pfarrerin in unserer Gemeinde – war eine Zeit lang im Private Banking der Deutschen Bank aktiv. Ich kenne Germanisten, die Börsenmakler geworden sind, Ägyptologen, die eine Werbeagentur leiten, und Islamwissenschaftler, die im Social-Media-Bereich einer renommierten privaten Hochschule arbeiten.

Allzu oft ist unser Leben also viel weniger planbar, als wir dies wünschen. Allzu oft zeigen sich Überraschungen, Wendungen und Optionen, von denen wir gar nichts wussten oder ahnten. Entwerfen Sie also gemäß meiner Empfehlung eine (in jungen Jahren noch locker gehaltene) Vorstellung Ihrer beruflichen Zukunft (Abschn. 2.2.1) und klammern sich zugleich nicht zu engstirnig an sie. Bleiben Sie auf diese Weise offen für Ungeahntes und vielleicht viel Passenderes. Zunächst einmal ist es für Sie von viel größerer Bedeutung, dass Sie das, was Sie studieren, im Kern interessiert und Sie bei der Beschäftigung mit der entsprechenden Materie weitgehend Freude empfinden (dass Sie sich überall durch notwendige Curricula-Übel beißen müssen, haben wir ja schon besprochen).

Viel wichtiger als die (nicht erreichbare) Gewissheit darüber, dass Studium und vermeintlicher Traumberuf zusammenpassen, scheint mir darüber hinaus, dass Sie sich in den Jahren Ihre Studiums für irgendein übergeordnetes Ziel engagieren: Dies kann heißen, dass Sie einem besonders guten Abschluss entgegenstreben. Es kann auch bedeuten, dass Sie sich sozial engagieren und Erstsemester oder ausländische Kommilitonen betreuen. Es kann heißen, dass Sie in jeder freien Minute jobben, um sich nach Ihrem Studium eine Weltreise leisten zu können. Es kann bedeuten, dass Sie nachts in den Clubs Ihrer Stadt lernen, die besten Cocktails

Deutschlands zu mixen. Es kann heißen, dass Sie sich – in Ergänzung zu Ihrem Studium – einer Art **Studium Generale** hingeben und systematisch verschiedenste Vorlesungen anderer Fachrichtungen besuchen (und dies in irgendeiner Form für sich dokumentieren). Es ist gar nicht so wichtig, wofür Sie sich engagieren. Viel bedeutender ist es aus meiner Sicht, dass Sie sich überhaupt engagieren, dass Sie Ziele haben und diese verfolgen, dass Sie Interessen haben und diesen nachgehen, dass Sie Ideale haben und für diese brennen. Unterm Strich: Entscheiden Sie sich für ein Studium, bringen dieses zu Ende und engagieren Sie sich zugleich für Dinge, die für Sie ganz individuell von Bedeutung sind. Unser persönlicher Erfolg ergibt sich meist dadurch, dass wir unseren wirklichen Neigungen und Interessen mit Überzeugung nachgehen. Wer einem Ziel entgegenstrebt, ohne sich mit dem Weg dorthin identifizieren zu können, wird keinen Erfolg erleben. Studierende der Betriebswirtschaft etwa (um einen Klassiker zu bedienen), die ihr Studium als Mittel zum Zweck auf dem Weg zu Wohlstand und Macht begreifen, sich aber nicht für die Inhalte des Studiums interessieren, haben wenig Aussicht auf Erfolg. Hochbegeisterte Archäologen, die sich auch andere berufliche Optionen als das Ausgraben von antiken Stätten vorstellen können, schon eher ...

▶ Zukunft und Karriere sind niemals erschöpfend planbar. Sehr häufig arbeiten Menschen in ganz anderen Bereichen, als ihr Studium erahnen lässt. Achten Sie also zunächst darauf, dass Sie sich im Kern für die Inhalte Ihres Studiums interessieren und engagieren Sie sich mit Überzeugung für Dinge, die Ihnen persönlich wichtig sind.

Schließlich gilt es noch hinzuzufügen, dass es bestimmte Kompetenzen gibt, die wir zwangsläufig in jedem Studium – ganz nebenbei und automatisch – erwerben, vollkommen unabhängig von der Fachrichtung, für die wir uns entschieden haben. Letztlich sind es häufig genau diese Kompetenzen, die aus uns, mehr als unser Fachwissen, wertvolle und geschätzte Arbeitnehmer auf dem Markt machen. Welche Kompetenzen meine ich (zur Illustration Abb. 4.1)? Nun, da sind auf der einen Seite die methodischen Kompetenzen: Wir lernen, analytisch vorzugehen, Sachverhalte zu strukturieren, komplexe Themengebiete zu durchdringen, logisch zu denken, Zusammenhänge herzustellen. Wir lernen, schnell zu lesen, anspruchsvolle Texte zu verstehen, Dinge übersichtlich und nachvollziehbar darzustellen, wissenschaftlich zu arbeiten (also etwa Behauptungen sauber herzuleiten und eventuell zu beweisen, sachlich abzuwägen). Auf der anderen Seite wiederum sind da die Soft Skills (hier finden wir einige der zu Beginn genannten Tugenden wieder): Wir brauchen Durchhaltevermögen, um ein Studium

Abb. 4.1 Ein Studium beschert uns eine Schatzkiste aus methodischen Kompetenzen und Soft Skills

abzuschließen, wir brauchen Resilienz (die Fähigkeit, Stress auszuhalten und nicht alles an uns heranzulassen), wir brauchen sehr viel Disziplin, wir müssen nach Niederlagen wieder aufstehen, wir müssen lernen, unsere Arbeitsweisen zu modifizieren (wenn sie nicht zielführend sind), wir müssen uns selbst organisieren und managen. Wir können nach einem erfolgreich bestandenen Studium eine ganze Schatzkiste mit diesen wertvollen Kompetenzen füllen. Im Gegensatz zu unserem erworbenen Fachwissen veralten diese Kompetenzen nicht und bleiben uns ein Leben lang als treue und wertvolle Begleiter erhalten. Aus diesem Grunde werden sie auf dem Markt häufig höher gehandelt als akademische Inhalte oder Titel.

▶ Unabhängig von der Fachrichtung, für die wir uns entschieden haben, erwerben wir in jedem Studium wertvolle methodische Kompetenzen und Soft Skills, welche uns am Markt zu wertvollen Arbeitnehmern machen. Vertreten Sie also Ihre gewünschte Studienrichtung selbstbewusst und verweisen Sie Kritiker auf die Schatzkiste, die Sie aus jedem Studium mit nach Hause nehmen dürfen und nie mehr abgeben müssen.

Meine Empfehlung
- Fragen Sie sich nicht immer wieder, ob Sie das Richtige studieren, sondern studieren sie einfach.
- Haken Sie auf diesem Wege Fächer, die Ihnen weniger Freude bereiten, einfach ab und denken Sie nicht so viel über ihre Sinnhaftigkeit nach.
- Planen Sie Ihre berufliche Karriere nicht zu strikt, sondern bleiben Sie offen für überraschende Wendungen.
- Engagieren Sie sich mit Überzeugung für etwas, das Sie wirklich interessiert (davon in einem Interview erzählen zu können, beeindruckt fast immer mehr als „nur" Top-Noten).
- Behalten Sie im Hinterkopf, dass ein Studium nicht in erster Linie Spaß machen soll, sondern Freude bereiten kann. Die Freude im Studium ist eine Prämie, die für Einsatz und Leistung vergeben wird.

4.1.2 Begegne der neu gewonnenen Freiheit mit Selbstverantwortung

> Wir sind nicht nur verantwortlich für das, was wir tun, sondern auch für das, was wir nicht tun. (Molière)

Ich erwähnte es bereits am Anfang dieses Buches – die Jahre des Studiums sind ein ganz besonderes Zeitfenster für uns: In diesen Jahren sind wir so frei und unabhängig wie noch nie zuvor in unserem Leben und wie wahrscheinlich auch nie wieder danach. Das hat persönliche und institutionelle Gründe. Starten wir mit den persönlichen: Während wir studieren, sind wir nicht mehr in den festen Rahmen unserer Ursprungsfamilie eingebunden und leben in der Regel alleine, in einer Wohngemeinschaft oder in unabhängiger Weise zu Hause. Oft lernen wir zugleich eine neue Stadt und Unmengen uns bisher unbekannter Menschen kennen. Wir lösen uns sukzessive aus alten Strukturen und sind komplett frei, die neuen Strukturen in unserem Leben selbstständig und freiheitlich zu gestalten. Wir dürfen herausfinden, wie wir leben möchten – welches Ordnungslevel uns guttut, wann wir am liebsten welche Dinge essen, um wie viel Uhr wir schlafen gehen, wie wir unsere Tage beginnen, welche Menschen wir treffen möchten, wann und wie wir lernen ... Zu Beginn eines Studiums lösen wir uns aus bisherigen gesellschaftlichen Strukturen und sind frei, ganz neue für uns zu gestalten.

Und nun zu den institutionellen Gründen: Eine Hochschule hat mit der Schule, wie wir sie zwölf bis dreizehn Jahre erlebt haben, herzlich wenig zu tun. Während Schulen neben ihrem Bildungsauftrag in Teilen auch einen Erziehungsauftrag innehaben, sind Hochschulen reine Bildungsstätten. Schulen ahnden schlechtes Sozialverhalten und haben hierfür teilweise ausgeklügelte Sanktionssysteme und Eskalationsstufen etabliert. In Hochschulen rechnet nicht einmal mehr jemand mit schlechtem Sozialverhalten. Wenn es dennoch auftritt, wird es weitgehend ignoriert und hört entsprechend – in Ermangelung von Aufmerksamkeit – in der Regel schnell wieder auf. Wer in der Schule fehlt, muss eine Entschuldigung nachreichen. Wer in den Tagen vor Ferienbeginn fehlt, den kann die Polizei gar am Verreisen hindern, gegen dessen Eltern können Bußgeldklagen verhängt werden (vgl. Przybilla und Ramelsberger 2010). Wer in der Hochschule fehlt, der fehlt eben. Selbst wenn in einem Kurs Anwesenheitspflicht besteht und eine festgesetzte Grenze überschritten wird, droht im schlimmsten Fall die Nichtteilnahme an der Klausur – Polizei und Bußgeld bleiben aber fern. In Deutschland besteht Schulpflicht, aber keine Hochschulpflicht. In die Hochschule gehen wir freiwillig (zumindest sollte das so sein), in die Schule nicht.

Zudem ist das Selbstverständnis von Hochschulen ein ganz anderes als das von Schulen: Sie definieren sich zu einem Großteil über ihre Forschung und nicht in erster Linie über die Lehre. Das hat sich zwar seit der Bologna-Reform, der Einführung von Evaluationen und der Einrichtung und Veröffentlichung von Hochschul-Rankings verändert, ist aber dennoch unumstößlich. Entsprechend hätten Hochschulen auch eine Existenzberechtigung, wenn keine Studierenden kämen. Was aber macht man in Schulen ohne Schüler? Kurzum: Als Studierender bekommt man von Hochschulen ein Lehr-Angebot. Ob und in welcher Form man dieses Angebot annimmt, entscheidet man selbst. Die Beziehung zwischen Hochschuldozent und Student ist demnach auch eine weniger persönliche als die zwischen Lehrer und Schüler (und das liegt nicht nur an den ganz anderen Zahlenverhältnissen). Da Studierende freiwillig kommen, verwenden Sie weniger Energie darauf, gegen den Lehrenden zu rebellieren (es sei denn, er gehört zum Studierendentypus des Rebellen). Da der Lehrende nicht nur auf den Studierenden angewiesen ist, sondern ja immer noch seine Forschung hat, ist der Studierende nicht das einzige Objekt in seinem Fokus. Das Verhältnis ist also meist ein vergleichsweise entspanntes, aber in der Regel eben auch ein anonymes. In Hochschulen hat niemand konkrete Erwartungen an uns, meistens kennt uns – zumindest am Anfang des Studiums – niemand. Entsprechend vermisst uns auch niemand, wenn wir nicht kommen. Niemand ist traurig, wenn wir durchfallen. Niemand jammert, wenn wir die Hochschule verlassen. Niemand lädt unsere Eltern zum Elternsprechtag ein und diskutiert unser problematisches Verhalten. Hochschulen ruhen in der Regel in dem gesunden Selbstverständnis, eine Existenzberechtigung zu haben und etwas Sinnvolles zu tun. Sie bieten etwas Wunderbares an – Bildung. Ob wir dieses Angebot annehmen, obliegt alleine uns. Wir sind niemandem persönlich verpflichtet, wir

4.1 Studentische Selbstführungskompetenzen

Abb. 4.2 Vier Reaktionsmöglichkeiten auf die „plötzliche große Freiheit"

müssen niemandem Rechenschaft ablegen, wir müssen uns nicht mehr erklären. Wir dürfen viel, müssen aber nichts.

▶ In Hochschulen hat man keine besonderen persönlichen Erwartungen an uns. Hochschulen machen ein Angebot – Bildung. Ob wir dieses Angebot annehmen oder nicht, liegt alleine bei uns.

Das klingt zunächst alles wunderbar und verlockend: Endlich sind wir nicht mehr mit permanentem Erwartungsdruck durch Eltern und Lehrer konfrontiert. Endlich können wir selbst entscheiden, wie wir die Dinge handhaben wollen. Endlich sind wir frei! Und genau hier liegt die Krux vieler Studierender: Es gelingt ihnen nicht, die neu gewonnene Freiheit für sich zu nutzen. Sie versinken in dem leeren Raum, der sich vor ihnen auftut, und verlieren in Ermangelung an Regeln, Erwartungen und drohenden Sanktionen die Orientierung. Wenn die Freiheit jedoch eine große leere Blase bleibt, wird sie uns nicht selten zum Verhängnis.

Viele Studierende können mit der neu gewonnenen Freiheit überhaupt nicht umgehen und vermögen, das neu gewonnene Gut nicht sinnvoll zu füllen.

Im Folgenden möchte ich Ihnen die vier aus meiner Sicht häufigsten Verhaltens- oder vielmehr Reaktionstendenzen (denn Verhalten würde Reflektieren vor dem Tun voraussetzen) Studierender im Angesicht der neu gewonnenen Freiheit schildern (zur Illustration siehe Abb. 4.2): Der Studierende des Typs 1 („Der Genießer") verfällt im Angesicht von Freiheit und Erwartungslosigkeit in pure Lebensfreude auf der einen und Lethargie auf der anderen Seite: Er schläft lange, feiert viel, schafft wenig und bewegt sich infolgedessen mit schlechtem Gewissen und ziemlicher Erfolglosigkeit durch die erste Zeit seines Studiums. Lange geht das natürlich nicht gut und früher oder später gelingt es ihm entweder, sein Gebaren zu verändern, oder er beschließt, dass ein Studium – zumindest an einer öffentlichen Hochschule – nicht das Passende für ihn ist. Dem Studierenden des Typs 2 („Der Neurotiker") hingegen macht das Übermaß an Freiheit und Erwartungslosigkeit Angst und er entwickelt geradezu Existenznöte: Der große Hörsaal, die vielen Menschen, der in Rätseln sprechende Professor, das Vorlesungsverzeichnis, am Horizont drohende Klausuren, von denen man keine Ahnung hat, was und wie dort abgefragt wird. Dieser Studierende entwickelt nicht selten Schlaflosig- und Übelkeit, Angstzustände, depressionsähnliche Begleiterscheinungen. Er hat zwei Optionen: Entweder seine Angst löst sich im Laufe der Zeit auf und er kann aus seiner Starre in Bewegung kommen oder auch er wird beschließen, dass ein Studium – zumindest an einer öffentlichen Hochschule – nichts für ihn ist. Drittens schließlich gibt es den Studierenden des Typs 3 („Der Overperformer"), der sich mit großem Eifer und Obrigkeitsgehorsam dem Burn-out entgegenstudiert, alles zu leisten versucht, was Professoren und Dozenten an Arbeitsanregungen zwischen den Zeilen fallen lassen, und der – ebenso wenig wie der Studierendentyp 2 – in der Lage ist, das sagenumwobene Studentenleben zu genießen. Trotz der vielen Lernerei gehört der Studierende des Typs 3 nicht unbedingt zu den leistungsmäßigen „Performern", denn im Studium sehr gut zu sein heißt keinesfalls, alles (denn das ist absolut unmöglich), viel und ununterbrochen zu lernen.

Der Studierende des Typs 4 schließlich („Der Rebell") ist ein Vertreter der ganz besonderen Art. Er sitzt grundsätzlich in der letzten Reihe ganz außen, versinkt in seinem Stuhl, trägt gerne Mützen oder Kappen und sein Blick vermittelt in echter Überzeugung Langeweile, Desinteresse und zugleich aggressive Kampfbereitschaft. Die Grundhaltung des Rebellen ist ein „gegen", kein „für", ist ein „weg von", kein „hin zu", ist ein „und ich mache doch, was ich will und du wirst mich nicht davon abhalten". Meiner Einschätzung zufolge kann die Rebellenhaltung verschiedene Ursachen haben: Entweder der Rebell studiert ein Fach, hinter dem er gar nicht steht (Wurde er überredet? Hat er sich nicht genug gekümmert? Hat er keine Vision und weiß dementsprechend auch von keinem Weg?), oder er kämpft (einem Phantomschmerz ähnlich) gegen einen Gegner an, der längst vom Feld gezogen ist – die Mutter, die jeden Tag das Aufräumen des Zimmers einforderte, der Vater, der sich streng nach Klassenarbeitsergebnissen erkundigte, der Lehrer, der nicht abließ, auf die falsche Arbeitseinstellung (Faulheit?) hinzuweisen. Möglich ist auch, dass der Rebell noch nicht bereit für ein Studium ist und stattdessen ein

4.1 Studentische Selbstführungskompetenzen

Jahr Auszeit hätte nehmen sollen (vielleicht ist ihm noch nicht nach Lernen zumute und er möchte im Grunde seines Herzens reisen, Menschen kennenlernen, sich für diese Dinge irgendwo Geld verdienen). Stattdessen hat er sich gesellschaftlichen oder elterlichen Erwartungen gebeugt und ein Studium begonnen. Vielleicht war der Weg in die nächste Hochschule auch weniger zeitaufwendig und arbeitsintensiv als die Organisation eines Auslandsjahres. Möglicherweise hält der Rebell auch die Abwesenheit von Spaß schlecht aus, vermisst täglich das Vergnügen des vielgepriesenen Studentenlebens und weiß noch nichts von der Leistungsprämie der Studierenden, der Freude. Allen Ursachen gemeinsam ist eine innere Ungeklärtheit und eine mangelnde Identifikation mit dem Status quo. Sollten auch Sie einen Rebellen in sich spüren, der sich insbesondere im Zusammenhang mit dem Studium und allem was dazugehört, meldet, gehen Sie ihm auf die Spur. Stellen Sie ein „Inneres Team" auf (Abschn. 2.3.2), suchen Sie nach möglichen Ursachen und versuchen Sie, einen Weg für sich zu finden, den Sie mit all Ihrer Überzeugung gehen können und auf dem Sie Ihren Rebellen nicht mehr brauchen.

Alle beschriebenen Studierendentypen (und ich hoffe, Sie konnten an der einen oder anderen Stelle schmunzeln und haben sich selbst oder Kommilitonen in der Beschreibung wiedergefunden) haben Schwierigkeiten mit der großen Freiheit und es ist ihnen noch nicht gelungen, die sich plötzlich auftuende Blase mit dem einzig Sinnvollen zu füllen – mit Selbstverantwortung. Werden Sie sich also darüber im Klaren, warum Sie sich in einer Hochschule befinden. Versuchen Sie, eine Identifikation mit Ihrem Studienfach zu erlangen, gestalten Sie die Dinge für sich so, dass Sie hinter dem stehen, was Sie tun. Wenn Sie noch keine Orientierung, keine Klarheit, keine Identifikation hinbekommen, aber auch nicht so genau wissen, wo Sie stattdessen hinwollen, so macht das gar nichts. Nehmen Sie sich einfach ein wenig Zeit und die Dinge werden sich für Sie klären. Das Studium ist auch eine Phase des Suchens und der Orientierung. Eine gewisse Toleranz gegenüber Selbstfindungsthemen und Fragestellungen rund um die eigene Identität sind wichtig. In jedem Falle heißt das Zauberwort Selbstverantwortung. Lernen Sie, für das, was Sie tun, und für das, was Sie nicht tun, Verantwortung zu übernehmen. Finden Sie Ihre Vision heraus, setzen Sie sich Ziele und lernen Sie, Ihr Verhalten auf Ihre Ziele abzustimmen. Lernen Sie, heraus aus dem unbedachten Reagieren hinein in das bewusste Agieren zu kommen. Und das muss nicht immer etwas mit zielgerichteter Geschäftigkeit zu tun haben. Wenn Ihr Ziel für ein Semester ist, zu prüfen und schließlich zu entscheiden, ob Sie bei dem Studienfach bleiben wollen, für das Sie sich anfänglich entschieden haben, dann verhalten Sie sich entsprechend – horchen Sie in sich hinein, sprechen Sie mit Kommilitonen und Dozenten, wählen Sie vielleicht einige Fächer aus, für deren Abschlussklausur Sie lernen möchten, doch nutzen Sie die Zeit vor allem, um Klarheit für sich zu gewinnen. Da kann ein ausgedehnter Spaziergang sinnvoller sein als der Besuch eines weiteren Seminars.

Im Studium (und im Leben) gewinnt der, der Ziele und Verhalten in voller Bewusstheit und in Selbstverantwortung aufeinander abstimmt. Wenn Sie sich also morgens nur aus dem Bett quälen und in den Seminarraum gehen, damit der Dozent hinter Ihrem Namen ein Kreuzchen macht, dann verhalten Sie sich nicht effektiv. Wenn Sie sich aber aus freien Stücken entscheiden aufzustehen und in den Seminarraum gehen, weil Sie es wollen (möglicherweise interessiert das Seminar Sie nicht einmal, doch Sie brauchen diesen Schein), dann liegen Sie schon richtiger. Sie verhalten sich auch effektiv, wenn Sie sich bewusst entscheiden, eine bestimmte Vorlesung nicht zu besuchen, weil Sie mit dem Vortragsstil des Professors nicht klarkommen, und zugleich überlegen, wie Sie den Stoff auf andere Weise lernen können. Nicht effektiv wäre es hingegen, eine Vorlesung nicht zu besuchen, weil Ihnen das Ganze „irgendwie" zu anstrengend und zu kompliziert ist, ohne einen Alternativplan zu entwickeln (es sei denn, Ihr Ziel lautet, das Sommersemester auf Wiesen zu verbringen und nach einer hübschen Freundin Ausschau zu halten). Verstehen Sie das Muster? Wir können tun und lassen, was wir wollen, solange wir uns bewusst und eigenverantwortlich für ein Verhalten entscheiden und bereit sind, die volle Verantwortung für die Konsequenzen zu übernehmen. Nicht passend wäre es also, mehrere Sommersemester auf Wiesen zu verbringen und nach hübschen Mädchen Ausschau zu halten und hinterher die lange Studienzeit mit den schlechten Bedingungen an der Hochschule zu rechtfertigen (aus meiner Erfahrung hätten Sie mit der ehrlichen Angabe der ersten Begründung ohnehin bessere Karten).

▶ Ab Tag eins Ihres Studiums sind Sie im Grunde niemandem mehr Rechenschaft schuldig. Dies ist der Moment, in dem Sie die Erwartungshaltung der anderen durch die Übernahme von Selbstverantwortung ersetzen müssen. Überlegen Sie sich, was Sie wollen und verhalten Sie sich so, dass Sie das, was Sie wollen, auch erreichen.

Meine Empfehlung

- Lernen Sie, Entscheidungen in voller Selbstverantwortung zu treffen.
- Achten Sie darauf, dass Sie sich mit dem, was Sie tun, rational und emotional identifizieren.
- Kommen Sie mehr und mehr vom unbewussten Reagieren ins bewusste Agieren.
- Werden Sie sich über Ihre Ziele im Klaren und verhalten Sie sich so, dass Sie diese auch erreichen.

4.1.3 Lerne zu lernen

> Die akademische Freiheit ist die Freiheit, so viel lernen zu dürfen, wie man nur will.
> (Rudolf Virchow)

Die Frage, wie das Lernen an Hochschulen funktionieren kann, bleibt für viele Studierende bis zu ihrem Studienende ein Rätsel. Sie bestehen ihre Prüfungen irgendwie und erlangen ihren Abschluss, haben aber bis zum Schluss den Eindruck, dass sie vieles eigentlich hätten anders machen müssen. Doch was? In der Tat gehört es zu den größten Herausforderungen, im Laufe des Studiums schlüssige Antworten auf ein paar bedeutende Fragen zu finden und aus diesen Antworten entsprechend effektives Verhalten abzuleiten:

- Wie kann ich Herr oder Frau über scheinbar unbegrenzte Mengen an Lernstoff werden?
- Wie kann ich mich zeitgleich in viel zu kurzer Zeit auf eine Vielzahl an Prüfungen in verschiedenen Fächern vorbereiten?
- Wie genau muss ich lernen, um am Ende auch gute Noten zu erreichen und nicht nur zu bestehen?
- Wie kann ich bei all dem Ruhe bewahren und mein Leben genießen?

Lassen Sie mich Ihnen einen Weg aufzeigen, der sich in meinem eigenen Studium und in dem unzähliger Studierender, die verzweifelt, aufgeregt oder zumindest erschöpft um Beratung baten, bewährt hat. Kombinieren Sie im Anschluss die von mir angebotenen Tipps und Tricks, die Sie für brauchbar halten, mit Ihren eigenen erfolgserprobten Strategien. Ein „Lern-Geheimnis" will ich zu Anfang gleich verraten: Der Schlüssel zum Erfolg liegt aus meiner Sicht darin, dass wir beim Lernen im Studium zweierlei Herangehensweisen miteinander kombinieren: Auf der einen Seite müssen wir *in großem Bogen* studieren, auf der anderen sehr *ergebnisorientiert und pragmatisch* – also *effektiv (das Richtige) und effizient (richtig)* – lernen. Lassen Sie mich im Folgenden erläutern, was Sie sich konkret unter diesen beiden Herangehensweisen vorzustellen haben.

4.1.3.1 Studiere in großem Bogen

> Nichts ist schrecklicher als ein Lehrer, der nicht mehr weiß als das, was die Schüler wissen sollen. (Johann Wolfgang von Goethe)

In großem Bogen zu studieren heißt zunächst einmal, in Materie abzutauchen, sich intensiv mit Sachverhalten auseinanderzusetzen, Dinge in der Tiefe zu durchdringen. Wenn ich an einen Studierenden denke, der *in großem Bogen* studiert, dann sitzt dieser in meiner Vorstellung an einem großen Tisch, hat mehrere aufgeschlagene Bücher und Texte vor sich liegen, ist von verschiedenfarbigen Textmarkern, einem Notizblock und einem Stift sowie einer großen Flasche Wasser oder Ähnlichem umgeben, und vor allem hat er eines: ein paar Stunden (mindestens zwei) Zeit. In meiner Wahrnehmung wird wenig auf diese Weise studiert – das mag ein Trend unserer Zeit sein –, alles muss schnell gehen, alles muss sofort passieren, jeder ist in Eile; wer aber ernsthaft studieren möchte, kommt um eine Beschäftigung dieser Art nicht herum. Sich Dinge *ansehen* („Ich verstehe wirklich nicht, warum ich durch diese Klausur gefallen bin. Ich hatte mir doch alles intensiv *angesehen*" – solche oder ähnliche Formulierungen höre ich sehr oft) hat mit ernsthaftem Studieren nichts, aber auch gar nichts zu tun. Sie müssen, wie ich bereits sagte, in Materie abtauchen, nicht fröhlich an ihrer Oberfläche planschen. Voraussetzung für das Studieren *in großem Bogen* ist indessen das Vorhandensein eines authentischen Interesses am Studienfach bzw. die Bereitschaft, dafür zu arbeiten, dass dieses Interesse entsteht. (Mit dem Interesse verhält es sich nämlich ähnlich wie mit der Freude: Auch dieses ergibt sich häufig erst als Produkt [als Prämie] einer intensiven Beschäftigung mit einem Sachverhalt.) Des Weiteren müssen Sie die Bereitschaft mitbringen zu arbeiten. „Von nichts kommt nichts", „Qualität kommt von quälen" (zugegebenermaßen gemein), „Ohne Fleiß kein Preis" – Sprüche dieser Art gehen einem in schlechten Zeiten gewaltig auf die Nerven, treffen aber leider fast immer zu. Oder kennen Sie einen Unternehmer, der sein Geld im Herumliegen verdient hat? Kennen Sie Olympia-Medaillen-Gewinner, die ihre Erfolge im Schlaf erzielt haben? Kennen Sie renommierte Schriftsteller, die ihre Romane mal eben so heruntergeschrieben? Ich kenne keinen Einzigen.

▶ In großem Bogen zu studieren heißt, mittels der intensiven Beschäftigung mit Texten in Materie abzutauchen.

Stellen Sie sich vor, man könnte Ihr Wissen, Ihre Fachkompetenz als Bauwerk abbilden (siehe Abb. 4.3). Nehmen wir zum Beispiel eine Pyramide. Zu Beginn Ihres Studiums stehen Sie auf dem Acker Ihres Baugrundstücks – das haben Sie sich mit Ihrer Immatrikulation erworben. Nun beginnen Sie Ihr Studium, besuchen Vorlesungen und Seminare, schreiben Klausuren und Hausarbeiten. In unserer Baumetapher stellen diese Vorlesungen und Seminare mitsamt ihrer Abschlussprüfungen Ziegelsteine dar, die ungeordnet auf Ihrem Baugrundstück herumliegen. Vielleicht haben Sie Glück und an Ihrem Fachbereich werden Ringvorlesungen oder Ähnliches angeboten, deren kontinuierlicher Besuch Ihnen Grundlagenwissen und einen Überblick über die Zusammenhänge Ihres Faches beschert. Das Wissen, das

Abb. 4.3 Die Bestandteile Ihrer Bildungspyramide

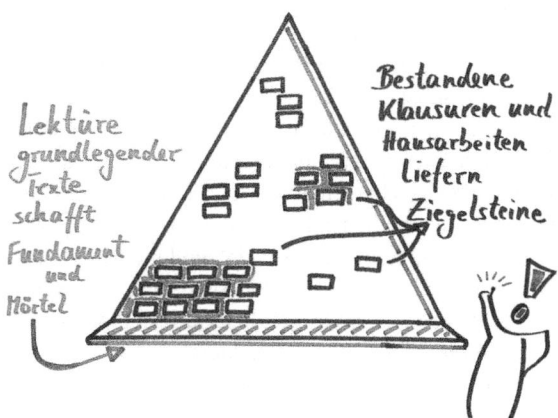

Sie aus diesen Vorlesungen mitnehmen, wäre in unserer Baumetapher ein Drittel des Zementes, den Sie für den Guss des Fundaments benötigen. Die anderen beiden Drittel des benötigten Zementes müssen Sie sich selbst beschaffen – und zwar mittels der intensiven Lektüre grundlegender Texte Ihres Studienfaches. Die weiterführende kontinuierliche Beschäftigung mit grundlegenden Texten oder mit Texten, die Hintergrund- oder Randwissen Ihres Faches behandeln, beschert Ihnen obendrein den Mörtel, den Sie benötigen, um die Ziegelsteine aufeinanderzustapeln und schließlich ein Bauwerk – Ihre Bildungspyramide – fertigzustellen. Wenn Sie nicht selbst für die Beschaffung des Zementes für das Fundament und den Mörtel für den Zusammenhalt der Ziegelsteine sorgen, bleiben Sie trauriger Besitzer eines Baugrundstücks, auf dem ein paar verlorene Ziegelsteine herumliegen. Und traurige Besitzer einiger weniger verloren herumliegender Ziegelsteine sind leider keine erfolgreichen Studenten.

▶ Mittels der kontinuierlichen und intensiven Lektüre grundlegender Texte Ihres Studienfaches beschaffen Sie sich Zement und Mörtel für die Fertigstellung Ihrer Bildungspyramide. Der Besuch der vorgeschriebenen Vorlesungen und Seminare beschert Ihnen lediglich die Ziegelsteine.

In großem Bogen zu studieren bedeutet also, sich mit den grundlegenden Fragestellungen des eigenen Studienfaches zu beschäftigen und zu verstehen, um was es in Ihrem Studium im Kern geht. Diese Tätigkeit ist eine zusätzliche, sie wird nicht per Curriculum vorgeschrieben, sie wird meiner Wahrnehmung nach auch nie in der Form kommuniziert, sie wird einfach stillschweigend vorausgesetzt. Und so begreifen viele Studierende – verständlicherweise – nie, warum ihre Leistungen, obwohl sie doch so viel lernen (viele gehen tatsächlich in großem Maße über das bloße „Anschauen" hinaus), nicht so gut sind, wie der Arbeitseinsatz vermuten ließe. Nehmen Sie sich also ab jetzt vor, regelmäßig ergänzende Texte zu Ihrem Studium zu lesen und starten Sie auf jeden Fall mit Grundlagen-Texten. Texte, die spezifische Themen abhandeln, Randgebiete beleuchten oder interdisziplinäre Zusammenhänge behandeln, heben Sie sich für später auf. Ich spreche hier ganz bewusst und neutral von „Texten" und meine damit sowohl Aufsätze, Artikel oder auch ganze Bücher. Entscheidend ist, dass Sie während des Lesens Abstand von der meist in der Schule praktizierten Methode des Lesens, Unterstreichens und Herausschreibens nehmen. Sie dauert zu lange und raubt uns kostbare Zeit, die wir besser in das Lesen weiterer Texte investieren sollten. Machen Sie sich hier und da Notizen, unterstreichen Sie Dinge, aber hören Sie ab sofort auf, eigene Abschriften zu erstellen.

▶ Die Lektüre von grundlegenden bzw. spezifischen Fachtexten ist eine freiwillige, zusätzliche, aber zugleich unerlässliche Aufgabe für Studierende. Lassen Sie das Erstellen eigener Abschriften sein und beschränken sich stattdessen lieber auf das Unterstreichen bedeutsamer Textpassagen und das Vermerken weniger Notizen.

Sicher denken Sie jetzt, dass Sie für solche Eskapaden – zusätzliche Texte lesen – keine Zeit haben. Sie fühlen sich ja möglicherweise schon ohne diese Sonderaufgabe überfordert. Ich verstehe Ihre Zweifel, doch bitte vertrauen Sie mir und gehen Sie dieser Idee wenigstens einmal für zwei Semester nach. Nehmen Sie sich dabei Leseaufgaben vor, die Sie zeitlich und arbeitsmoralisch bewältigen können – einige wenige Texte pro Semester reichen oft schon (zwei wären immerhin ein Anfang). Das ist wirklich zu schaffen und es lohnt sich, da es Ihnen das übrige Arbeiten erleichtert. Fragen Sie Ihre Professoren oder Dozenten nach bedeutenden grundlegenden Werken, die diese Ihnen als Begleitlektüre empfehlen können. Über solche Fragen ist jede Hochschullehrkraft begeistert und wird Sie mit Sicherheit mit brauchbaren Tipps versorgen – ganz nebenbei knüpfen Sie auf diese Weise erste Kontakte, und zwar aufgrund eines authentischen Interesses und ganz ohne Schleimer- oder Strebergehabe.

▶ Nehmen Sie sich unbedingt Leseaufgaben vor, die Sie zeitlich und arbeitsmoralisch bewältigen können. Einige wenige Texte pro Semester sollten einen Versuch wert sein.

4.1 Studentische Selbstführungskompetenzen

Wenn Ihnen Ihr Professor oder Dozent ein dickes Buch empfiehlt, müssen Sie dieses nicht unbedingt von vorne bis hinten durchlesen. Lesen Sie sich ein, verschaffen Sie sich einen Eindruck, überspringen Sie das ein oder andere Kapitel, aber versuchen Sie, die Hauptbotschaft des Textes zu verstehen. Anstatt ein dickes Buch intensiv zu studieren, empfiehlt es sich eher, einen weiteren Text von einem anderen Autor zu derselben oder einer ähnlichen Thematik zu lesen. Es ist nämlich nicht nur von Bedeutung, dass wir regelmäßig ergänzende Texte lesen, sondern vor allem, dass wir Texte von verschiedenen Verfassern lesen. Jeder Autor beleuchtet ein Phänomen aus einer anderen Perspektive, jeder setzt eigene Akzente, jeder analysiert oder beschreibt auf seine eigene Weise. Von je mehr Seiten wir ein Phänomen betrachten, umso umfassender wird unsere Sicht auf die Dinge. Wenn wir mehrere Texte zu einem Thema lesen, beginnen wir zudem, automatisch Verbindungen zwischen den verschiedenen Darstellungen zu ziehen: Wir verknüpfen, wir kontrastieren, wir erkennen Ergänzungen, füllen Lücken. Auf diese Weise werden wir zu Experten der Gebiete, die wir studieren, und kommen in die komfortable Lage, souverän mit der Materie umgehen zu können.

▶ Lernen Sie, Bücher und umfassende Texte auf Ihre Kernbotschaften hin abzuklopfen. Lesen Sie lieber mehrere Texte von verschiedenen Autoren, um ihr Sichtweisen-Spektrum zu erweitern.

Sie werden staunen, wie schnell Sie auf diesem Wege an Kompetenz gewinnen und wie viel leichter Ihnen die Aufnahme und Einordnung neuen Materials während des Semesters fällt. Wenn Ihr Fundament erst einmal steht und Sie mit einem großen Kegel voller Mörtel ausgestattet sind, können Sie mögliche Lücken in Ihrer Pyramide mühelos füllen und Bruchstellen immer wieder flicken. Sie können sich schließlich an die Anlage des Außengeländes machen, Bepflanzungen vornehmen, Brunnen bauen. Für die Erweiterung und Perfektionierung Ihres Bauwerkes gibt es keine Grenzen – doch ohne Fundament und Mörtel geht eben gar nichts.

Darüber hinaus kann es sehr nützlich sein, die zu studierenden Inhalte mit lebensnahen Themen zu kombinieren: Wenn wir etwa Zeitungen und Fachzeitschriften lesen, verstehen wir, welche Rolle die von uns studierten Inhalte im aktuellen Zeitgeschehen spielen und welchen Trends sie unterliegen. Wenn wir Praktika machen, erfahren wir, dass wir mit unserem Know-how – oft auch schon nach wenigen Semestern – Wertvolles beitragen können. Wenn wir Vorlesungen jenseits unserer Pflichtkurse besuchen, mit Menschen über die Dinge, die wir lernen und die uns beschäftigen, sprechen, wenn wir „eins" mit unserem Studienfach werden, dann studieren wir *in großem Bogen*. Und noch einmal zum Abschluss: Beginnen Sie zu arbeiten und wecken (oder intensivieren) Sie auf diese Weise Ihr Interesse.

Sie können sicher sein, dass der Erfolg nicht lange ausbleibt und die Freude diesem auf dem Fuß folgt.

▶ *In großem Bogen* zu studieren heißt ebenso, „eins" mit seinem Studienfach zu werden und sich auch jenseits der Hochschule gedanklich mit seinen Studieninhalten zu beschäftigen.

Meine Empfehlung
- Erkundigen Sie sich nach grundlegenden Texten Ihres Studienfachs und besorgen Sie sich diese.
- Machen Sie sich für jedes Semester einen Plan, wie viele dieser grundlegenden Texte Sie in welchem Zeitraum lesen möchten.
- Nehmen Sie sich „Leseportionen" vor, die Sie zeitlich und auch arbeitsmoralisch bewältigen können.
- Achten Sie darauf, wie viel schneller Sie so zu einem Experten Ihres Faches werden und die neu erworbenen Inhalte schnell und sicher einordnen können.

4.1.3.2 Lerne effektiv und effizient

> Arbeite klug, nicht hart. (Dr. Gregory House aus der gleichnamigen Serie)

Während Sie nun also durch das kontinuierliche Lesen grundlegender Texte den Nährboden für Ihre Expertise bereiten, studieren Sie nebenbei ganz pragmatisch, effizient und ergebnisorientiert. Sie wollen die Prüfungen bestehen? Sie wollen gute Noten erzielen? Sie wollen trotzdem leben? Also folgen Sie meinen Empfehlungen! (Nebenbei bemerkt: Erzählen Sie nicht jedem von der pragmatischen Herangehensweise. Insbesondere viele Professoren halten davon nichts, da ihnen eher das Studieren *in großem Bogen* vorschwebt. Wer aber ausschließlich *in großem Bogen* studiert, weiß zwar unter Umständen Unmengen, besteht aber trotzdem nicht jede Prüfung, braucht möglicherweise 50 % länger, um sein Studium zu beenden, schreibt nicht unbedingt immer die besten Noten. Ist das das, was Sie wollen? Wahrscheinlich eher nicht ...)

Wie funktioniert nun also das effiziente und pragmatische Lernen? Nun, zunächst einmal verschaffen Sie sich einen Überblick darüber, wie viele Prüfungen am Ende des Semesters auf Sie warten. Dann versuchen Sie zu eruieren, wie diese Prüfungen aussehen, also welcher Prüfungsmethodik sie folgen. Wird Stoff lediglich abgefragt? Wenn ja, welcher und in welchem Umfang? Wird Wissenstransfer verlangt? Müssen selbstständig Zusammenhänge dargestellt werden? Fragen Sie Ihre Dozenten, fragen Sie Kommilitonen aus früheren Semestern, prüfen Sie, ob in den Fachschaften alte Klausuren einzusehen sind. Es gibt immer irgendeinen Weg,

4.1 Studentische Selbstführungskompetenzen

um sich ein Bild von der Art der bevorstehenden Prüfung zu machen. (Ganz nebenbei: Auch Dozenten erfinden nicht jedes Semester das Rad neu, auch sie greifen aus ganz pragmatischen Gründen der Zeitersparnis häufig auf ähnliche Klausurentypen zurück.) Werden Sie also investigativ tätig ... Wenn Sie wissen, wie geprüft wird, wissen Sie automatisch, wie Sie lernen müssen – auswendig lernen, Zusammenhänge erkennen, Texte studieren oder anders.

▶ Eruieren Sie immer zuerst, wie viele Prüfungen am Ende des Trimesters anstehen. Versuchen Sie dann herauszufinden, welcher Prüfungsmethodik die jeweiligen Prüfungen folgen.

Nun stellen Sie das passende Lernmaterial zusammen. Passend ist ein Lernmaterial, wenn es die fünf folgenden Kriterien erfüllt:

- Es muss den Stoff abdecken, der geprüft wird.
- Es muss zuverlässig sein (also keine Mitschriften von Kommilitonen).
- Es muss mit der Prüfungsmethodik korrelieren.
- Sie müssen etwas mit ihm anfangen können
  (also keine Bücher oder Texte, die Sie auch beim dritten Lesen nicht verstehen – und diese Texte gibt es im akademischen Kontext zur Genüge).
- Es muss in der zur Verfügung stehenden Zeit zu bewältigen sein.

Sichten Sie unter Berücksichtigung dieser Kriterien einiges an Material und limitieren Sie sich dann auf einige wenige Dinge. Im Hochschulalltag haben wir grundsätzlich zu wenig Zeit für das Material, das wir laut Aussagen von Lehrkräften bewerkstelligen sollen. Es gilt also immer auszusortieren, zu sieben, zu priorisieren, und zwar stets gemäß der o. g. Kriterien und – nicht zu vergessen – der uns zur Verfügung stehenden Zeit.

▶ Wählen Sie gemäß bestimmter Kriterien das für Sie qualitativ und quantitativ adäquate Lernmaterial aus. Wenn Sie nicht herausfinden konnten, wie eine Prüfung aussehen wird, denken Sie daran, dass es unterm Strich immer weniger riskant ist, sich einen Überblick zu verschaffen, als wenige Gebiete im Detail zu studieren. Der Überblick befähigt uns immer zum virtuosen Improvisieren ...

Beispiel – Zäume das Pferd von hinten auf

Als ich mich Mitte 1994 daran machte, meine Diplomprüfungen vorzubereiten, sprach ich beim Abholen einer Hausarbeit mit einem Assistenten an einem wirtschaftswissenschaftlichen Lehrstuhl. Ich fragte ihn, ob er einen Tipp hätte, wie wir in der knappen uns zur Verfügung stehenden Zeit am besten Herr der Lage werden konnten – nach Abgabe der Diplomarbeit blieben uns noch gute drei Monate, um uns auf fünf schriftliche Diplomprüfungen vorzubereiten, die alle Stoff aus fünf Jahren Studium prüften. Ich hatte zu dem Zeitpunkt wirklich keinerlei Vorstellung davon, wie ich in drei Monaten als Vorbereitung für nur eine von fünf Klausuren den Stoff von fünfzehn BWL-Vorlesungen verinnerlichen sollte. Der Assistent gab mir den Tipp, mit Klausuren der vorhergehenden Jahre, einem Grundlagen-Wälzer, einem weiteren Grundlagenbuch, das nur mit Übersichtsdarstellungen arbeitete, und einem wirtschaftswissenschaftlichen Lexikon zu arbeiten. Zugleich empfahl er mir, einmal die Woche den Wirtschaftsteil einer angesehenen Tageszeitung gründlich zu studieren. Anfangs lachte ich über den Tipp, denn es schien mir absurd, mich alleine mit Grundlagenbüchern und Lexika auf eine Diplomprüfung vorzubereiten. Doch als ich kurz darauf begann, meinen Zeitplan zu bauen, wurde mir klar, dass ich gar keine andere Möglichkeit hatte, als seinem Tipp zu folgen. Niemals im Leben würde ich es schaffen, ausführlich die fünfzehn Fächer zu studieren. Also folgte ich – anfangs zögerlich, dann immer sicherer – seiner Empfehlung und war damit am Ende mehr als erfolgreich. Vielen Dank zwanzig Jahre später für diesen wunderbaren Tipp!

Anschließend bauen Sie einen Zeitplan. Dieser Punkt ist mir sehr ernst – starten Sie eine Lernphase niemals ohne Plan! Es kann sein, dass sich ein Plan als nicht machbar oder weniger effektiv erweist, dann modifizieren Sie ihn. Doch starten Sie niemals ohne Plan. Warum? Auch das hat mit der Masse an Stoff zu tun, denn wenn wir uns im Studium nicht immer wieder limitieren – in Bezug auf Material und Zeit –, verlieren wir uns im Dickicht des unbegrenzten Materials. Bauen Sie also einen realistischen Zeitplan, in dem Sie auch Freizeitaktivitäten, Schlaf, Nahrungsaufnahme und Sport einplanen. Ein Plan muss realistisch sein, sonst werden Sie ihn sehr schnell „über den Haufen" werfen. (Aus meiner Sicht ist es sehr wichtig, in intensive Lernperioden Phasen der Muße einzubauen. Wenn wir nämlich unseren Schreibtisch verlassen, arbeitet unser Gehirn weiter mit dem Stoff, mit dem wir es gefüttert haben. Es sortiert, zieht Zusammenhänge, wirft Fragen auf, lässt Dinge plötzlich nachvollziehbar erscheinen. Gehen Sie alleine spazieren, laufen, skaten oder Rad fahren – und achten Sie einmal darauf, wie sehr Ihnen das dabei hilft, den Stoff sacken zu lassen und ihn weiter zu verarbeiten. Aus irgendeinem Grund müssen Sie sich in der Phase der Muße bewegen – im bloßen Sitzen passiert gar nichts.) Versehen Sie jede Lernphase mit einem genauen zeitlichen Limit und mit einem inhaltlichen Ziel.

4.1 Studentische Selbstführungskompetenzen

Bauen Sie sich einen ganz konkreten und realistischen Zeitplan, in dem Lernphasen genauso wie Mußephasen und Phasen für Dinge wie essen, schlafen, Freunde treffen, arbeiten einen Platz finden.

Sollte es Ihnen schließlich im Einzelfall nicht gelingen, das inhaltliche Ziel einer Lernphase im eingeplanten Zeitrahmen zu erreichen, müssen Sie sitzen bleiben oder eine weitere spätere Lernphase einplanen. Bleiben Sie in jedem Falle so lange dran, bis Ihr Ziel erreicht ist – Sie also den Stoff verstanden und verinnerlicht haben. Meiner Einschätzung nach machen die meisten Studierenden hier den Fehler, dass sie nur nach Zeit und nicht nach Ergebnis lernen. Die Lernphase ist aber erst beendet, wenn Sie den Stoff verstanden haben, keine Minute früher. Wer sich das zum Ziel setzt, bleibt in der Regel auch konsequenter am Schreibtisch sitzen – und lässt das Blumengießen, das Checken von E-Mails und das Fensterputzen sein. Achten Sie zudem darauf, dass Sie Ihre Lernphasen nicht zu lang gestalten – wer wirklich geübt ist, kann bis zu 4 h hochkonzentriert lernen. Danach brauchen die allermeisten eine längere Pause. Ich empfehle immer, kontinuierlich zu arbeiten – lieber jeden Tag eine geringere Dosis, als an wenigen Tagen die „Überdosis". Überdosis führt immer zu Erschöpfung, schlechter Laune und auf lange Sicht zu Disziplinlosigkeit. Lernen Sie lieber kontinuierlich, also regelmäßig und in kürzeren Lernphasen, als unregelmäßig in langen Lernphasen. Es ist viel gesünder, länger problemlos durchzuhalten und zieht immer bessere Ergebnisse nach sich, denn Lernstoff braucht Zeit zum Sacken.

▶ Jede Lernphase ist zeitlich limitiert und mit der Erfüllung eines konkreten Arbeitspensums besetzt. Eine Lernphase ist erst beendet, wenn das Ziel erreicht ist, nicht nur, wenn die Zeit vorbei ist.

Entwickeln Sie schließlich als „i-Tüpfelchen" des effizienten und pragmatischen Lernens Ihre ganz persönliche Lernmethodik. Folgen Sie nicht blind dem, was andere empfehlen oder können, sondern machen Sie sich die Mühe herauszufinden, wie Sie selbst am effektivsten lernen. Es gibt die Lerchen, die sich morgens am besten konzentrieren können, und die Eulen, die ihre Lernphasen in den Abend und die Nacht verlagern. Es gibt die visuellen Lerntypen, die am liebsten Dinge aufschreiben und sich anschauen; es gibt auditive Lerntypen, die etwa Hörbücher oder eigene Sprachaufzeichnungen verwenden. Manche bevorzugen Karteikarten verschiedener Größen, andere fertigen sich auf Flipchartbögen Übersichtsdarstellungen an, einige können während des Spazierengehens am besten auswendig lernen, andere tun dies in einer Hängematte. Es ist egal, wo und wie Sie lernen. Wichtig ist, dass Sie einen für sich effektiven Lernstil ausfindig machen und diesem – unabhängig von Kommentaren Dritter – treu bleiben.

▶ Finden Sie heraus, wie Sie selbst am effektivsten lernen können, und verfolgen Sie diesen Lernstil kontinuierlich und unbeeindruckt von dem, was andere tun.

Als ich anfing, Medizin zu studieren, machte ich lerntechnisch so ziemlich alles falsch, was man falsch machen kann. Ich aß falsch, stand viel zu früh auf und war infolgedessen immer müde. Zu allem Übel trieb ich keinen Sport mehr und konzentrierte mich rein auf das Verfassen endloser Zusammenfassungen. Familie und Freunde vernachlässigte ich vollständig.

Nach dem ersten Semester erkannte ich, dass es so nicht weitergehen konnte. Ich musste etwas ändern. Mir war bewusst geworden, dass ich meinen Alltag keine weiteren elf Semester auf diese Weise gestalten konnte.

Insgesamt lerne ich auch momentan, in meinem dritten Studienjahr, immer noch ausgesprochen viel und konzentriert, wie es von meinem Studium verlangt wird. Vor jeder Klausurphase mache ich mir einen Prüfungsplan mit verschiedenen Farben, da so die kognitiven Bereiche des Gehirns besser Informationen visualisieren und verarbeiten können. Dieser Plan gibt mir die nötige Leitstruktur, welche ich in der anstrengenden Prüfungsphase benötige, und zudem zeigt er mir die freien Zeiten an jedem Tag an. Jeder erfolgreich abgearbeitete Tag wird mit einem Häkchen versehen.

Sehr wichtig ist es für mich auch, dass ich mich vor einer Prüfung nicht von Kommilitonen oder Freunden verrückt machen lasse. Ich habe irgendwann beschlossen, meine eigenen Erfahrungen zu machen und ohne Vorurteil in eine Prüfung zu gehen. Dann hat man keine Durchfallquoten im Kopf und keine Angst vor dem Prüfer.

Auch das Zusammenfassen von Texten und Büchern habe ich gelassen. Es ist viel zu aufwendig und am Ende hat man vielleicht eine gute Mitschrift, aber auswendig kann man den Stoff trotzdem nicht. Besser ist es, direkt aus dem Buch zu lernen. Es gibt in jedem Fach die Last-Minute-Versionen, Kurzbücher oder Ausgaben für ‚Dummies'. In jedem dieser Bücher ist das Wichtigste zusammengeschrieben und dann auch gleich farbig und geordnet, sodass man sofort mit dem Lernen anfangen kann.

Mir fehlt zwar noch die Hälfte meines Studiums und natürlich wird es immer wieder stressig werden. Doch der Stress gehört einfach dazu. Gerade deshalb ist es wichtig, überzeugt davon zu sein, dass man alles schaffen kann. Es haben ja auch schon Tausende vor mir geschafft. Unmöglich kann es also gar nicht sein.

Laura Dussan Molinos, Studentin der Medizin,
Friedrich-Alexander-Universität Erlangen-Nürnberg

Zu guter Letzt: Setzen Sie Prioritäten. Sie können unmöglich für alle Fächer denselben immensen Zeitaufwand betreiben. Professoren und Dozenten haben die Angewohnheit, die von ihnen unterrichteten Fächer als die bedeutsamsten überhaupt anzusehen. Entsprechend wird jeder Lehrende mit einer unerfüllbaren Erwartungshaltung bezüglich Ihrer Begleitstudien an Sie herantreten. Bleiben Sie hier ganz nüchtern und stellen Sie sich folgende Fragen: Welche Klausuren muss ich in diesem Semester bestehen? In welchen sind mir gute Noten wirklich wichtig? Welche Fächer interessieren mich am meisten bzw. sind am bedeutsamsten für die Gesamt-

4.1 Studentische Selbstführungskompetenzen

zusammenhänge meines Studiums? Nicht zuletzt: Wo bekomme ich die meisten Credits? Je nachdem, wie Sie diese Fragen beantworten, wird Ihr Engagement in der Prüfungsvorbereitung ausfallen. Entscheidungen dieser Art sind im Studium keine böswilligen Demonstrationen von Desinteresse, sondern schlicht und einfach überlebensnotwendig. (Auch von dieser Herangehensweise werden Dozenten und Professoren wenig begeistert sein. Behalten Sie diesen pragmatischen Ansatz also lieber für sich. Schämen sollten Sie sich allerdings nicht dafür. Meiner Erfahrung nach ist er schlicht und ergreifend überlebensnotwendig, und als solchen muss man ihn auch verkaufen.)

▶ Sie müssen im Studium den vermeintlich zu lernenden Stoff immer wieder nach ganz bestimmten Kriterien zunächst portionieren, dann priorisieren und aussortieren. Das ist keine Demonstration von Desinteresse, sondern überlebensnotwendig.

Beispiel – Dreimal fehlen ist legitim

In meinem Studium in den 90er-Jahren gingen in den Hauptseminaren auch schon Anwesenheitslisten durch die Reihen, und man durfte im Wintersemester dreimal fehlen. Ich belegte zeitgleich drei Hauptseminare in Anglistik, Hispanistik und Betriebswirtschaftslehre und natürlich diverse andere Veranstaltungen, manche als Pflichtfach, andere aus Interesse. Zudem arbeitete ich als Hilfskraft an einem Lehrstuhl im Fachbereich Anglistik und jobbte nebenbei immer wieder auf Messen, meist, um meine Reisen nach Spanien zu finanzieren. Es gab eine Menge zu koordinieren, und so entschied ich mich schließlich, im Spanisch-Seminar die letzten drei Male zu fehlen (so musste ich ein Theaterstück weniger lesen), um mich in dieser Zeit konsequent auf die Klausur im BWL-Hauptseminar vorzubereiten. Für Spanisch musste ich eine Hausarbeit schreiben, das würde ich später in der vorlesungsfreien Zeit tun. Nach diesem Semester bewarb ich mich bei meinem Spanisch-Professor und späterem Doktorvater um eine Hiwi-Stelle an seinem Lehrstuhl. Zum Schluss des Interviews sprach er mich auf meine Fehlstunden im Hauptseminar an. Zugegebenermaßen wurde ich kurz nervös, doch in der Hitze des Gefechts fiel mir keine schlaue Begründung ein. Also sagte ich einfach die Wahrheit: Ich hatte viel zu tun und mich daher entschieden, Prioritäten zu setzen, auch um unter Ausnutzung der gegebenen Möglichkeiten die besten Noten zu bekommen. Nach einem strengen Blick schmunzelte er und rief mich eine Woche später an, um zu fragen, wann ich meinen Arbeitsvertrag unterschreiben könnte.

▶ **Fazit** Wenn Sie im Studium erfolgreich sein wollen, also in der vorgegebenen Regelstudienzeit Ihr Studium mit guten Noten beenden und Ihr Studium zugleich genießen wollen, sollten Sie auf der einen Seite *in großem Bogen* studieren – also in Materie abtauchen, zusätzliche und zunächst vor allem grundlegende Texte lesen und auf diese Weise „eins" mit Ihrem Studienfach werden. Auf der anderen Seite sollten Sie ganz effektiv (das Richtige) und effizient (richtig), unterm Strich also pragmatisch, lernen. Um dies hinzubekommen, folgen Sie den angegebenen Tipps und Empfehlungen und kombinieren diese mit eigenen erfolgserprobten Lernstrategien. Hier noch einmal alle Empfehlungen im Überblick.

Meine Empfehlung
- Lesen Sie kontinuierlich nebenbei Grundlagent-Texte zu Ihrer Studienrichtung, tauchen Sie in Ihr Fach ab und versuchen, es im Kern zu begreifen.
- Lesen Sie Zeitung und versuchen Sie, Beziehungen zwischen aktuellem Geschehen und Ihren Studieninhalten herzustellen.
- Notieren Sie schließlich ganz pragmatisch jeweils zu Beginn eines Semesters, wie viele Prüfungen am Ende auf Sie warten.
- Finden Sie die jeweilige Prüfungsmethodik heraus.
- Stellen Sie nach bestimmten Kriterien das passende Lernmaterial zusammen. (Weniger ist mehr und meist auch nur möglich.)
- Bauen Sie einen realistischen Lernplan.
- Die einzelnen Lernphasen Ihres Prüfungsplans sind zeitlich limitiert und haben immer ein inhaltliches Ziel.
- Ihre Lernphasen sind erst beendet, wenn Sie Ihr Ziel erreicht haben.
- Planen Sie Phasen der Muße ein, in denen Sie sich an der frischen Luft – alleine – bewegen. Ihr Gehirn lernt für Sie in diesen Phasen automatisch weiter und rundet das Gelernte ab.
- Lernen Sie lieber sehr regelmäßig in kürzeren Lernphasen als unregelmäßig in langen Lernphasen.
- Lernen Sie gemäß Ihres individuellen effektiven Lernstils.
- Setzen Sie immer wieder Prioritäten. Anders geht es nicht.

Zum Weiterlesen
- Als sehr empfehlenswert empfinde ich das Buch *Erfolgreich Lernen: Effiziente Lern- und Arbeitsstrategien für Schule, Studium und Beruf*. Hier bieten die beiden Autoren Eberhardt Hofmann und Monika Löhle in den vier Hauptkapi-

teln „Lernen und Gedächtnis", „Komponenten für erfolgreiches Lernen", „Individuelles Lernen" und „Prüfungen meistern" einen umfassenden Über- und Einblick in das Gebiet des Lernens und der Darstellung von Wissen. Jeder, der interessiert am Thema ist, wird in diesem Buch Unmengen von Anregungen und Hilfestellungen finden (Hofmann und Löhle 2012).

- Der Lerncoach Martin Krengel bietet ein Buch mit dem Titel *Bestnote: Lernerfolg verdoppeln, Prüfungsangst halbieren* an, in dem er ein (angeblich) krisensicheres Zehn-Schritt-Lernsystem anbietet. So lernt der Leser u. a., Schwerpunkte zu setzen, Lernstoffe schneller zu erfassen und zu verankern und erhält obendrein eine große Portion Motivation. Das Buch ist unterhaltsam und kurzweilig geschrieben, wird durch humorvolle Illustrationen ergänzt und hilft mit großer Wahrscheinlichkeit jedem, der Orientierung sucht, in irgendeiner Form weiter (Krengel 2012a).

4.1.4 Besiege lästige Begleiterscheinungen

Die am häufigsten vorkommenden Phänomene rund um das Lernen sind neben der grundsätzlichen Ahnungslosigkeit, wie Erfolg versprechendes Lernen eigentlich funktionieren kann, die überdimensionierte Nervosität auf der einen Seite und der innere Schweinehund auf der anderen. Während die zuvor beschriebenen Studierendentypen des „Neurotikers" und des „Overperformers" mit der Nervosität und all ihren lästigen Begleiterscheinungen zu kämpfen haben, sind der „Genießer" und der „Rebell" in einem Dauerkampf mit ihrem inneren Schweinehund gefangen. Der Ursprung dieses komplett gegenteiligen Erlebens und Reagierens auf denselben Sachverhalt (Hochschule ist Hochschule) ist aus meiner Sicht zweigeteilt: Auf der einen Seite verfügen „Neurotiker" und „Overperformer" über ein ganz anderes Gemüt als „Rebell" und „Genießer", auf der anderen Seite haben sie sich in ihrer Vorstellung ein verschiedenartiges Bild des Verhältnisses ihrer Person zur Hochschule gemacht. Beide Bilder sind weder dafür geeignet, ein sorgloses Studentenleben zu ermöglichen, noch den Weg zu Erfolg rund um Prüfungen zu gewährleisten.

Während „Neurotiker" und „Overperformer" sich im Verhältnis zur Hochschule als unbedeutendes, meist sehr kleines und intellektuell nicht wirklich ebenbürtiges Wesen wahrnehmen (häufig ist dies vielmehr ein unbewusstes Gefühl als eine bewusste Vorstellung; nebenbei bemerkt: das Bild hat natürlich mit der Realität überhaupt nichts zu tun und ist fast immer unbegründet), stehen „Genießer" und „Rebell" in ihrer Vorstellung (auch diese ist meist unbewusst) gar nicht wirklich auf dem Hochschulcampus und bleiben dauerhafte Zaungäste. Die ersten beiden

Typen leiden, weil sie aus einer permanenten „Underdog"-Position heraus agieren und glauben, sie müssten unendlich viel tun, um auch nur annähernd eine Chance zu haben, im System Hochschule zu bestehen. Zudem nehmen sie Professoren, Dozenten und Prüfer meist als Übermenschen wahr, die sie bei der ersten Gelegenheit als nicht würdige Vertreter ihrer Zunft entlarven und des Geländes verweisen werden. Die beiden zuletzt genannten Typen leiden, weil sie irgendwie Teil eines Systems sind (sie haben eine Matrikelnummer, einen Studenten- und Bibliotheksausweis und stehen auf Prüfungslisten), zu dem sie sich aber nicht wirklich bekannt haben. So entsteht die missliche Lage, dass sie Verpflichtungen nachgehen sollen, von denen sie aber gar nicht so genau wissen, ob sie ihnen nachgehen wollen. Professoren, Dozenten und Angestellte der Prüfungsämter werden so zu ihren Gegnern, gegen die es zu rebellieren gilt, da diese sie immer wieder an ihren Zwitterstatus (drin, aber doch nicht drin) erinnern. Wie ist Abhilfe zu leisten? Wie so häufig, gibt es auch bei diesem Thema nicht *das* Allheilrezept und schon gar keine billige Lösung, die von heute auf morgen die beschriebenen Probleme ganz und gar auflöst. Wer sich aber mit den Ursachen seiner Nervosität oder Trägheit auseinandersetzt, die Bilder in seinem Kopf und damit auch entstandene emotionale Gemengelagen sowie seine Denk- und Verhaltensmuster überarbeitet, wird eine starke Veränderung erleben. Sie kennen bereits das Problemlösungsschema: Blicken Sie der Sache ins Auge, gehen Sie den Dingen auf den Grund, klären Sie sich innerlich und richten sich neu aus. Nur so ist Veränderung möglich. Los geht's!

▶ Nervosität und Trägheit sind die am häufigsten vorkommenden Probleme rund um das Thema Lernen. Sie bilden sich je nach Gemüt ihrer Inhaber und der Bilder, die sich diese von sich selbst im Verhältnis zur Institution Hochschule gemacht haben. Beide Phänomene führen zu stillem, lästigem Leid und sollten angegangen werden.

4.1.4.1 Wie aus Nervosität Zuversicht werden kann

> Von allen Sorgen, die ich mir machte, sind die meisten nicht eingetroffen.
> (Sven Hedin)

Wenn „Neurotiker" und „Overperformer", die ich ab jetzt aufrichtig liebevoll die „Sensiblen" nennen will, mich in meiner Funktion als Coach aufsuchen, beginnen die weiblichen Kandidaten unter ihnen bei unserem ersten Gespräch meist nach sehr kurzer Zeit zu weinen und können manchmal für eine wirklich lange Zeit gar nicht mehr damit aufhören (für diese Zwecke lagere ich in meinem Coaching-Raum stets mehrere Tissue-Boxen). Die männlichen Vertreter unter ihnen schlucken häufig ein paar Mal kräftig und blicken schweigend wenige Sekunden aus

4.1 Studentische Selbstführungskompetenzen

dem Fenster (gesünder wäre es, auch sie würden weinen). Der Druck, der auf ihnen allen lastet, ist offensichtlich so groß, dass er sich in den ersten Gesprächsminuten auf diese Weise erst einmal einen Weg bahnen muss und Ausdruck einer langen und beschwerlichen Leidensgeschichte wird. Ein bisschen Druck zu empfinden ist sicher nicht schlecht und holt aus manchen erst das Beste heraus. Die Überdosis an Druck aber, die ich häufig wahrnehme, ist extrem ungesund, beeinträchtigt Leistungsfähigkeit und Lebensqualität und verhilft sicher nicht dazu, souverän zu agieren. Schauen wir uns das Phänomen also einmal genauer an.

Wie ich bereits andeutete: Die meisten Menschen, die auf diese Weise leiden, verfügen über ein sensibles Gemüt. Sie sind oft dünnhäutige, empfindsame und empathische Menschen, die ihr Selbstbewusstsein zu einem Großteil aus der Bestätigung durch Dritte ziehen, die gut funktionierende Antennen für Stimmungen und Schwingungen haben, die nicht mit der Grundzuversicht ausgestattet sind, dass ihnen die Dinge im Leben auf jeden Fall gelingen werden. Sie nehmen Botschaften aus dem Außen viel eher und intensiver wahr als Menschen, die dickhäutiger sind, die in sich ruhen und eine grundsätzliche Zuversicht im Gepäck haben oder die Fähigkeit, sich gegenüber Bedrohungen oder Unannehmlichkeiten gedanklich abzuschotten. Die Sensiblen treffen in Hochschulen auf ein Ambiente, das ihren Gemütern im Grunde gar nicht guttut: Zunächst einmal macht ihnen die anonyme Masse zu schaffen und die Tatsache, dass niemand sie als Individuum wahrnimmt. Darüber hinaus lassen sie sich von den unbegrenzten Arbeits- und Aufgabenpaketen ängstigen, die permanent kommuniziert werden (das Problem hierbei ist, dass sie tatsächlich glauben, all das machen zu müssen, was gesagt wird). Hinzu kommt, dass Hochschuldozenten häufig eine Sprache sprechen, die sensible Ohren in Schrecken versetzt. Hierzu gehören oft geäußerte Sätze wie „Wie Sie ja alle wissen" (die Sensiblen glauben, alle außer ihnen wüssten, wovon der Dozent redet; in Wirklichkeit weiß so gut wie niemand Bescheid), „Sie sollten sich die Gesichter Ihrer Kommilitonen genauer ansehen, denn in einem Jahr wird die Hälfte von ihnen nicht mehr anwesend sein" (die Sensiblen sind ganz sicher, dass sie zu denen gehören, die nicht mehr da sein werden) oder „Wissen Sie eigentlich, dass Unmengen von Menschen auf der Welt bereit sind, für ein Drittel Ihrer Gehaltsvorstellungen doppelt so viel zu arbeiten wie Sie?" (Der Sensible sieht sich im Angesicht von Chinesen und Indern wegrationalisiert). Schließlich gibt es an den meisten Hochschulen niemanden, den man ganz unabhängig um Rat fragen, niemanden, mit dem man über seine Sorgen und Zweifel sprechen kann. Die meisten Hochschulen leben auch ganz selbstverständlich mit einem gewissen Schwund an Studierenden. Sie begreifen sich nicht als Betreuungsinstitute (und das sollten sie auch wirklich nicht sein), sondern Forschungs- und Lehranstalten. Wer mit dem System nicht zurechtkommt, so die Denke, kann oder muss eben gehen. Und so kommt es, dass Sensible in Hochschulen oft und viel leiden. Das heißt natürlich nicht, dass Sensible grundsätzlich Hochschulen meiden sollten. Das heißt aber, dass sie ganz bestimmte Dinge beherzigen müssen, damit es ihnen während ihres Studiums gut gehen kann.

▶ Sensible Menschen finden in Hochschulen Begebenheiten vor, die ihrem Naturell per se nicht guttun. Sie müssen aus diesem Grund ganz bestimmte Dinge beherzigen.

Als Erstes sollten Sie lernen sich abzuschotten. Sensible Menschen nehmen mehr wahr, als für sie gut und gesund ist. Zudem versucht ihr System in der Regel, die vielen aufgenommenen Informationen ausgesprochen aufmerksam und detailliert zu verarbeiten – und das bindet kostbare Energie, die an anderer Stelle sinnvoller einzusetzen wäre. Wenn Sie also Überforderung, Anstrengung, Stress zu spüren beginnen, schützen Sie sich. Beteiligen Sie sich auf keinen Fall an Panikgesprächen über folternde Professoren und erschreckende Durchfallquoten. Glauben Sie keinem einzigen Gerücht (diese verbreiten sich in Hochschulen ohnehin schneller als an jedem anderen Ort und sind grundsätzlich maßlos übertrieben). Halten Sie sich fern von Kommilitonen, die ebenso aufgeregt sind wie Sie oder – im Gegenteil – extrem entspannt unterwegs sind, denn beide werden Ihnen nicht guttun. Gehen Sie nach Hause und gönnen Sie sich eine Tasse Pfefferminz- oder Yogi-Tee. Beschallen Sie sich mit Wellness-Musik, blicken Sie in die vorbeiziehenden Wolken am Himmel und machen Sie sich klar, dass unzählige Menschen vor Ihnen einen Hochschulabschluss geschafft haben. Auch Sie werden das schaffen! Halten Sie sich also in einer Welt auf, die Ihnen guttut und schotten Sie sich gegenüber Dingen ab, die Ihr Wohlbefinden und Ihre Effektivität beeinträchtigen.

Zweitens: Folgen Sie stur und unbeeindruckt Ihrem eigenen Lernplan. (Dieser setzt sich idealerweise aus meinen Tipps und Ihren eigenen Erfolgsrezepten zusammen.) Besprechen Sie nicht ständig mit anderen Studierenden, wie diese lernen und was diese für das Beste halten. Holen Sie sich hier und da Anregungen, aber bleiben Sie im Wesentlichen Ihrem Weg und Ihrem Plan treu.

Drittens: Überarbeiten Sie Ihre Glaubenssätze! Skepsis, Selbstzweifel und infolgedessen Nervosität und Angst finden ihren Ursprung nicht selten in wenig hilfreichen Glaubenssätzen (Kap. 2.1.7). Kehren Sie also einmal in sich und werden Sie sich Ihrer Überzeugungen in Bezug auf Ihr persönliches Leistungsvermögen und Erfolgspotenzial bewusst. Glaubenssätze wie „Am Ende gelingen mir die Dinge", „Wenn ich mich gut vorbereite, schaffe ich, was ich mir vornehme" sind angenehme gedankliche Begleiter, die unterbewusst häufig eine Menge Einfluss auf unser Verhalten und damit auch unsere Effektivität haben. Glaubenssätze wie

4.1 Studentische Selbstführungskompetenzen

„Ich tue mich mit vielen Dingen schwer", „Mir fliegen die Dinge eben nicht zu", „Ich bin einfach nicht so gut wie die anderen" lasten schwer auf uns und haben nicht selten etwas damit zu tun, wie wir tatsächlich abschneiden. Überarbeiten Sie also Ihre Glaubenssätze und schreiben Sie sich die wirkungsstärksten irgendwo auf, wo Sie sie immer wieder sehen – an den Badezimmerspiegel, an die Küchenwand, auf Ihr Mousepad.

Viertens: Lernen Sie, Ihre Gedanken zu steuern! Gedanken sind wirklich etwas Spannendes. Wenn wir uns einmal die Mühe machen und ihnen immer einmal wieder lauschen, so stellen wir fest, dass diese meistens gar nicht das Ergebnis unserer bewussten Anstrengungen sind, sondern einfach so kommen und manchmal wenig mit uns selbst zu tun zu haben scheinen. Es ist geradezu atemberaubend, in welche Sphären uns unsere Gedanken, scheinbar ganz ohne Impuls oder Absicht, führen. „Wenn Sie es wagen", so Eva-Maria Zurhorst, „Ihre Verstandesaktivitäten bewusst anzuschauen, werden Sie selbst live erleben können, dass Sie so gut wie nie bestimmen, was Ihr Verstand gerade denkt" (Zurhorst 2011, S. 67). Manche Menschen haben das Glück, dass Ihre Gedanken positiver Natur sind und eine zuversichtliche Stimmung verbreiten. Andere haben das Pech, eher von pessimistischen, skeptischen und kritischen Gedankengängen begleitet zu werden. Viele spirituelle Lehrer sind sich darin einig, dass wir erstens nicht unsere Gedanken sind und dass wir ihnen zweitens nicht willenlos folgen müssen, sondern – ganz im Gegenteil – lernen müssen, unseren Gedanken zu sagen, wo es langgeht bzw. sie selbst bewusst zu kreieren. Springen Sie also nicht auf jeden gedanklichen Zug auf, der vorbeifährt, sondern steigen Sie nur in den, der Ihnen guttut und hilft. Entwickeln Sie zudem eigene Gedanken, unter deren Schirmherrschaft Sie sich wohlfühlen. Wenn es Ihnen beispielsweise hilft zu denken, dass ganz hinten auf der Fensterbank in dem Raum, in dem Sie präsentieren, eine gute Fee sitzt, die einen goldenen Bogen um Sie herum gesponnen hat, der Ihnen Souveränität und Zuversicht verleiht, dann denken Sie das. Wenn es Ihnen hilft zu denken, dass während einer schwierigen Matheklausur Ihr gutmütiger Großvater, mit dem Sie als Kind immer Matherätsel gelöst haben, neben Ihnen sitzt und Ihnen Mut, Ruhe und mathematische Zauberkraft übermittelt, dann denken Sie das. Wenn es Ihnen hilft sich vorzustellen (und damit zu denken), dass Ihr gesamtes Leben ein Weg in Richtung einer wunderschönen, riesengroßen, untergehenden Sonne ist, ein Weg, der immer bergauf gerichtet ist und stets dem Licht entgegenführt, dann denken Sie das.

Fünftens: Fokussieren Sie Ihre Aufmerksamkeit! Unsere Aufmerksamkeit ist nicht teilbar, das lernen die Studierenden an unserer Hochschule schon früh. Wenn wir also Tätigkeiten nachgehen, die unsere ungeteilte Aufmerksamkeit fordern, sind wir nicht multitaskingfähig (vgl. Medina 2009, S. 93). Im Klartext: Wir können nur einer Sache konzentriert nachgehen. Wir können nur einen Gedanken denken. Die Sensiblen unter Ihnen können sich diese biologische Limitiertheit zunutze machen, indem Sie ganz bewusst Gedanken denken, die Ihnen guttun. Richten Sie Ihre volle Aufmerksamkeit auf das, was Ihnen hilft. Schauen Sie in Präsentationen Menschen an, die Sie mögen und die Ihnen wohlgesonnen sind. Und hören Sie auf, darüber nachzudenken, was wohl die denken, die besonders kritisch oder desinteressiert schauen. Konzentrieren Sie sich in Klausuren nicht auf die Aufgaben, die Ihnen besonders schwerfallen, sondern nehmen Sie erst mal die Dinge in Angriff, die Ihnen liegen. Erklimmen Sie dabei Hügel nach Hügel, gehen Sie immer step by step vor. Teilen Sie das zu Bewerkstelligende in Portionen auf, die Sie bewältigen können. Und blicken Sie immer nur bis zur nächsten Aufgabe. Steuern Sie Ihre Gedanken, fokussieren Sie Ihre Aufmerksamkeit und denken Sie alles, was Ihnen hilft und Sie an Ihr Ziel bringt.

Sechstens: Beruhigen Sie Ihr System! Sensible Menschen brauchen mehr Schlaf als andere, mehr Regelmäßigkeit im Tagesablauf, mehr Vorsehbarkeit und generell viel mehr Ruhe. Nehmen Sie sich also ganz bewusst Zeit für sich. Lernen Sie eine Entspannungstechnik – progressive Muskelentspannung, Yoga, autogenes Training, Meditation –, es ist vollkommen egal, was Sie lernen, und Sie müssen auch dieses Thema nicht generalstabsmäßig angehen. Besorgen Sie sich zwei, drei CDs, eine bequeme Unterlage und los geht's. Integrieren Sie ein solches Programm regelmäßig in Ihren Tagesablauf – am besten immer zur gleichen Zeit. Es muss wie Zähneputzen und Kaffeetrinken zu Ihrem Tagesablauf gehören. Sie werden sehr schnell merken, dass es Ihnen besser geht, dass Sie ruhiger und zuversichtlicher werden und das Programm automatisch beibehalten. Wichtig: Nehmen Sie sich auch hier nicht zu viel vor, sondern tatsächlich „Dosen", die Sie in Ihren Alltag integriert bekommen und denen Sie auch treu bleiben. Fangen Sie mit 10 min pro Tag an und halten das einen Monat durch. Dann sehen Sie weiter und entscheiden, ob Sie Ihr Programm ausdehnen oder genauso weitermachen. Aber hören Sie auf keinen Fall damit auf.

Und nicht zu vergessen: Siebtens – Modifizieren Sie das vorgestellte Bild von sich in Ihrem Verhältnis zur Institution Hochschule. Wenn Sie sich bisher im Vergleich eher klein und hilflos erlebt haben, machen Sie sich groß. Wachsen Sie zu einem Riesen heran und lassen das Gebäude und die Menschen, die Ihnen großen Respekt einflößen, schrumpfen und kleiner werden. Wenn in Ihren schlimmsten Vorstellungen die Hochschule ein bedrohliches Gebäude aus undurchschaubaren Gangsystemen war, so bauen Sie in Ihrer Vorstellung ein Bild von einem freundlich gestalteten Gebilde, das einen breiten Gang zum Ziel im Zentrum hat. Lassen Sie Kommilitonen und Dozenten im Bild zu Freunden und wohlmeinenden Begleitern werden und sorgen Sie dafür, dass Sie sich als Person in dieser Institution wahrnehmen (und fühlen), die schlau genug ist, um zu bestehen, die groß genug ist, um ernst genommen und respektiert zu werden, die bedeutsam genug ist, um berücksichtigt zu werden. Erinnern Sie sich daran: Es gibt dort draußen keine „objektive Realität", sondern jeder von uns konstruiert sich seine ganz persönliche. Manchen macht die Hochschule Angst, anderen nicht. Entscheidend ist also vielmehr, dass wir ein Bild in unseren Köpfen konstruieren, das unserer Sache dienlich ist. Unser Gemüt können wir nicht verändern; die Art und Weise, in der wir die Dinge wahrnehmen und interpretieren, aber wohl. Die Dinge, die uns geschehen, haben häufig mehr mit unserer Vorstellung von den Dingen als mit irgendetwas anderem zu tun. Denken Sie immer daran: Am Anfang steht Ihre Vorstellung ...

▶ **Fazit** Überdurchschnittliche Nervosität fällt nicht wie ein Fluch vom Himmel, sondern ist eine Folge des Zusammentreffens mehrerer Faktoren: Sie hat etwas mit unserer psychischen Disposition, den Umständen, in denen wir leben, und mit der Art und Weise, wie wir mit den Dingen umgehen, zu tun. Wenn es uns gelingt, diese Dinge zu modifizieren, kann unsere Nervosität sich in Zuversicht wandeln. Hier noch einmal alle Empfehlungen im Überblick.

Meine Empfehlung
- Schotten Sie sich gegenüber Dingen ab, die Ihnen nicht guttun.
- Folgen Sie stur Ihrem eigenen Lernplan.
- Überarbeiten Sie Ihre Glaubenssätze.
- Lernen Sie, Ihre Gedanken zu steuern.
- Fokussieren Sie Ihre Aufmerksamkeit.
- Beruhigen Sie Ihr System.
- Modifizieren Sie Ihr vorgestelltes Bild von sich in der Hochschule.

Zum Weiterlesen
- Zu den Themen „Progressive Muskelentspannung", „Autogenes Training", „Meditation", „Yoga" etc. gibt es unzählige Bücher, CDs und DVDs. Ich möchte Ihnen hier kein konkretes Werk empfehlen, da die Erfahrung zeigt, dass Menschen auf ganz andere Dinge Wert legen und ansprechen. Klicken Sie sich bei Interesse einfach einmal durch das große Angebot durch oder stöbern in einer ortsansässigen Buchhandlung oder öffentlichen Bibliothek. Wählen Sie dann ganz nach Ihrem Bauchgefühl die Dinge aus, die Sie ganz persönlich ansprechen.
- Ein Buch, das nicht direkt mit Entspannungstechniken zu tun hat, sondern den Leser mit auf eine spannende Reise der Entdeckung innerer Stärke und Zuversicht nimmt, ist *ida – Die Lösung liegt in dir* von Eva-Maria Zurhorst. Es

ist leicht zu lesen, kann auch nach dem ersten Lesen immer einmal wieder in Auszügen konsultiert werden und wird vor allem von zwei Hör-CDs begleitet, welche wohltuende Reisen ins Innere und zu Ruhe und Ausgeglichenheit ermöglichen. Am besten auf das Smartphone oder den MP3-Player laden und sich immer wieder (nur nicht beim Autofahren) zu Gemüte führen (Zurhorst 2011).
- Wer eine Ader für das Spirituelle hat, dem möchte ich gerne die Bücher von Ruediger Schache ans Herz legen. Auch sie sind gut zu lesen und bieten ganz andere und sehr unerwartete Lösungen an als klassische und „stramme" Erfolgsbücher. Zur Einführung empfehle ich *Der geheime Plan Ihres Lebens*, gefolgt von *Die 7 Schleier vor der Wahrheit* (Schache 2011, 2013).

4.1.4.2 Wie man den inneren Schweinehund in sein Körbchen schickt

Ein Faulpelz ist ein Mensch, der sich keine Arbeit damit macht, sein Nichtstun zu begründen.
(Gabriel Laub)

Auch die, die sich mit ihrem inneren Schweinehund herumplagen (in unserer Typologie der „Genießer" und der „Rebell"), zeigen sich in der Beratung bei mir häufig wirklich verzweifelt. Anstatt zu weinen oder mit den Tränen zu kämpfen, seufzen und stöhnen sie viel und man merkt ihnen rasch an, wie rat- und hilflos sie sich im Angesicht des meist verlorenen Dauerkampfes mit ihrem inneren Schweinehund erleben. Sie behaupten felsenfest, „alles, aber auch wirklich alles" probiert zu haben, und zählen dann meist Unmengen von Bedingungen im Außen auf, mit denen „man ja aber auch irgendwie gar nicht klarkommen kann" (kurzfristig angekündigte Klausuren, nicht hochgeladene Foliensätze, geschlossene Bibliotheken, eine starke Erkältung, der Geburtstag der Oma, die ausgefallene Straßenbahn, der vollkommen undurchdachte Aufbau des ganzen Studiums usw.). Obwohl die Symptomatik beider Typen – des „Genießers" und des „Rebellen" – häufig dieselbe ist, haben sie einen unterschiedlichen Ursprung.

Das Grundproblem des „Genießers" – im Zusammenhang mit der Hochschule – ist sein Gemüt: Er ruht weitgehend in sich, regt sich nicht so schnell auf, schläft in allen Lebenslagen gut, findet sich grundlegend ganz bis schwer in Ordnung und verfügt über eine recht optimistische Grundeinstellung, hat er doch meist die Erfahrung gemacht, dass die Dinge schon irgendwie laufen (oder eben jemand anders sie für sie erledigt). Selbstverständlich tut dieses Gemüt ihm in vielen anderen Lebenslagen ausgesprochen gut und ist ihm dienlich, nur im Zusammenhang mit Institutionen, in denen aus freien Stücken heraus gearbeitet werden soll, steht es ihm im Weg.

4.1 Studentische Selbstführungskompetenzen

Das Grundproblem des „Rebellen" wiederum ist die Tatsache, dass er sich sehr schwer damit tut, sich zu Institutionen, Gruppen oder auch zu etablierten Vorgehensweisen zu bekennen. Meist stellt er sich daher reflexartig und wenn eben möglich ins Außen, andernfalls an den Rand. Wenn Außen- und Randpositionen nicht möglich sind, nimmt er innerhalb des Systems wie automatisiert die Gegenposition ein und zweifelt alles an, was anzuzweifeln ist. Er ist Meister im Finden von Dingen, die nicht funktionieren können, im Aufdecken von Schwachstellen im System, im Erkennen von Fehlern, die andere begangen haben. Der „Genießer" kommt von alleine, ohne Struktur und drohende Sanktionen, schwer ins Arbeiten. Der „Rebell" fokussiert seine Aufmerksamkeit (und damit seine Energie) auf das Außen und die anderen und versäumt, sich selbst und sein Vorankommen ins Visier zu nehmen. In Wirklichkeit kämpfen sie also mit keinem inneren Schweinehund, sondern mit den Schattenseiten ihres Gemütes auf der einen Seite und mit den Folgen einer Fehlsteuerung der Aufmerksamkeit auf der anderen. Was gilt es im Angesicht dieser Erkenntnisse zu tun?

▶ Der vermeintliche Kampf des „Genießers" und des „Rebellen" mit dem inneren Schweinehund ist vielmehr ein Kampf mit den Schattenseiten des eigenen Gemütes bzw. den Folgen einer Fehlsteuerung der Aufmerksamkeit.

Beiden Typen – dem „Genießer" und dem „Rebellen" – empfehle ich meist zunächst, sich über ihr Verhältnis zu und ihre Positionierung in der Hochschule im Klaren zu werden und diese gegebenenfalls zu modifizieren. Beide erkennen in der Regel schnell, dass der „Zaungast"-Status ihrem möglichen erfolgreichen Vorankommen im Weg steht. Darüber hinaus bekommen beide die Aufgabe, sich über ihre persönliche Vision klarzuwerden und diese in Form einer Collage zu gestalten (Abschn. 2.2). Im Anschluss überdenken sie in den Coaching-Sitzungen ihre bisherigen Verhaltensweisen, prüfen diese auf Effektivität und modifizieren sie – wenn nötig. Zudem erstellen sie ganz konkrete „To-do"-Listen (z. B. für das laufende Semester), welche ihnen den Weg zu ihrer langfristigen Vision und den aus diesen abgeleiteten kurzfristigen Zielen ebnen.

Darüber hinaus gilt es meist, die Vorstellungen über das eigene Leistungsvermögen geradezurücken. Zaungäste neigen dazu zu glauben, dass sie, sollten sie sich eines Tages doch noch entschließen, das Gelände zu betreten, zu ganz großem Erfolg auflaufen. Das mag natürlich sein und niemand kann das beurteilen, solange sie nur draußen stehen und zuschauen (der „Genießer") bzw. kritisieren (der „Rebell"). Es ist aus meiner Sicht indessen allemal vermessen zu behaupten, man würde alle anderen, die sich redlich abrackern, mit Leichtigkeit übertrumpfen, wenn man sich denn eines Tages doch noch entschließen sollte, am Wettbewerb teilzunehmen. Zudem ist es häufig genau der Größenwahn und die sich daraus ergebende übersteigerte Erwartung an das eigene Leistungsvermögen, die „Genießer" und „Rebell" letztlich vom Arbeiten abhalten (was, wenn es dann doch nicht klappen sollte?). Kommen Sie also von Ihrem hohen Ross herunter und wagen Sie, sich „unter das Volk" zu mischen. Nur so werden Sie sich selbst ermöglichen, ins Arbeiten zu kommen (wie dies alle andern auch tun), Fehler zu machen (wie sie alle anderen auch begehen) und hier und da hoffentlich Erfolge zu verbuchen und endlich voranzukommen (wonach Sie sich am allermeisten sehnen).

Des Weiteren müssen „Genießer" und „Rebell" lernen, mit einem soliden und vernünftigen Zeitplan zu arbeiten und sich Arbeitspakete vorzunehmen, die realistischerweise zu bewerkstelligen sind. Die Erfahrung zeigt, dass ihr häufig anzutreffender Größenwahn kombiniert mit einer ordentlichen Portion arroganter Selbstüberschätzung sie dazu verleitet, sich – so erzählen sie gerne – auf das Studieren in überdimensioniert großem Bogen zu stürzen. Von einem pragmatischen und erfolgsorientierten Lernplan halten sie wenig, da man die Dinge – wenn schon, denn schon – „in der Tiefe" verstehen müsse. Dafür wiederum nehmen sie sich die Lektüre einer Vielzahl umfänglicher Grundlagenwerke vor. Der Arbeitsberg, den sie vor sich auftürmen, ist jedoch schließlich so groß, dass sie vor ihm – zu Recht – kapitulieren und sich stattdessen lieber wieder – das Geschehen betrachtend oder kommentierend – jenseits des Zaunes positionieren.

▶ „Rebell" und „Genießer" müssen zunächst ihre Positionierung in der Hochschule neu definieren, für sich eine Vision entwerfen und Verhaltensweisen etablieren, die ihnen dienlich sind. Darüber hinaus sollten sie lernen, ihr Leistungsvermögen realistisch einzuschätzen und sich Lerneinheiten vorzunehmen, die zu schaffen sind.

Exkurs – Prokrastination oder das ewige Aufschieben

Jeder kennt das Thema des Aufschiebens – Dinge, auf die wir wenig Lust haben, die uns sehr mühsam erscheinen, bei denen unter Umständen kein Ende abzusehen ist, die uns vielleicht mit noch Schlimmerem konfrontieren, schiebt jeder Mensch vor sich her – der eine eben nur ein paar Stunden, der andere viele Jahre. Die, die nur Stunden schieben, haben kein Problem. Die, die Wochen, Monate oder gar Jahre bis unendlich schieben, haben eines: Sie leiden unter Aufschieberitis, im Fachjargon Prokrastination. Es kann sich um das Aufschieben der Umsetzung bestimmter Vorsätze handeln (ich fange an, regelmäßig Sport zu treiben, ich höre auf zu rauchen, ich schaue weniger fern etc.). Es kann sich um das Aufschieben von Plänen handeln (ich räume die Garage auf, ich melde mich beim Tanzkurs an, ich buche den Urlaub). Und – wen wundert es – es kann sich um das Aufschieben von Lernvorhaben handeln. Sehr viele Studierende kennen diese „Krankheit", die ihnen den Genuss an der Freizeit

4.1 Studentische Selbstführungskompetenzen

verdirbt (das ist beinahe ihr schwerwiegendster Effekt) und zugleich den Erfolg verhindert. Je länger gewartet wird, umso schlimmer wird das Problem, umso größer die Arbeitsberge. Drei Dinge empfehle ich hier in Kurzform – Erstens: Portionieren Sie Ihre Arbeitseinheiten in verdaubare Päckchen – die meisten fangen erst gar nicht an, weil sie sich viel zu viel vornehmen. Zweitens: Limitieren Sie Ihre Arbeitseinheiten zeitlich – arbeiten Sie also lieber jeden Tag eine Stunde an einem bestimmten Thema anstatt sich den Gewaltmarsch von acht bis zehn Stunden vorzunehmen (den werden Sie nämlich, wenn überhaupt, nur einmal gehen und dann nie wieder). Drittens: Bleiben Sie an einer Sache so lange dran, bis Sie merken, dass Ihr Einsatz sich auszahlt. Ich nenne diesen Zeitpunkt den *Break-Even-Point*, ab dem (betriebswirtschaftlich) die Einnahmen die Ausgaben übersteigen, also Gewinn erzielt wird. Probieren Sie das wenigstens einmal aus – das sind Sie sich und Ihrem Leben schuldig –, und ich verspreche Ihnen, dass Sie ab dem Moment von ganz alleine weitermachen.

Allen „Genießern" und „Rebellen" unter Ihnen empfehle ich, Ihre Schwäche, nicht ins Arbeiten kommen zu können, jetzt anzugehen und keine Ausreden mehr zu suchen. Ich hoffe, es ist mir gelungen zu zeigen, dass der Ursprung der Sache vielmehr in einem ungünstigen Selbstbild und einer wenig hilfreichen Positionierung liegt als in einer angeborenen Trägheit, dem vielbeschworenen inneren Schweinehund. Wenn Sie sich dieser Aufgabe jetzt nicht stellen, wird Ihnen irgendwann nur noch die Position des Besserwissers zur Verfügung stehen – und den kann bekanntlich niemand leiden. Besserwisser sind häufig ihr Leben lang Zaungäste und vermeiden es tunlichst, in den Spiegel zu schauen. Theoretisch hätten sie jedes Tor geschossen, theoretisch hätten sie jede Prüfung bestanden, theoretisch wäre es ihnen gelungen, die Sache herumzureißen. Doch leider haben sie sich immer entschlossen, draußen stehen zu bleiben und sich nicht zu messen. Es hätte ja schiefgehen können ... Niemand beschreibt aus meiner Sicht den Besserwisser und seine Not passender als Fred Kofman:

> Der Besserwisser ist nicht einer, der alles weiß. Der Besserwisser ist derjenige, der sein *Selbstwertgefühl daraus bezieht, Recht zu haben*. Der Besserwisser ist äußerst zerbrechlich. Ohne die ständige Sicherheit, Recht zu haben, fühlt er sich entsetzlich ausgeliefert und verletzlich. Sein Ego ist wie ein Kristall: hart, unflexibel und zerbrechlich. Es gibt keine größere Bedrohung für ihn als die Steine der Ungewissheit, die die Welt dauernd auf ihn wirft. (Kofman 2005, S. 48)

Sie haben Ziele? Sie wollen diese erreichen? Fangen Sie an zu arbeiten und tun Sie dies – wenigstens einmal in Ihrem Leben – so lange, bis Sie merken, dass Ihr Einsatz sich auszahlt. Denn dann werden Sie ohnehin – ganz von alleine – immer weitermachen. Mit dem Lernen ist es wie mit vielen Dingen, die uns zunächst Überwindung kosten. Wer anfängt zu laufen, fragt sich, warum er sich das antut. Wer aber erfahren hat, wie leicht Laufen fällt (und wie gut es tut), wenn man es regelmäßig macht, der wird es immer wieder tun. Wer mit dem Lernen beginnt, fragt sich, wie er die Menge an Stoff jemals bewältigen kann. Wer aber erfahren hat, wie Ziegelstein für Ziegelstein auf einem Fundament seinen Platz findet, der wird nach Fertigstellung des Baus ein weiteres Projekt angehen. Schicken Sie Ihren inneren Schweinehund (der eigentlich nur ein harmloses Schoßhündchen ist) in sein Körbchen und beweisen Sie sich, dass Sie mehr können als kluge Sprüche zu klopfen.

Erliegen Sie zudem nicht der Illusion, dass Herumliegen etwas Wunderbares wäre. Aus meiner Sicht ist es ein großer Trugschluss zu glauben, es würde uns glücklich machen, mit einem vollen Konto im Rücken dauerhaft an irgendeinem Strand zu liegen (ich kenne einige Menschen, die nach Jahren des Herumliegens die Flucht aus dem vermeintlichen Paradies ergriffen und sich sehnsüchtig in neue Arbeitsprojekte stürzten). Es macht uns viel eher glücklich, wenn wir Dinge schaffen, die wir uns vornehmen, wenn wir uns überwinden und etwas leisten, wenn wir uns bewegen – in jedweder Form. Freizeit können wir nur genießen, wenn wir ihren Konterpart – das Arbeiten – kennen. Muße tut uns nur gut, wenn sie auf irgendeine Phase der Beschäftigung folgt. Das Lebensprinzip der rhythmischen Alternierung schlägt hier voll zu Buche. Wer dauerhaft herumliegt, ist nicht mehr in der Lage, es zu genießen. Alle Aufschieber haben das zur Genüge erfahren, oder?

▶ **Fazit** Der innere Schweinehund ist in Wirklichkeit ein harmloses Schoßhündchen, das Sie ohne große Mühe in sein Körbchen schicken können. Entscheidend ist, dass Sie Ihr Selbstbild geraderücken, Ihre Zaungastposition aufgeben und den Mut haben, sich mit anderen zu messen. Portionieren Sie Ihre Arbeitspakete so, dass Sie sie bewältigen können und bewegen sich so Stück für Stück Ihren Zielen entgegen. Ich verspreche Ihnen, dass sich das besser anfühlt, als vom Zaun kluge Empfehlungen abzugeben oder dauerhaft an irgendeinem Strand herumzuliegen. Hier noch einmal meine Empfehlungen im Überblick.

Meine Empfehlung
- Überdenken Sie Ihr Verhältnis zur Hochschule und modifizieren Sie Ihre Positionierung.
- Entwickeln Sie eine persönliche Vision und ersinnen Sie effektive Verhaltensweisen.
- Erstellen Sie konkrete „To-do-Pläne" für jeweils ein Semester.
- Rücken Sie Ihre Vorstellungen über Ihr Leistungsvermögen gerade.
- Arbeiten Sie mit Zeitplänen und portionieren Ihre Lerneinheiten realistisch.

- Überwinden Sie Ihre Trägheit und mutieren Sie nicht zum Besserwisser.
- Erliegen Sie nicht der Illusion, es könne Ihr befriedigender Lebenszweck sein, an irgendeinem Strand (oder einem anderen vermeintlich verlockenden Ort) herumzuliegen.

Zum Weiterlesen
- Wenn Sie Ihrem inneren Schweinehund noch eindringlicher auf die Schliche kommen wollen, empfehle ich Ihnen dringend das Buch *Das Günter-Prinzip: So motivieren Sie Ihren inneren Schweinehund*. Es ist sehr unterhaltsam geschrieben, mit netten Illustrationen unterfüttert und geht humorvoll, aber dennoch schonungslos mit den Betroffenen ins Gericht. Ein Muss für Menschen, die an ihrer eigenen Trägheit zu ersticken drohen und die handfeste Tipps für jeden Tag suchen (Frädrich 2011).
- Als ebenfalls lesenswert empfinde ich das Buch *So zähmen Sie Ihren inneren Schweinehund – Vom ärgsten Feind zum besten Freund* von Marco von Münchhausen. Hier werden gleichermaßen handfeste Strategien zum erfolgreichen Umgang mit dem inneren Saboteur vorgestellt. Auch wenn bereits vor neun Jahren erschienen, hat dieses Buch in der Analyse eines allseits bekannten Phänomens nicht an Gültigkeit eingebüßt (Münchhausen 2006).
- Schließlich möchte ich Sie noch auf Daniel Hochs Buch *Aufschieberitis: Die Volkskrankheit Nr. 1* hinweisen. Es ist 2014 erschienen und damit das aktuellste unter den genannten Büchern. Der Autor, Daniel Hoch, setzt sich sehr ernsthaft mit den scheinbar harmlosen, aber in Wirklichkeit lebensbedrohlichen Nebenwirkungen der Aufschieberitis auseinander. Ein ernstes Buch über ein ernstes Thema (Hoch 2014).

4.1.5 Nutze den Gestaltungsspielraum in Prüfungssituationen

> Prüfungen sind deshalb so scheußlich, weil der größte Trottel mehr fragen kann, als der klügste Mensch zu beantworten vermag. (Charles Caleb Colton)

Einer der größten Fehler, die wir rund um Prüfungssituationen begehen, ist der, dass wir uns verhalten wie Häftlinge. Eigentlich verhalten wir uns gar nicht, sondern stehen gedanklich mit dem Rücken zur Wand und benehmen uns, als seien uns die Hände gefesselt. In gewisser Weise ist das nachvollziehbar – der Prüfer entscheidet über Bestehen oder Durchfallen, eine vor uns liegende Klausur muss so und nicht anders geschrieben werden, wir können niemandem eine Verständnisfrage stellen, wir können auch niemandem später erklären, wie wir dieses oder jenes gemeint haben. Und dennoch – wie Prüfungen für uns ausgehen, hängt in großem Maße davon ab, ob wir unsere zugegebenermaßen eingeschränkte, aber doch vorhandene Bewegungsfreiheit erkennen und nutzen. Was meine ich damit?

Beginnen wir mit der Prüfungsvorbereitung. Ich sprach bereits an anderer Stelle darüber: Es ist unerlässlich, dass wir herausfinden, wie geprüft wird. Müssen wir auswendig gelernte Definitionen aufführen? Müssen wir Zusammenhänge herstellen? Müssen wir in Multiple-Choice-Tests Kreuzchen machen? Nicht nur unsere inhaltliche Vorbereitung hängt in hohem Maße von der frühzeitigen Beantwortung dieser Fragen ab, sondern auch unsere Vorbereitung im Hinblick auf die Prüfungs-Methodik. Und genau das bedenken nur die wenigsten. So absurd es auch ist – in vielen Klausuren schneiden nicht unbedingt die inhaltlich Stärkeren gut ab, sondern die, die vorab die Prüfungsmethodik eruiert und sich entsprechend zielgerichtet vorbereitet haben.

Beispiel – Woran erkenne ich die falsche Antwort?

Als meine Kinder noch sehr klein waren, bereitete ich in Abendkursen Menschen auf die sogenannten *BEC*-Prüfungen vor, mit deren Bestehen man ein *Business English Certificate* der Universität Cambridge erwirbt. In dieser Prüfung ist es unerlässlich, dass man sich zum einen seine Zeit ganz genau einteilt, da man für die einzelnen Prüfungsteile nur ein bestimmtes Zeitfenster hat; zum anderen muss man sich eine gewisse Systematik erarbeiten, mit deren Hilfe man die Fragen bzw. Aufgaben schnell und korrekt beantworten bzw. lösen kann. Studiert man etwa die *Listening-and-Comprehension*-Übungen früherer Prüfungen, erkennt man Schemata, die einem dabei helfen, die falschen Lösungsangebote rasch zu erkennen und auszuschließen. Infolgedessen verbrachten meine Schüler und ich also mindestens ein Drittel unserer Kurszeit damit, die Prüfungsmethodik zu studieren und Vorgehensweisen zu entwickeln, die eine optimale Bearbeitung der Fragestellung in der vorgegebenen Zeit ermöglichen würden. Natürlich haben wir auch Englisch gelernt – Vokabeln gepaukt, Grammatik-Regeln gelernt, Essays geschrieben ... Dennoch – davon bin ich überzeugt – bestanden alle Kursteilnehmer nur auf Anhieb, weil wir uns ausführlich mit der Prüfungsmethodik befasst hatten.

4.1 Studentische Selbstführungskompetenzen

▶ Finde die Prüfungsmethodik der bevorstehenden Prüfung heraus und bereite dich entsprechend nicht nur inhaltlich, sondern auch methodisch vor.

Weitere Freiräume ergeben sich im Verlauf von Prüfungen. Es stimmt, dass niemand zugegen ist, den Sie etwas fragen oder dem Sie erklären können, wie Sie Dinge meinen. Selbst wenn jemand Fachkundiges aus dem passenden Fachbereich Aufsicht in einer Prüfung führte, wäre es absolut undenkbar, dass unter dem Dach einer Hochschule Fragen zu Klausuraufgaben beantwortet werden. In Prüfungen sind wir faktisch alleine – auch wenn wir manchmal mit zweihundert Leuten in einem Saal sitzen. Und dennoch haben wir auch hier die Chance, uns zu erklären, nicht mündlich, aber schriftlich. Es steht in keiner Prüfungsordnung, dass Sie unmittelbar mit der Darlegung einer fachlichen Antwort beginnen müssen. Es steht nirgendwo geschrieben, dass schriftliche Kommentare vonseiten des Prüflings in Klausuren verboten sind. Nutzen Sie diesen Freiraum! Wenn Sie z. B. nicht ganz sicher sind, wie eine Frage genau gemeint ist und auch nach tiefem Reflektieren keine Klarheit darüber gewinnen konnten, teilen Sie dies dem Leser Ihrer Klausur mit. Entwickeln Sie dann eine Herangehensweise, die in Beziehung zu der von Ihnen nicht verstandenen Frage steht und Ihnen zugleich die Möglichkeit gibt, das Wissen, das Sie in Vorbereitung auf die Prüfung erworben haben, darzustellen. Gehen Sie dann – wie immer wenn Sie Klausurfragen beantworten – logisch und systematisch vor, bauen Ihre Texte sinnvoll auf, vermeiden Fehler und zeigen, was Sie können. Unterm Strich können Sie davon ausgehen, dass auch der ein oder andere Kommilitone eine Frage, die Sie nicht verstehen, nicht verstanden hat. Es geht aber auch in der Beantwortung von Klausurfragen nicht nur darum, ob Sie eine Frage genauso verstehen, wie der Prüfer Sie gemeint hat. Es geht vielmehr darum, ob Sie einen schlauen Weg finden, Ihre fachliche und Ihre Darstellungskompetenz zu zeigen. Es gibt natürlich keine Garantie dafür, dass der Prüfer Ihre Herangehensweise schätzt und entsprechend mit einer vernünftigen Note bewertet. Die vielen Jahre, die ich bisher in Hochschulen verbracht habe, haben mir aber gezeigt, dass Lehrende in Hochschulen intellektuelle Anstrengungen jedweder Art gemeinhin zu schätzen wissen. Und einen Versuch ist es allemal wert ...

Beispiel – Was um Himmels willen ist eine Abgasentstaubungsanlage?

Ich werde den Tag im April 1995 nie vergessen, an dem ich meine Diplomprüfung in Betriebswirtschaftslehre schrieb. Justus-Liebig-Universität Gießen, Philosophikum I, Hörsaal 1 – BWL war nie wirklich mein Lieblingsfach, doch ich hatte mich mehr als intensiv vorbereitet und ging zuversichtlich in die Klausur. Als wir den Prüfungsbogen vor uns umdrehten und ich die Fragen las, traf mich beinahe der Schlag. Die erste von zwei Fragen (für die wir zusammen 4 h Zeit hatten) lautete: „Stellen Sie den Entscheidungsprozess am Kauf einer Abgasentstaubungsanlage vor". Zwei Gedanken schossen mir durch den Kopf – Erstens: „Wie soll man in so eine einfache Frage Gehalt bringen? Dies ist immerhin eine Diplomprüfung!". Zweitens: „Was um Himmels willen ist eine Abgasentstaubungsanlage?" (Die zweite Prüfungsaufgabe kam aus dem Fach, das mich am wenigsten begeisterte – Bilanzen …) Nachdem die Schockstarre wieder aus meinem Körper gewichen war, begann ich nachzudenken: „Gut, du weißt nicht, was eine Abgasentstaubungsanlage ist. Du hast auch keine Chance, es hier und jetzt herauszufinden. Und darauf kann es ja eigentlich auch nicht ankommen. Schließlich hast du BWL und nicht Ingenieurwesen studiert. Wahrscheinlich wollen die doch nur sehen, ob du betriebswirtschaftlich denken und den Entscheidungsprozess auf dir unbekannte Fälle ummünzen kannst. Worum kann es also gehen? Entweder ist eine Abgasentstaubungsanlage ein eher günstiges Produkt, das in jedes Auto eingebaut wird, oder es ist etwas richtig Teures – also ein Investitionsobjekt, das Fabriken einrichten und wahrscheinlich über viele Jahre abschreiben müssen." Ich entschied mich für die Lösung des Investitionsobjektes, erklärte am Anfang der Klausur, dass ich keine klare Vorstellung davon hätte, was eine Abgasentstaubungsanlage sei, dass ich aber im Folgenden davon ausgehen würde, dass es ein hochpreisiges Investitionsobjekt sei, über dessen Anschaffung ein in Deutschland tätiger Betreiber von Kohlekraftwerken entscheiden müsse. Dann entwickelte ich meinen Entscheidungsprozess und machte mich im Anschluss an die Bilanzierungs-Aufgabe. Das Ergebnis der Klausur war – trotz großer Bedenken, die ich über Wochen mit mir herumschleppte – wirklich gut! Noch heute bin ich froh über die Entscheidung, damals so vorgegangen zu sein. Nicht unbedingt wegen der Prüfungsnote – deren Relevanz ist inzwischen verjährt –, aber darüber, dass ich den geringen Freiraum, der für mich bestand, erkannte und nutzte.

▶ Wenn Sie eine Frage auch nach längerem Reflektieren nicht genau verstehen, erklären Sie das zu Beginn Ihrer Klausur. Entwickeln Sie dann – aufbauend auf der nicht verstandenen Fragestellung – einen Problemansatz, an den Sie anknüpfen können, und legen Ihr Wissen im Anschluss dar.

4.1 Studentische Selbstführungskompetenzen

Auf viel größere Freiräume als in schriftlichen Prüfungen treffen wir natürlich in mündlichen. Auch hier gilt es allerdings, mit viel Geschick und Mut vorzugehen. Zunächst einmal möchte ich Sie dazu ermuntern, in Prüfungen zu hospitieren. Zu meiner Zeit mussten wir lediglich Prüfling und Professor fragen, ob wir der Prüfung still und beobachtend beiwohnen dürften. Wenn beide dem zustimmten, konnte sich eine angemessene Zahl von Studierenden das Geschehen anschauen. (Inwiefern die Möglichkeit der Prüfungshospitation an Ihrer Hochschule gegeben ist, müssen Sie eruieren.) Mir hat das Beobachten diverser mündlicher Prüfungen in vielerlei Hinsicht geholfen: Zum einen bekam ich eine Idee davon, wie gefragt bzw. geprüft wird, zum anderen bekam ich Einblicke in studentische Verhaltensweisen, die ich mir schwor, in jedem Falle zu umgehen bzw. in solche, von denen ich mir vornahm, eine Scheibe abzuschneiden. Zu den Verhaltensweisen, die ich umgehen wollte, gehörte vor allem dauerhaftes Schweigen (wenn offensichtlich keine Antwort parat war) und peinliches Herumstammeln. Zu den Verhaltensweisen, von denen ich mir eine Scheibe abschneiden wollte, gehörten dynamische Ehrlichkeit („Diese Frage kann ich leider nicht beantworten; ein ähnlicher Fall, der mir hierzu bekannt ist, ist aber ..."), Pro-Aktivität („Ein Gebiet, das mich beim Lernen besonders fasziniert hat, ist...") und Charme (in manchen Prüfungen wurde tatsächlich viel gelacht). Natürlich trauen wir uns nur, ehrlich, pro-aktiv, dynamisch und charmant-witzig in Prüfungen zu agieren, wenn wir uns inhaltlich sicher fühlen. Eine gewisse Kompetenz ist immer Grundvoraussetzung für selbstbewusstes Verhalten. Dennoch ist eine Portion Mut und der Wille, da wo möglich, Einfluss auf das Prüfungsgeschehen zu nehmen, eine sehr wichtige Zutat für eine erfolgreich verlaufende mündliche Prüfung. In manchen Fällen kann uns das sogar Kopf und Kragen retten.

> **Beispiel – Ich fände es sympathisch, wenn Sie mich anschauen würden**
>
> Meine mündliche BWL-Prüfung fand ca. sechs Wochen im Anschluss an die Diplomklausur statt, von der ich erzählte. Wir gingen damals in die Prüfung, ohne unser schriftliches Ergebnis zu kennen. Ich fühlte mich gut vorbereitet und war gewappnet, die letzte von acht Diplomprüfungen hinter mich zu bringen. Ich ging also in den Raum, begrüßte Professor und Assistent. Der Assistent lächelte freundlich, der Professor schaute nicht einmal von seinen Notizen auf. Er startete – wiederum ohne mich anzuschauen – mit einer Frage aus dem Finanzbereich (nicht gerade mein stärkstes Fach), auf die ich keine vernünftige Antwort wusste. Ich radebrechte also – entgegen meines Planes – ein wenig herum und schaute, ob ihn das zufriedenstellte. Dies war nicht der Fall. Also

stellte er die Frage erneut und ich stammelte erneut herum, diesmal mit einer etwas anderen Wortwahl. Ich wurde langsam unruhig und begann, mich sehr unwohl zu fühlen. (Angeschaut hatte der Professor mich bis dahin immer noch nicht.) Schließlich stellte er dieselbe Frage ein drittes Mal. Ich versuchte es wieder, diesmal mit einer weiteren Variation, doch blieb auch hier wieder erfolglos. Nichts befriedigte ihn. Er seufzte, sah seinen Assistenten an und sagte: „Finden Sie es nicht auch schockierend, dass unser Fräulein diese triviale Frage nicht beantworten kann?" Dieser Kommentar verwandelte mein bisheriges Unwohlsein in authentische Wut und ich hörte mich sagen (woher ich den Mut nahm, weiß ich bis heute nicht): „Herr XY, Sie merken doch, dass ich diese Frage nicht beantworten kann. Es sind jetzt beinahe zehn Minuten der Prüfung vorbei und Sie haben mir erst eine einzige Frage gestellt. Bisher habe ich alle Prüfungen gut gemeistert. Geben Sie mir doch bitte die Chance, auch hier mein Wissen zu zeigen. Im Übrigen", so fügte ich hinzu, „fände ich es sympathisch, wenn Sie mich dabei anschauen würden." Ich glaube, es war der Schlusskommentar, der ihn „aufweckte". Er war so überrascht von meiner Äußerung, dass er mich von dem Moment an intensiv anschaute und mir nur noch ziemlich einfache Fragen stellte. So musste er mir am Ende doch noch eine halbwegs akzeptable Note geben, und da die mündliche Prüfung verhältnismäßig wenig zählte, konnte sie meine gute Endnote nicht beeinträchtigen. Ich glaube, den Mut, den ich in dem Moment bewies, habe ich meiner Mutter zu verdanken. Sie hat mich gelehrt, dass man sich in keiner vorstellbaren Situation alles bieten lassen muss (übrigens ein starker Glaubenssatz). Daran habe ich mich in dem Moment intuitiv erinnert – und er hat mir Kopf und Kragen gerettet. Bis heute bin ich sicher, dass der Prüfer mir andernfalls eine sehr schlechte Note für meine mündliche Leistung gegeben hätte …

▶ Wenn Sie den Eindruck haben, dass der Rahmen, in dem Sie mündlich geprüft werden, keine optimalen Bedingungen bietet oder nicht wirklich fair für Sie verläuft, so trauen Sie sich ruhig – natürlich immer respektvoll und freundlich – dies anzusprechen. Sorgen Sie dafür, dass Sie eine faire Chance bekommen, Ihr Wissen zu platzieren. Sorgen Sie dafür, dass Sie die Möglichkeit haben, das, was Sie vorbereitet haben, an den Mann oder die Frau zu bringen.

▶ **Fazit** Rund um Prüfungen gibt es einen gewissen Spielraum, innerhalb dessen wir die Ausgestaltung und den Verlauf der Prüfung zu unseren Gunsten beeinflussen können. Unterm Strich geht es hierbei immer darum, aktiv nach Möglichkeiten zu suchen, unser Wissen zu platzieren. Unsere Bemühungen werden indessen nur gelingen, wenn wir zwar sicher und mutig vorgehen, aber dabei zugleich stets den Hoheitsbereich des Prüfers respektieren.

Meine Empfehlung
- Nutzen Sie die Handlungsfreiräume, die Ihnen in Prüfungen zur Verfügung stehen.
- Erklären Sie sich vorab schriftlich, wenn Sie in einer Klausur den Eindruck haben, Ihre Herangehensweise erklären zu müssen.
- Verhalten Sie sich in mündlichen Prüfungen pro-aktiv und versuchen, die Prüfung – im Rahmen Ihrer Möglichkeiten – mitzugestalten.
- Sorgen Sie – freundlich, aber entschlossen – dafür, dass Sie faire Bedingungen erhalten.

4.1.6 Erweitere deinen Horizont

Die größte Sehenswürdigkeit, die es gibt, ist die Welt – sieh sie dir an.
(Kurt Tucholsky)

Das Wort „Studieren" kommt – wie könnte es anders sein – aus dem Lateinischen und bedeutet so viel wie „sich eifrig bemühen, streben nach, sich widmen". Das Phänomen des Studierens in großem Bogen, wie ich es ansprach, findet hier seinen Ursprung. Nach diesem Verständnis bedeutet zu studieren, in Materie abzutauchen, Fachgebiete in der Tiefe zu erkunden, zum Experten einer Studienrichtung zu werden. Dieser Gedanke ist wertvoll und hat seinen Sinn, stammt aber aus Zeiten, in denen nur gesellschaftlich und finanziell privilegierte Menschen studierten, die nicht innerhalb von drei Jahren einen Bachelor-Abschluss erwerben mussten, um sich dann mittels dieses Abschlusses ihren Lebensunterhalt zu verdienen. Studieren – das war ursprünglich eine Luxusbeschäftigung des intellektuellen Großbürgertums, eine Beschäftigung also für Menschen mit finanziellen Möglichkeiten und einem Übermaß an freier Zeit.

Und so gehörte, seit der Renaissance, zur intellektuellen Grundausbildung junger Adliger oder Großbürgerlicher – isoliert oder als Ergänzung zum Studium – das Unternehmen einer sogenannten Bildungsreise. Die *Grand Tour*, die durch Mitteleuropa, immer nach Italien, oft auch Spanien und gelegentlich in das Heilige Land führte, war die prominenteste unter ihnen. Während dieser Reisen, die Monate, manchmal Jahre in Anspruch nahmen, las und lernte man, sammelte aber in erster Linie Erfahrungen und setzte sich mit Land und Leuten auseinander. Studieren bedeutete also ursprünglich neben dem Erwerb von Wissen und Methoden auch das Sammeln von Lebenserfahrung und die Erweiterung – im wahrsten Sinne des Wortes – des eigenen Horizontes durch Reisen und der inbegriffenen Konfrontation mit dem Fremden.

Heute ist, so scheint es, keine Zeit mehr für eine *Grand Tour*. Schüler erwerben mit siebzehn oder knapp achtzehn Jahren ihre allgemeine Hochschulreife. Wenn sie dann gleich mit einem Studium beginnen und dieses zügig durchziehen, sind sie mit zwanzig oder einundzwanzig Jahren fertig. Selbst wenn sie dann noch ein Masterstudium anhängen, steigen sie mit zweiundzwanzig oder dreiundzwanzig Jahren immer noch sehr jung in das Berufsleben ein. Viele Firmenvertreter erzählen davon, dass sich unzählige sehr junge und sehr gut ausgebildete Menschen auf Jobs in Unternehmen bewerben, die zugleich über unglaublich wenig Lebenserfahrung verfügen und daher trotz ihres fachlichen Know-hows berufliche Problemstellungen häufig nicht zufriedenstellend lösen können. Ich bin unterm Strich ein Freund insbesondere der Schulzeitverkürzung und begrüße grundsätzlich auch die Wahlmöglichkeit zwischen einem drei- und einem fünfjährigen Studium. Was ich nicht gutheiße, ist das gehetzte Lernen und das Beschränken auf das inhaltlich Notwendigste, um möglichst früh in den Arbeitsmarkt einsteigen zu können. Lebenserfahrung und eine gewisse emotionale Reife sind Grundvoraussetzung, um Wissen anwenden, Methoden einsetzen und Sachverhalte einschätzen zu können. Von daher empfehle ich allen jungen Leuten, sich ein gewisses Maß an Zeit für die emotionale Reifung und die Erweiterung des Horizontes zu nehmen. Reisen Sie, konfrontieren Sie sich mit Ungewohntem, verlassen Sie Ihre Komfortzone, machen Sie so viele Erfahrungen wie möglich. Kein Personaler mit Weitblick wird Ihnen das ankreiden – unterm Strich werden die allermeisten von ihnen – im Gegenteil – Ihre gewonnene Lebenserfahrung und die bewusste Entscheidung, Ihrem persönlichen Heranreifen Zeit einzuräumen, zu schätzen wissen. Und ganz abgesehen davon, wie die Erweiterung Ihres Horizontes auf dem Arbeitsmarkt aufgenommen wird, sollte sie Ihnen ganz persönlich sehr wichtig sein. Denken Sie daran, dass wir uns am Ende unseres Lebens nicht wünschen, noch mehr gearbeitet zu haben, sondern uns darüber ärgern, so viele Dinge nicht getan zu haben, nach denen wir uns eigentlich immer wieder sehnten …

Lesen Sie den Beitrag einer Studentin, die das Projekt Studium aus einer, wie ich finde, beachtenswerten, mutigen und sehr anderen als der gemeinhin geforderten Perspektive angeht und begreift:

> Mein Studium war für mich von Anfang an vielmehr ein Experiment als ein Weg, der zum Erreichen eines bestimmten Karriereziels führt. In erster Linie wollte und

4.1 Studentische Selbstführungskompetenzen

will ich in dieser Zeit neue Gedanken wagen, mir bisher unbekannte Perspektiven einnehmen, alteingesessene Konventionen hinterfragen, lernen, kritisch zu denken, und herausfinden, was für ein Mensch ich sein will. Zu Beginn hatte ich noch nicht den Eindruck, dass mir Bücher dabei helfen würden; ich wollte Gespräche mit möglichst vielen Menschen führen, neue Menschen kennenlernen. Ich würde auch nicht sagen, dass das keine Arbeit ist, wenn man tatsächlich versucht, ihre Ansichten nachzuvollziehen. Durch die Auseinandersetzung mit verschiedensten Perspektiven habe ich zwangsläufig lernen müssen, wie komplex die Welt ist und wie schnell man dabei ist, sie für seine Zwecke zu begradigen. Je mehr Ansichten man im Gespräch kennenlernt, desto schwieriger fällt es auch oft, überhaupt eine stringente Meinung zu haben. Meine Bemühungen haben mir immer wieder einige Selbstzweifel abverlangt, aber ich habe den Eindruck, dass gerade jene Gespräche oder Personen, die mich verwirrt und verunsichert haben, mich gelehrt haben, was Bücher mir nicht hätten beibringen können. Obwohl auch jedes Buch, das einen zunächst zu überfordern scheint, wesentlich zum konstruktiven Zweifel beiträgt, sofern man sich darauf einlässt.

Ich glaube, dass man eine andere Einstellung zu Lernen und Arbeit, vielleicht auch zum Leben, bekommt, wenn man nicht in Fluchtpunktperspektive auf etwas zuarbeitet, für das man einen konkreten Lohn einfordern will. Es ist natürlich völlig in Ordnung, auf ein konkretes Berufsziel hinzuarbeiten und dementsprechend an sein Studium heranzugehen. Aber jeder darf von seinem Recht Gebrauch machen, zu überlegen und zu entscheiden, was ein Studium für ihn bedeutet, und, sollte er zu anderen Schlüssen kommen als die Bologna-Reformer, sich die Zeit und Muße nehmen, das Studium so zu leben und erleben, wie er es für sinnvoll hält. Ich glaube nicht, dass es einer Gesellschaft zuträglich ist, wenn schon die junge Generation lediglich das tut, von dem sie glaubt, dass es (von wem auch immer) verlangt wird. Es gibt wenig in der Welt, das absolut unveränderlich ist. Veränderung beginnt mit Hinterfragen und darauf aufbauenden eigenständigen Entschlüssen. Das nimmt viel Zeit in Anspruch, aber diese Zeit ist sinnvolle Zeit.

Charlotte Döhrmann, Studentin der Philosophie (Nebenfach Germanistik), Ruprecht-Karls-Universität Heidelberg

▶ **Fazit** Unser emotionales Heranreifen ist ebenso bedeutsam für das Herausbilden einer reifen Persönlichkeit wie unsere intellektuelle Ausbildung. Nehmen Sie sich also bewusst Zeit, um Erfahrungen zu sammeln, Ihren Horizont zu erweitern, sich und andere besser kennenzulernen und schwierige Situationen zu bestehen. Studieren bedeutet „nach etwas zu streben", nicht nur in möglichst kurzer Zeit einen möglichst guten Abschluss zu ergattern.

Meine Empfehlung
- Denken Sie während Ihres Studiums nicht nur daran, möglichst gute Noten zu schreiben und schnell fertig zu werden.

- Behalten Sie im Hinterkopf, dass Ihre emotionale Reife und ein erweiterter Horizont genauso wichtig und oft sogar wichtiger für das Gelingen Ihrer beruflichen Laufbahn (und Ihres Lebens im Allgemeinen) sind.
- Nehmen Sie sich bewusst Zeit zu reisen und/oder außergewöhnliche Erfahrungen zu machen.
- Verbuchen Sie diese Zeit als Ihre persönliche *Grand Tour* und seien Sie stolz darauf, dass Sie sich Zeit für das Entwickeln und Reifen Ihrer Persönlichkeit nehmen.

Zum Weiterlesen
- Ein Roman, der im Jahr 2004 erschien und Kritiker sowie Leserschaft gleichermaßen begeisterte, trägt den Titel *Grand Tour: oder die Nacht der Großen Complication*. In ihm greift sein Autor auf die Idee der *Grand Tour* zurück und schickt seinen Protagonisten als Schlafwagenschaffner quer durch Europa und verschiedene Abenteuer (Kopetzky 2004).
- Eine durchaus seriöse Internetseite, auf der Sie sich über die *Grand Tour* informieren können, ist die von Heiko Faller gestaltete Seite *Die Grand Tour des Adels*. Hier finden Sie Details zu der Entstehungsgeschichte der *Grand Tour*, ihren Routenvariationen, den genutzten Verkehrsmitteln und Unterkünften etc. (Faller o. J.).

Kurz zusammengefasst – Was Sie aus Kap. 4.1 mitnehmen sollten

Ein Studium erfolgreich zu absolvieren hängt von wesentlich mehr als nur von Ihrem intellektuellen Potenzial ab. Wieder einmal sind es die Soft Skills – in diesem Falle die studentischen Selbstführungskompetenzen –, die Erfolg möglich machen. Dazu gehört die Identifikation mit dem Studienfach, die Übernahme von Selbstverantwortung und das Mitgestalten von Prüfungssituationen ebenso wie das bewusste Reservieren von Zeitfenstern für die persönliche Entwicklung. Unterm Strich sind wiederum der Mut zur Individualität, das Bekenntnis zum eigenen Ich sowie der pro-aktive Gestaltungswille die wertvollsten Wegbegleiter.

4.2 Studentische Kooperationskompetenzen

Wie bereits mehrfach betont, ist der Mensch zugleich Individuum und soziales Wesen. Als Individuum zieht er einen Großteil seiner Befriedigung daraus, dass er seinen eigenen Interessen nachgeht, seine persönlichen Ziele verfolgt, seine individuellen Motive befriedigt, im Idealfall sich selbst verwirklicht. Um seine Ziele als Individuum zu erreichen, wendet er idealerweise immer wieder eine Auswahl an Selbstführungskompetenzen an. Als soziales Wesen bereitet es ihm Freude und Wohlgefühl, wenn er „dazugehört", also anerkanntes Mitglied einer Gruppe, einer Clique, eines Freundeskreises ist, wenn er gemeinsam mit anderen, also in der Kooperation, etwas erreicht, das ihm alleine nicht gelungen wäre, wenn er sich mit anderen austauschen und so seine eigenen Erfahrungen mit denen Dritter abgleichen kann. Um seine Ziele als soziales Wesen zu erreichen, wendet der Mensch wünschenswerterweise immer wieder eine Auswahl an Kooperationskompetenzen an. Über welche Kooperationskompetenzen Studierende verfügen sollten, will ich Ihnen im nun folgenden Kap. 4.2 erklären.

4.2.1 Suche dir passende Wegbegleiter

> Die Freunde, die man morgens um vier Uhr anrufen kann, die zählen.
> (Marlene Dietrich)

Passende Wegbegleiter braucht man im Studium für verschiedene Dinge: So ist es in Hochschulen, die zum Teil so viele Studierende beherbergen wie Einwohner in manchen kleinen oder mittelgroßen Städten wohnen (an der Goethe-Universität Frankfurt am Main sind es zum Beispiel knapp 45.000 Studierende), zunächst einmal unerlässlich, dass Sie nicht alleine unterwegs sind. Sie brauchen dort einfach Menschen, die mit Ihnen gemeinsam den Alltag meistern – in Vorlesungen oder in die Mensa gehen, einen Kaffee trinken, Seminare besuchen, gemeinsam den Heimweg antreten. Nirgendwo fühlt man sich so einsam wie unbekannt und unverbunden unter vielen Menschen. Suchen Sie sich also entschlossen von Beginn an sympathische und ähnlich gesonnene Menschen, mit denen Sie unkompliziert den Hochschul-Alltag teilen können. Sollte dieses Unterfangen nicht auf den ersten Blick gelingen, bleiben Sie dran. Versuchen Sie es weiter, sprechen Sie Kommilitonen an, die Ihnen sympathisch erscheinen, schließen Sie sich bereits bestehenden Gruppierungen an, gehen Sie das Thema bewusst und aktiv an. Und glauben Sie mir – Sie sind mit Ihrem Wunsch nach Verbindung und Ihrer Angst vor Isolation nicht alleine. Ich weiß von unzähligen Studierenden, denen es davor graut, alleine in den Pausen herumzustehen, die (noch) niemanden kennen, zu dem sie sich gesellen können, für die es jedes Mal ein Albtraum ist, wenn es darum geht, einen Partner für eine Teamarbeit zu suchen. Überwinden Sie Ihre Scheu und suchen Sie sich aktiv Weggefährten – Sie tun sich und vielen anderen einen Gefallen. Suchen Sie sich aktiv Menschen, mit denen Sie den Hochschulalltag gemeinsam angehen und teilen können. Sollten erste Versuche scheitern, bleiben Sie hartnäckig und suchen Sie weiter.

Des Weiteren brauchen Sie Freunde. Diese können Sie sich jedoch weder backen noch aktiv suchen. Sie können lediglich dafür sorgen, dass aus vielversprechenden Bekanntschaften Freundschaften werden. Scheint Ihnen jemand besonders sympathisch, vertrauenswürdig und ähnlich „unterwegs" wie Sie, so seien Sie bereit, einiges zu investieren, auf dass Ihre Beziehung eine tiefere Dimension bekommt. Ein ganz wichtiger Teil eines gelungenen Studiums oder vielmehr einer gelungenen Studienzeit ist nämlich nicht nur der gute Abschluss, sondern auch die Freude, die man mit seinen befreundeten Kommilitonen geteilt hat. In meinen Augen sollte ein Studium nur als „erfolgreich abgeschlossen" gewertet werden dürfen, wenn der betreffende Studierende gemeinsam mit Bekannten und Freunden viel und laut gelacht, sich häufig amüsiert, sich immer wieder mit netten Menschen verbunden und regelmäßig ordentlich gefeiert hat. Zu einem gelungenen Studentenleben gehört das Herumliegen auf Wiesen im Sommer, das Schlürfen von Eiskaffees, Cappuccinos oder Proseccos in gemütlichen Cafés oder den Hochschul-Cafeterien, deren Charme nicht selten begrenzt ist (doch auch das gehört dazu). Zu einem gelungenen Studentenleben gehört, dass man im Sommer regelmäßig nach Hause kommt, wenn die Vögel schon zwitschern und es zu dämmern beginnt; dazu gehören spontane Wochenendtrips an nahegelegene Badesees, die Umsetzung verrückter Ideen, das Ausleben jugendlichen Leichtsinns (selbstverständlich immer, ohne sich oder andere in Gefahr zu bringen). Für all diese unerlässlichen Dinge brauchen Sie Freunde. Gehen Sie also die „Operation Freu(n)de" mit Engagement und Zielstrebigkeit an.

Erfolg im Studium und Spaß im Leben schließen sich dabei keinesfalls aus, auch wenn viele das meinen. Ich halte es ganz im Gegenteil für unerlässlich und von großer Bedeutung für Ihre physische und psychische Gesundheit, zwischen beiden Gebieten eine Balance zu finden (siehe Abb. 4.4). Selbstverständlich gibt es Phasen, in denen Sie nicht feiern gehen dürfen, in denen Sie einfach nur Tag für Tag an Ihrem Schreibtisch sitzen und Ihre Bachelor-Arbeit schreiben, sich auf wichtige Prüfungen vorbereiten oder Hausarbeiten in knapper Zeit anfertigen müssen. Zwischen diesen Lernphasen tun sich aber immer wieder Zeiten auf, in denen Sie Ihr Leben hemmungslos genießen können und sollten. Ich sagte es zu Beginn dieses Buches – eine Zeit wie die Studienzeit kommt in Ihrem Leben nicht mehr wieder: Sie sind jung, Ihr Körper verkraftet vergleichsweise viel Stress, Sie sind

Abb. 4.4 Die Balance zwischen Studium und Leben

ungebunden (jedenfalls ungebundener, als wenn Sie bereits Familie hätten). Sie sind reich an Ideen und haben noch unzählige Träume und Illusionen im Kopf. Genauso wie das Reisen und die damit verbundene Erweiterung Ihres Horizontes, spielt die Freude, der Spaß, das Feiern, das Herumalbern – selbstverständlich immer gemeinsam mit anderen – eine eminent wichtige Rolle für Ihre Entwicklung. Ich kann Ihnen versichern, dass ich keine der unzähligen Partys, die ich in meinem Studentenleben gefeiert habe, bereue. Im Gegenteil – ich bin heute noch stolz und glücklich, dass ich jede attraktive Gelegenheit mitgenommen habe, die sich mir bot, um mich zu amüsieren, um mein junges Leben zu genießen, um gemeinsam mit meinen Wegbegleitern das Leben zu feiern. Die engsten Freunde aus meinem Studium sind auch heute noch – exakt zwanzig Jahre nach unserem Abschluss – meine engsten Freunde. Die geteilten Erlebnisse haben uns für immer verbunden, und die Tiefe unserer Beziehungen, die sich während unserer gemeinsamen Studienzeit entwickelte, war eine optimale Basis für eine lebenslange Verbundenheit.

▶ Sorgen Sie dafür, dass aus Ihren vielversprechenden Bekanntschaften Freundschaften werden und genießen Sie gemeinsam mit Ihren Freunden die einmalige Zeit des Studentenlebens. Freude zu empfinden und das Jungsein auszukosten ist genauso wichtig für Ihre Entwicklung wie das Bestehen von Prüfungen und das Absolvieren von Praktika.

Drittens schließlich sollten Sie sich Kommilitonen suchen, mit denen oder von denen Sie besonders gut lernen können. Häufig sind dies Menschen, die anders ticken als Sie und oft auch nicht zu Ihrem engsten Freundeskreis gehören. Verabreden Sie sich mit Kommilitonen zum Lernen, die Materie aus einem anderen

Blickwinkel betrachten als Sie, die vielleicht ganz andere Wege des Lernens für sich entdeckt haben, die Sie dazu bringen, über andere Dinge nachzudenken, als Sie es bisher gewohnt waren.

Mit Freunden teilen wir oft sehr viel und fühlen uns häufig so wohl, weil diese ähnliche Seiten haben wie wir. Inhaltlich bringt uns das aber oft kein Stück weiter. Inhaltlich – und das gehört eben wieder zum Studieren in großem Bogen – ist es oft viel hilfreicher, wenn wir mit Menschen arbeiten, die ganz neue Gedankengänge in uns auslösen, die uns dazu zwingen, Sachverhalte aus neuen Perspektiven zu sehen, die unsere gewohnheitsmäßigen Denk- und Lernschemata infrage stellen. Achten Sie also darauf, dass Freundes- und Lernkreise nicht unbedingt deckungsgleich sind. Es schadet häufig gar nicht, wenn man diese Dinge trennt. Sollte es dann einmal zu Auseinandersetzungen in Lernkreisen kommen, kann man sich immer noch bei seinen Freunden ausweinen. Das gemeinsame Lernen klappt im Gegenzug oft viel reibungsloser, unemotionaler und damit effektiver, wenn die gemeinsam Lernenden nicht miteinander befreundet sind. Ganz nebenbei bemerkt hat das Ganze noch den positiven Effekt, dass man sich auf das Lernen konzentriert und nicht ständig in private Gespräche abdriftet.

Suchen Sie sich schließlich Kommilitonen, mit denen Sie besonders gut – also effizient (zeitsparend) und effektiv (ergebnisorientiert) – lernen können. Oft ist es ratsam, Freundeskreis und Lerngruppen nicht deckungsgleich zu halten.

> **Fazit** Sie müssen sich im Studium mit Menschen verbinden – Sie werden sonst unglücklich und bleiben erfolglos. Suchen Sie sich Bekannte, mit denen Sie den studentischen Alltag gut meistern können. Sorgen Sie dann dafür, dass aus den guten Bekanntschaften Freundschaften werden und genießen Sie – gemeinsam mit Ihren Freunden – die einmalige Studienzeit. Organisieren Sie sich schließlich einen Kreis von Menschen, mit denen Sie besonders gut lernen können. Freundes- und Lernkreis sind idealerweise nicht deckungsgleich. Kommilitonen aus Lernkreisen sollten wenigstens zum Teil anders denken und „ticken" als Sie. Das bringt Sie inhaltlich auf neue Wege und hilft Ihnen beim Studieren in großem Bogen weiter.

Meine Empfehlung
- Investieren Sie in die Suche von Bekannten und Wegbegleitern. Sie sollten sich in Hochschulen auf keinen Fall alleine herumschlagen.
- Sorgen Sie dafür, dass aus vielversprechenden Bekanntschaften Freundschaften werden.

- Genießen Sie gemeinsam mit Ihren Freunden das Studentenleben (das in Etappen durchaus Zeit für Genuss lässt) und seien Sie sich darüber im Klaren, dass dies genauso wichtig für Sie ist wie das Bestehen von Klausuren

4.2.2 Knüpfe Kontakte zu Lehrenden und „Gatekeepern"

Beziehungen sind eine Rutschbahn nach oben. (Karl Farkas)

Immer wieder im Leben müssen wir Kontakte zu Menschen knüpfen, auf Menschen zugehen, Verbindungen mit Menschen eingehen. Wer sich in unserer Gesellschaft isoliert und/oder seinen Mitmenschen gegenüber geringschätzig, überheblich, feindselig oder einfach nur unfreundlich auftritt, der hat oft schlechte Karten und zieht am Ende den Kürzeren. Manche behaupten, sie erreichten mit Druck, Strenge und Unnachgiebigkeit im Miteinander mehr als mit Toleranz und Freundlichkeit. Dem setze ich entgegen, dass man unter Ausübung von Druck unter Umständen kurzfristig seine Ziele erreicht, auf lange Sicht aber nur Gegenwehr erntet. Ein Vorgesetzter, der seine Mitarbeiter ständig herumschickt und anschreit, erreicht vielleicht kurzfristig, dass sie ihre Aufgaben gemäß seiner Vorstellung erledigen. Langfristig aber wird keiner für ihn einstehen; langfristig werden die meisten die erste sich bietende Gelegenheit nutzen, um sich zu rächen oder sich zu verweigern. Ein geringschätziges Verhalten löst immer Geringschätzung auf der Gegenseite aus. Wer also Loyalität und Vertrauen sucht, der sollte die Menschen, mit denen er zu tun hat, wertschätzen und aufrichtig anständig behandeln.

Exkurs – Auf dem emotionalen Konto ist kein Guthaben
Stephen Covey zieht in seinem Buch *Die 7 Wege zur Effektivität* den Vergleich zwischen Beziehungen und Bankkonten (vgl. Covey 2014, S. 206–208): Von einem Bankkonto kann nur Geld abgehoben werden, wenn irgendwann einmal etwas eingezahlt wurde. Je mehr eingezahlt wurde, umso mehr können wir abheben. Ähnlich steht es mit dem Beziehungskonto: Auch von diesem kann nur abgehoben werden, wenn etwas eingezahlt wurde. Das heißt, nur wenn ich Liebe, Verständnis, Toleranz, Aufmerksamkeit und Wertschätzung in einer Beziehung gezeigt habe oder zeige, kann ich diese im Gegenzug erwarten und in Anspruch nehmen. Wer möchte, dass ein anderer ihm einen Gefallen tut, der muss diesen in der Vergangenheit wertschätzend behandelt haben. Wer Vertrauen erwartet, sollte sich als vertrauenswürdig erwiesen haben. Wer Aufmerksamkeit wünscht, sollte diese entgegengebracht haben. Doch bedenken Sie: Wenn Sie nur einzahlen, damit Sie abheben können, funktioniert das Ganze nicht. Ihre Einzahlungen müssen aus tiefster Überzeugung und selbstlos getätigt werden. Nur dann können Sie auf Gegenleistung hoffen.

Ich empfehle Ihnen entsprechend, nicht nur vernünftige Beziehungen zu ausgewählten Kommilitonen aufzubauen, sondern auch zu Ihren Lehrenden und den bedeutsamen „Gatekeepern" in der Hochschule. Wenn es um Kontakte zu Lehrenden geht, kommt vielen sofort das Bild des Tasche tragenden Strebers in den Kopf, der im Anschluss an viele Stunden das vermeintlich interessierte Gespräch mit dem Dozenten sucht. Aus Dozentensicht kann ich Ihnen versichern, dass einschmeichelnde Wichtigtuerei keine positiven Effekte für Sie bringt. Im Gegenteil – jedem vernünftigen Dozenten geht ein solches Verhalten gegen den Strich und ordentlich auf die Nerven. Spürt man aber, dass Studierende ein echtes Interesse an der Materie haben und im passenden Moment den Austausch suchen, eine Frage stellen oder von einem Erlebnis im Zusammenhang mit dem erarbeiteten Stoff berichten, dann ist das etwas anderes. Das Interesse an der Materie muss also im Vordergrund stehen, nicht der Wunsch, sich bei der Lehrkraft gut zu positionieren, um irgendwann einmal davon zu profitieren.

▶ Das Gespräch mit dem Dozenten sollte immer aus einem authentischen Interesse an der Materie resultieren, nicht aus dem Motiv heraus, sich selbst in ein positives Licht zu rücken.

In der Vorlesung „Sporthandel", die ein Dozent hielt, der hauptberuflich bei Nike tätig war, wusste ich sofort, dass ich aktiv werden musste und wollte. Ich befand mich im zweiten Studienjahr und die Suche nach einem vernünftigen Praktikumsplatz für mein drittes Jahr stand an. Herrn Müller (Name geändert) fand ich sehr sympathisch und er mich zum Glück auch, wie sich im Laufe des Trimesters herausstellte. Obwohl ich, wie immer, in einer der hinteren Reihen saß, gab ich in der Vorlesung richtig Gas und versuchte, bei meinem Dozenten einen bleibenden Eindruck zu hinterlassen. Mein Ehrgeiz zu punkten, war so groß, dass ich bei Aufgabenstellungen häufig über den Tellerrand hinausblickte und weiter dachte als viele meiner Kommilitonen. Dies fiel meinem Dozenten offensichtlich auch auf, sodass wir uns auch neben dem üblichen Unterrichtsgeschehen häufiger auszutauschen begannen und auch nach der Vorlesung noch hin und wieder E-Mail-Kontakt hatten. Während meines Auslandssemesters dann bekam ich einen Anruf von ihm und er fragte mich, ob mein Praktikum bei ihm absolvieren wolle. Nach meinem Studium gelang es mir dann, aus meinem Status als Praktikant direkt in meine erste Stelle in meinem Wunsch-Unternehmen zu wechseln. Man könnte also sagen, dass ich Glück gehabt habe und zur richtigen Zeit am richtigen Ort war. Man könnte aber auch sagen, dass ich es ganz gut angestellt habe und in dem Moment wach wurde, als es darauf ankam. Ich mochte Herrn Müller wirklich und so war mein Bemühen, mit ihm in Kontakt zu kommen, aufrichtig. Dennoch war es sicher wichtig, dass ich ihm ganz klar sagte, welche beruflichen Vorstellungen ich hatte und dass ich für das kommende Jahr einen Praktikumsplatz benötigte. Ich kann jedem nur empfehlen, immer wieder auf Menschen zuzugehen. Ohne dass man sich mitteilt, erfährt ja niemand, was man will …

Maximilian Minner, Alumnus 2014 International Sports Management,
accadis Hochschule Bad Homburg
Retail Space Coordinator Nike, Munich

4.2 Studentische Kooperationskompetenzen

Darüber hinaus ist es sicher auch im Kontakt mit Lehrenden von Vorteil – wie in Kontakt mit jedem anderen Menschen auch –, sich freundlich und umsichtig zu verhalten. Ich ärgere mich jedes Mal, wenn ich als Letzte den Unterrichtsraum verlasse und einige Fenster offenstehen, kein Stuhl herangeschoben ist und Bonbonpapiere und leere Pfandflaschen auf dem Boden herumliegen. Ich ärgere mich noch mehr (dann allerdings mindestens genauso über mich selbst und mein Unvermögen, um Hilfe gebeten zu haben), wenn ich z. B. mit einer Unmenge von Utensilien beladen bin und fünfmal laufen muss, um die Dinge wieder in mein Büro oder in das Sekretariat zu bringen. Hier bestünde durchaus die Möglichkeit, sich helfend anzubieten. Und ich kann Ihnen versichern, dass das jeder dankend annehmen und nicht als Einschmeichelei missinterpretieren wird. Ein solches Verhalten wird Ihnen natürlich keine gute Note einbringen, doch jede einzelne rücksichtsvolle, umsichtige Handlung ist eine Einzahlung auf ein Beziehungskonto. Wenn irgendwann der Moment kommt, wo Sie Hilfe oder Unterstützung benötigen, einen Rat brauchen oder eine Frage haben, wird man Sie mit wesentlich größerer Wahrscheinlichkeit unterstützen, wenn von Ihrer Seite Einzahlungen auf das emotionale Konto getätigt wurden – und zwar aus mitmenschlicher Selbstverständlichkeit, nicht aus der Hoffnung heraus, aus diesem Verhalten irgendwann einmal einen Vorteil zu ziehen. Zu Einzahlungen auf emotionale Konten im Umgang mit Dozenten gehört – wie im normalen Leben auch – das Begrüßen, das Beachten, das Demonstrieren von Interesse oder zumindest nicht das ostentative Demonstrieren von Desinteresse und Langeweile, das Bedanken und das Verabschieden. Wenn Ihnen etwas nicht passt, können Sie das natürlich auch äußern, doch tun Sie es offen – nach den Regeln der konstruktiven Kommunikation – und nicht hinter dem Rücken der betroffenen Person. Des Weiteren kann es helfen, wenn Sie ordentlich gestaltete Hausarbeiten abgeben, für Aufgaben, die Sie erledigen sollen, nicht Wochen oder gar Monate brauchen, sondern diese umgehend erledigen, sich an Vereinbarungen halten, die mehrfach kommuniziert wurden usw. Sicher eröffnet niemand bewusst emotionale Konten und verbucht – je nach Verhalten – Eingänge auf der Haben- oder Abzüge auf der Sollseite. Dennoch beobachte ich immer wieder, wie selbstverständlich Gefallen getan werden, auch mal ein Auge zugedrückt, augenzwinkernd geschmunzelt statt gemeckert wird, wenn jemand auf ein Beziehungskonto eingezahlt hat.

Schließlich gibt es an Hochschulen diverse „Gatekeeper", die für Sie irgendwann einmal wichtig werden könnten. Sekretäre oder Assistenten, Angestellte der Bibliotheken, Mitarbeiter von Prüfungsämtern, Kassierer in der Mensa oder der Hausmeister und sein Team. Sie wollen ein Buch noch einen Tag länger als die Frist erlaubt behalten? Obwohl Sie schon zweimal gefragt haben, müssen Sie im Prüfungsamt noch mal „nerven", weil Sie sich die Auskunft beim letzten Mal nicht notiert haben? Sie sind mit Ihrem Tablett in der Mensa ausgerutscht und möchten sehr gerne – natürlich ohne noch mal zu zahlen – die gleiche Mahlzeit noch mal holen? Sie hätten sehr gerne einen guten Buchtipp für die Vorbereitung zur bevorstehenden Klausur? Sie würden sehr gerne am Tag vor Ihrer wichtigen Präsentation die Technik im entsprechenden Raum prüfen? All diese Gefallen wird man Ihnen gerne und sofort erfüllen, wenn Sie mit Charme fragen, den Menschen mit echter Wertschätzung begegnen und seit Anbeginn der Beziehung einen selbstverständlichen respektvollen Umgang pflegen. Höflichkeit, Respekt, Achtsamkeit, Anstand, Fairness, Aufmerksamkeit, Empathie – der Schmierstoff menschlicher Beziehungen; ich kann es gar nicht oft genug betonen, wie bedeutsam es ist, dass Sie das verstehen und praktizieren.

Auch im Umgang mit Lehrkräften und „Gatekeepern" bewähren sich selbstverständlich anständige Umgangsformen und ein vernünftiges Sozialverhalten. Auch hier gilt die Regel, dass Freundlichkeit und Respekt natürlicherweise und vollkommen selbst- und absichtslos gelebt werden muss.

> Die Vorbereitung und Realisierung des Auslandssemesters während meines Masterstudiums empfand ich als große Herausforderung. Um was ging es? Während des Masterstudiums ist kein planmäßiges Auslandssemester vorgesehen, weswegen ich stark von der Hilfe anderer Personen abhängig war und sicherstellen musste, dass viele Dinge ineinandergreifen. So musste ich meine Immatrikulation direkt mit der Universität in den USA klären, die Einreisedokumente inklusive Visum organisieren, meinen Arbeitgeber (ich studierte dual) von der Sinnhaftigkeit eines Auslandsaufenthaltes bei fortlaufender Gehaltszahlung überzeugen, dafür sorgen, dass meine Auslands-Kurse in Deutschland angerechnet würden, eine Wohnung in den USA finden, sicherstellen, dass ich eine ausstehende Prüfung meiner deutschen Hochschule in den USA würde schreiben dürfen und nicht zuletzt meine Familie und Freundin von der Vorteilhaftigkeit eines Auslandssemesters in den USA überzeugen. Um all diese Dinge kümmerte ich mich während des laufenden Studiums und meiner Vollzeitbeschäftigung. Da mir bewusst war, dass das Misslingen auch nur einer der o. g. Punkte zu einem Scheitern des kompletten Planes führen würde, durchdachte ich meine Schritte jedes Mal sehr sorgfältig. Zudem war mir klar, dass ich für alle zu erledigenden Punkte die Zustimmung oder Unterstützung anderer Menschen benötigte. Also machte ich mir jedes Mal, bevor ich in Kontakt mit einer Person trat, Gedanken darüber, wie ich diese konkrete Person am besten von meinem Vorhaben überzeugen konnte. Hierbei stellte ich fest, dass stets die für mich überzeugendsten Argumente auch für meine jeweiligen Gesprächspartner am überzeugendsten waren, da ich nur diese mit Kraft hervorbringen konnte. Zudem warf ich mein ganzes Empathie-Vermögen in die Waagschale, um mit personenadäquater Wertschätzung auf die einzelnen Menschen zugehen zu können. Im Endeffekt hat alles funktioniert und mein Auslandssemester war eine wunderbare Erfahrung. Aufgrund der passenden Argumente, viel Empathie und einer einfühlsamen, respektvollen Gesprächsführung ist es mir gelungen, mein wirklich komplexes Unterfangen für mich zu lösen und mein Unterfangen mit einer Reise mit meiner Familie entlang der Westküste zu krönen.

Paul Kammerer, Alumnus 2013 Master of Arts International Management,
accadis Hochschule Bad Homburg
Project Manager Commerzbank AG

Meine Empfehlung
- Etablieren Sie im Laufe Ihres Studiums auch Beziehungen mit Lehrenden und anderen „Gatekeepern" der Hochschule.
- Freundlichkeit, Höflichkeit, Rücksicht – in Summe ein respektvolles Benehmen – wird sich auch hier für Sie bewähren.
- Wenden Sie diese erfolgserprobten Strategien des Miteinanders aber nie aus Berechnung an, sondern immer aus tiefer Überzeugung und echtem Respekt.

4.2.3 Bekenne Farbe im Miteinander

> Die Leute streiten im Allgemeinen nur deshalb, weil sie nicht diskutieren können.
> (Gilbert Keith Chesterton)

In dem nun folgenden Abschnitt knüpfe ich an die Inhalte aus Abschn. 3.2 an und spitze diese – zur besseren Eingängigkeit – speziell auf das besondere Miteinander im Hochschulalltag zu. Noch einmal möchte ich Ihnen an dieser Stelle also mit Nachdruck empfehlen, sich in zwischenmenschlichen Gefügen deutlich zu positionieren und somit Farbe zu bekennen. Unabhängig davon, ob Sie sich in einer Teamarbeit, einer Privatunternehmung unter Studierenden, in einem Dozenten-Studenten-Gefüge oder in einer Praktikanten-Chef-Situation befinden – Sie werden feststellen, dass der Mut, den eine klare Positionierung voraussetzt, sich fast immer zugunsten der Sache und der Beziehung auszahlt. Denn in meiner Wahrnehmung lassen sich in der Tat sehr viele Konflikte, die wir erleben, sehr viele Ungereimtheiten, die sich auftun, sehr viel Ineffektivität im Miteinander und wahrscheinlich auch der ein oder andere Unfall darauf zurückführen, dass Menschen nicht sagen, was sie denken, worüber sie sich ärgern, was ihnen Sorge bereitet und was sie sich wünschen. Natürlich kann es keinesfalls darum gehen, immer und überall unser Herz auf den Tisch zu legen und ständig so zu sprechen, „wie uns der Schnabel gewachsen ist". (Ein kurzer Rückzug ins Innere und das Abwägen, ob es sinnvoller ist, die Dinge schweigend hinzunehmen oder sich sprechend zu positionieren, ist hier ratsam – siehe Exkurs „Der bedeutsame Moment zwischen Reiz und Reaktion"). Meistens jedoch macht es Sinn, sich zu äußern, dem Gegenüber die eigenen Gedanken und Gefühle mitzuteilen sowie gegebenenfalls das, was man selbst für sinnvoll oder wünschenswert hält, zu formulieren. Solange wir hierbei den Regeln des konstruktiven Kommunizierens folgen, können wir gar nichts anrichten. Solange wir nur beschreiben, was mit uns „ist", anstatt das Tun und Lassen unseres Gegenübers zu bewerten, und solange wir – in die Zukunft blickend – eine Lösung entwerfen, anstatt in der Vergangenheit nach Fehlgriffen des anderen zu fahnden, machen wir nichts kaputt. Das Ziel unseres Positionierens darf dabei nie sein, dem anderen unsere eigenen Wünsche zu oktroyieren, sondern mit ihm in einen Austausch zu gehen, in dem wir uns gemeinsam auf die Suche nach etwas machen, das uns beiden und der Sache dienlich ist.

Exkurs – Der bedeutsame Moment zwischen Reiz und Reaktion
Wir Menschen sind die einzigen Lebewesen, die einen kurzen Moment des Reflektierens zwischen Reiz und Reaktion schieben können (vgl. Beck 2013, S. 31). Leider nutzen wir diese Fähigkeit viel zu selten, reagieren oft unüberlegt und folgen in der Regel einem ersten Impuls. In früheren Zeiten, wo es für den Menschen auf dieser Welt ums nackte Überleben ging, war dieses impulsive Reagieren absolut notwendig – weglaufen, wenn das Raubtier vor uns stand, zur Attacke übergehen, wenn wir angegriffen wurden, sich verstecken, wenn Gefahr im Anzug war. Auch heute natürlich gibt es existenzielle Not-Situationen, in denen ein Nachdenken über unsere Art des Reagierens eher hinderlich wäre. So ist es gut, dass wir weglaufen, wenn wir uns bedroht fühlen, dass wir schreien, wenn wir Hilfe brauchen, dass wir uns wehren, wenn wir angegriffen werden. Doch in unserer vermeintlich zivilisierten, hochkomplexen und vernetzten Welt geht es im alltäglichen Miteinander eben oft um mehr als ums nackte Überleben – es geht darum, Synergien zu schaffen, gemeinsam schwierige Aufgaben zu meistern oder auch darum, sich unter anderen seinen eigenen Weg zu bahnen. Ein kurzes Nachdenken im Nachgang an einen Reiz, der nicht unmittelbar lebensbedrohlich ist, kann uns entweder darin bestätigen, dass der erste Impuls der ist, dem wir – bewusst und entschlossen – folgen wollen, oder dass uns ein Befolgen des ersten Impulses in eine falsche Richtung bringen würde. In jedem Falle befähigt uns eine kurze Phase der Reflexion, bewusst eine uns sinnvoll scheinende Entscheidung zu fällen und ein Verhalten zu wählen, welches uns unserem Ziel näherbringt anstatt uns noch weiter von ihm zu entfernen.

Lesen Sie im Folgenden drei Beispiele für mutiges Positionieren. In der ersten Geschichte geht Manuel, hier in seiner Rolle als Schüler kurz vor dem Abitur, das Problem seines Mathekurses an. In der Zweiten entschließt sich Sebastian, in seiner Rolle als Freund Stellung zu beziehen. In der dritten Geschichte schließlich fasst Lisa sich, in ihrer Rolle als Kommilitonin, ein Herz und rettet eine verfahrene Situation.

> In der Q3 bekam ich im Mathe-Grundkurs einen neuen Lehrer. Er war wirklich nett, doch nach wenigen Wochen merkte ich, dass ich, so wie er die Dinge erklärte, so gut wie nichts verstand. Ich konzentrierte mich sehr, hörte noch aufmerksamer zu, las zu Hause nach, doch anstatt dass sich die Dinge klärten, wurde der Stoff für mich immer nebulöser… Ich beschloss, etwas zu tun und ließ mir einen Termin beim Oberstu-

4.2 Studentische Kooperationskompetenzen

fenleiter geben. Diesen bat ich, mich den Mathe-Kurs wechseln zu lassen. Leider stimmte er nicht zu, sondern erklärte mir, dass ich dies nur dürfe, wenn ich das Einverständnis beider Kursleiter hätte – also des Leiters des Kurses, den ich verlassen wollte, und des Kursleiters, in dessen Kurs ich aufgenommen werden wollte. Dieses Unterfangen schien mir geradezu hoffnungslos, doch ebenso hoffnungslos war ich, dass ich in dem Kurs, in dem ich war, noch die Stunde der Erleuchtung erleben würde. Also nahm ich die Sache in Angriff. Zunächst fragte ich den Leiter des Kurses, in den ich aufgenommen werden wollte, ob er damit einverstanden wäre. Wie zu erwarten, war es für ihn in Ordnung, vorausgesetzt, sein Kollege stimmte zu. Nun kam der schwerere Gang für mich und schon auf dem Weg zum Termin beschloss ich, keine Ausrede zu erfinden, sondern einfach ehrlich zu sein. Ich erklärte meinem Mathelehrer also, dass ich ihn wirklich sehr mochte, aber mit seiner Unterrichtsmethode überhaupt nicht zurechtkam und dass daraus mein Wunsch erwachsen war, den Kurs zu wechseln. Er war wirklich betroffen, gar nicht böse, einfach nur betroffen und stimmte meinem Vorhaben mit traurigem Blick zu. Ich hatte ein schlechtes Gewissen, war aber auch sehr froh, dass mein Plan gelungen war. Einige Zeit später begegneten wir uns auf dem Schulgelände. Mein ehemaliger Lehrer begrüßte mich überschwänglich und dankte mir für meine Offenheit und Ehrlichkeit. Noch nie habe ihm jemand gesagt, dass er nicht gut erklären könne. Und nun sei er das Problem endlich angegangen ... Ich schmunzelte in mich hinein und war wirklich überrascht von dem, was ich im Grunde aus reiner Selbstverteidigung ausgelöst hatte.

Manuel Dussan-Molinos, Abiturient 2015

Beispiel – Ich bin als euer Freund sehr enttäuscht

Einer meiner Coachees, nennen wir ihn Sebastian, erzählte mir von einer Begebenheit, die für ihn einen Quantensprung in seiner Entwicklung bedeutete. Er war am Samstag vor unserem Treffen mit seinen Kumpels in Frankfurt unterwegs gewesen und sie zogen vergnügt von Club zu Club. Drei von ihnen waren gemeinsam in einem Auto gekommen und hatten verabredet, dass einer – in diesem Falle Sebastian – nichts trinken würde. Zwei andere waren aus einer anderen Gegend und hatten unter sich dieselbe Verabredung getroffen. Doch der Auserwählte der beiden, der an diesem Abend nichts trinken sollte, hielt sich nicht an die Vereinbarung. Sebastian schien der Einzige zu sein, der das kritisch zur Kenntnis nahm. In ihm begann ein ungutes Gefühl aufzusteigen, zumal sein Freund nicht etwa „nur" Bier trank, sondern sich fröhlich den ein oder anderen Cocktail zu Gemüte führte. Schließlich hatte Sebastian genug und sprach ihn in einem Moment, in dem sie unter vier Augen waren, darauf an. Sein Freund lachte nur, schlug ihm kräftig auf die Schulter und nannte ihn „Mama". Sebastian gab zunächst klein bei und hinterfragte für einen Moment, ob er sich spießig anstelle. Sie zogen weiter und sein Freund trank weiter. „Von mir aus kannst du so viel trinken wie du willst", sagte Sebastian bei der nächsten Gelegenheit zu ihm, „aber fahr kein Auto mehr." Wiederum lachte sein Freund, und auch sein Beifahrer, der das Gespräch mitbekommen hatte, schien unbekümmert. Beide grölten fröhlich herum und machten sich auf den Weg zur nächsten Location. Als alle Fünf vor dem Lokal angekommen waren, sprach Sebastian sie gemeinsam an: „Hört mal zu! Ich hatte bisher immer den Eindruck, dass wir uns aufeinander verlassen können. Dass Micha heute Abend trinkt, obwohl es anders verabredet war, stinkt mir gewaltig. Ich finde das verantwortungslos und einfach nur richtig blöd. Ich werde jetzt nach Hause fahren. Wie ihr den weiteren Abend verbringen wollt, ist eure Sache. Doch ich möchte, dass ihr wisst, dass ich euer Benehmen schlimm finde und als Freund echt enttäuscht bin." Sebastian fuhr mit gemischten Gefühlen nach Hause – er war froh, seine Meinung gesagt zu haben, doch er hatte Angst, seine Freunde verloren zu haben. Aber im Herzen wusste er, dass er das Richtige getan hatte. Am nächsten Tag erhielt er eine Nachricht von Micha: „Ich fand dich gestern Abend richtig bescheuert, doch ich danke dir heute, dass du den Mut hattest, bescheuert zu sein. Ich hab mich falsch verhalten und schäme mich heute dafür. Du bist ein echter Freund, Sebastian. Danke!"

Während meines Auslandssemesters in China musste ich mit einer Norwegerin, einer Hamburgerin und einem Kölner eine Team-Arbeit erledigen. Nachdem wir uns bei einem ersten Abendessen kennengelernt hatten, trafen wir uns, um unsere Zusammenarbeit zu strukturieren. Schon nach kurzer Zeit herrschte schlechte Stimmung, da jeder seinen eigenen Vorschlag für den einzig vernünftigen hielt und sich persönlich angegriffen fühlte, als die anderen nicht begeistert applaudierten. Im Gegenzug aber war niemand bereit, den Vorschlag der anderen überhaupt nur anzuhören. Ich nahm schließlich all meinen Mut zusammen und beschloss – in Erinnerung an unsere Kommunikations-Vorlesung –, ein „konstruktives Machtwort" zu sprechen. Zunächst sagte ich, dass ich unser aller Verhalten als kontraproduktiv empfände (wir saßen gerade mal eine Stunde zusammen, waren schon zerstritten und hatten inhaltlich noch nichts erreicht). Dann teilte ich ihnen mit, dass ich es durchaus für möglich hielte, eine Lösung zu finden, in der alle Wünsche und Ideen berücksichtigt werden könnten. Ich bemühte mich, bei dem Vortragen meines Anliegens zu lächeln, während die anderen mich noch zornig anschauten. Schließlich griff ich jeden einzelnen Vorschlag auf und würdigte – ehrlich – seine aus meiner Sicht hilfreichen Aspekte. Die zornigen Blicke wurden stetig milder. Am Ende entwickelten wir eine Lösung, in der jeder von uns sich wiederfand. Als alles beschlossen war, fingen die Drei an, sich für ihr Überreagieren (so nannten sie es) zu entschuldigen und verlegen zu lachen. Ich freute mich im Stillen über meinen gelungenen Einsatz.
    Lisa Nägele, Alumna 2015 International Business Communication,
       accadis Hochschule Bad Homburg

Alle drei jungen Menschen bewiesen in den beschriebenen Episoden viel Mut und verhielten sich anders als gemeinhin üblich: Manuels Geschichte beeindruckte mich insofern, als er viele Dinge zugleich beherzigte: Zunächst schaute er von

4.2 Studentische Kooperationskompetenzen

außen auf sein Problem („Übe dich im Adlerblick"), erkannte, dass er handeln wollte (und sollte) und überlegte sich ein Vorgehen („Gestalte dein Leben proaktiv"). Schließlich bekannte er Farbe, indem er dem Lehrer offen von seinem Problem berichtete („Bekenne Farbe im Miteinander") und trug ihm sein Anliegen lösungsorientiert vor („Kommuniziere konstruktiv"). Eine Meisterleistung für einen jungen Mann von 18 Jahren! Auch Sebastians Geschichte beeindruckte mich zutiefst. Jeder weiß, wie viel Mut es kostet, sich gegen Freunde aufzulehnen, und wie groß die Angst meist ist, dass einem unbequeme Worte persönlich übelgenommen werden. Sebastians innerer Kompass aber (auf den er wohl zu hören gelernt hatte) signalisierte ihm so deutlich, dass die Sache höher eingeschätzt werden musste (schließlich ging es um die Sicherheit seiner Freunde) als seine Angst vor sozialen Sanktionen, dass er den Mut fand zu handeln. Auch Sebastians Freund hat mich in seiner Reaktion beeindruckt: Sich für ein Fehlverhalten zu entschuldigen und sich für eine Rüge zu bedanken, ist in meinen Augen ebenso als menschliche Meisterleistung zu würdigen. Lisa schließlich hätte in ihrer Situation den vermeintlich einfachen, klassischen Weg wählen können – die Teamarbeit hinschmeißen, den Menschen den Rücken zukehren und in Gegenwart anderer über diese lästern. Doch Lisa wählte den schwierigeren Weg, bekannte Farbe, sprach darüber, was sie beschäftigte und beobachtete, und suchte zugleich – für alle – nach einer Lösung. Auch ihr gebührt für dieses Vorgehen Respekt. Nicht versäumen möchte ich, am Schluss noch auf eine weitere konstruktive Kommunikationstechnik hinzuweisen, die Lisa anwendete – die Metakommunikation. Lesen Sie selbst, worum es hierbei geht.

Exkurs – Die „Blase" verlassen und von außen eine Strategie ersinnen
Wenn Menschen miteinander zu tun haben, bildet sich eine unsichtbare Blase um sie herum: Es entsteht ein spezifisches System mit eigenen Gesetzen und Regeln. Gängig ist, dass Menschen sich – auch in Streitsituationen – innerhalb dieser Blase aufhalten und versuchen, aus dieser Position heraus, ihr Problem zu lösen. Meist bleiben sie dabei jedoch erfolglos. Sie haben möglicherweise noch nichts von Metakommunikation – also der Kommunikation über Kommunikation – gehört. Wer „meta" kommuniziert, der verlässt die transparente Blase, die sich um ein menschliches Gefüge gebildet hat, für einen Moment, blickt von außen auf das Geschehen und beschreibt dann, was er beobachtet, was das mit ihm macht (emotional) und/oder wie er es bewertet (rational) und was er sich stattdessen wünscht (vgl. Rosenberg 2010, S. 25 f.) (siehe Abb. 4.5). Metakommunikation setzt im Konflikt eine Zäsur und gibt den Menschen die Möglichkeit, anstatt bloß zu re-agieren zu pro-agieren, anstatt sich bloß impulsiv zu verhalten, reflektiert zu handeln (vgl. Beck 2013, S. 32 f.), anstatt die Spirale des Streits weiterzudrehen, sie zu unterbrechen und in Richtung einer Lösung zu denken (siehe hierzu insbesondere Schulz von Thun 2010, S. 91–95).

Abb. 4.5 Der Lösungsansatz der Metakommunikation

Zu guter Letzt möchte ich mit Ihnen noch einen gedanklichen Ausflug in das Thema „Gruppen- oder Teamarbeit in Hochschulen" machen. Diese zieht sich wie ein roter Faden durch den studentischen Alltag: Es werden Gruppenpräsentationen gehalten, Hausarbeiten in Gruppen geschrieben (im Grunde eine Absurdität) und Case Studies in Gruppen bearbeitet. Dozenten greifen häufig aus ganz pragmatischen Gründen auf das Mittel der Gruppenarbeit zurück – wer die Möglichkeit hat, statt 145 Hausarbeiten 33 zu korrigieren, wird für diese Möglichkeit optieren, wohl wissend, dass der Weg zum Ziel für die Studierenden nicht immer der sinnvollste ist. (Genauso wie Studierende müssen allerdings auch Dozenten Selbstfürsorge betreiben und darauf achten, dass sie noch für andere Angelegenheiten als für das Korrigieren von Klausuren und Hausarbeiten Zeitfenster freihalten.) Ein weiterer Grund dafür, dass häufig Gruppenarbeiten auf der Tagesordnung stehen, ist natürlich auch der Gedanke, dass das Arbeiten im Team gelernt und geübt werden muss – schließlich steht es auch im Berufsleben häufig im Mittelpunkt.

Gruppenarbeiten stehen in Hochschulen, auch wenn sie nicht immer die sinnvollste Möglichkeit der Arbeitsbewältigung sind, an der Tagesordnung.

Die meisten Studierenden, so meine Beobachtung, stehen dem Arbeiten in Gruppen indessen mit sehr viel Skepsis und zum Teil einer ausgeprägten Abneigung gegenüber. Der Hauptgrund dafür ist, dass auserwählte Kommilitonen es immer wieder schaffen, sich aus der Verantwortung zu ziehen und den anderen die Arbeit

4.2 Studentische Kooperationskompetenzen

zu überlassen. Nachteilig wirkt sich dabei für die Arbeitenden aus, dass sie das Verhalten der Nicht-Arbeitenden nicht sanktionieren, sondern sich lediglich über dieses ärgern und zugleich in erhöhter Intensität weiterarbeiten, um den Nicht-Einsatz der Entschwundenen (manche fahren sogar hemmungslos in den Urlaub) zu kompensieren. In den seltensten Fällen wird gehandelt – „Man kann doch keine Kommilitonen aus einer Gruppe werfen", „Man kann doch keine Kommilitonen beim Dozenten anschwärzen", „Man kann doch nicht ..." „Doch – man kann", so meine Einschätzung. Wir sitzen einem falschen gedanklichen Konstrukt auf, wenn wir *den* als a-sozial brandmarken, der einen nicht arbeitenden Kommilitonen aus einem Team wirft. Wir sollten stattdessen *den* als a-sozial einschätzen, der sich in einem Team aus der Verantwortung zieht. Und hier spreche ich natürlich nicht von Fällen, in denen jemand aus außergewöhnlichen Gründen – private Sorgen, Liebeskummer, Krankheit – zurzeit nicht leistungsfähig ist. Jedes halbwegs normale Team wird einen Geschwächten kommentarlos und selbstredend mitziehen. Ich spreche von Menschen, die die Gutmütigkeit (oder Schwäche) und die Toleranz (oder den mangelnden Mut zur Positionierung) von anderen ausnutzen, um sich aus der Affäre zu ziehen und sich irgendwo anders amüsieren. Ich empfehle Ihnen dringend, ein solches Verhalten nicht zu unterstützen und den Mut aufzubringen, sich zu schützen und gut für sich zu sorgen.

Welche Möglichkeiten stehen zur Verfügung? Ich rate zu dem frühzeitig geführten (wenn Gespräche stattfinden, dann meist, wenn ohnehin schon alles zu spät ist), offiziell verabredeten und mit der Überschrift „Dein problematisches Verhalten" versehenen konstruktiven Gespräch. So konstruktiv Sie es auch führen wollen (das heißt in erster Linie lösungsorientiert), sorgen Sie dafür, dass es sich für den sich Entziehenden auch in beträchtlichem Maße unangenehm anfühlt (hierfür müssen Sie die Dinge klar benennen und nicht beschwichtigen oder schönreden). Sie können davon ausgehen, dass der Nicht Arbeitende über ein dickes Fell verfügt und die Tendenz hat, über freundlich formulierte Botschaften beratungsresistent hinwegzulächeln. Des Weiteren empfehle ich das gemeinsame Vereinbaren bestimmter Aufgabenpakete sowie die Einigung auf verlässliche Deadlines. Zudem sollten Sie sich zusammen noch einmal das erwartete Qualitätsniveau in Erinnerung rufen. Holen Sie sich am Ende des Gesprächs schließlich ein offizielles „Okay" aller Beteiligten ab und machen Sie zwischen den Zeilen deutlich, dass Ihre Toleranz ausgeschöpft ist und Sie bereit sind, auf der Eskalationsleiter nach oben zu klettern.

Um der Notwendigkeit, ein solch unangenehmes Gespräch zu führen und sich der „Steuerung" des sich Entziehenden widmen zu müssen, entgegenwirken zu können, empfehle ich allerdings im Vorfeld ein ganz anderes Vorgehen. Verinnerlichen Sie, dass Teams nicht nur inhaltlich, sondern immer auch prozessual gemanagt werden müssen – und tun Sie es (siehe Abb. 4.6).

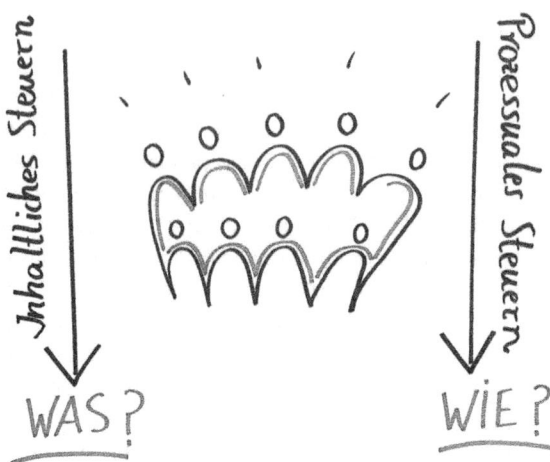

Abb. 4.6 Teams müssen inhaltlich und prozessual gemanagt werden. (eigene Abbildung in Anlehnung an: Blanchard et al. 2008, S. 30)

Dieser Punkt wird meist komplett vernachlässigt. Sie brauchen sich in einem Team nicht unbedingt zu lieben, aber Sie müssen gut zusammenarbeiten können. Und das klappt auf lange Sicht nur, wenn Sie – neben den inhaltlichen „To-dos" – auch der Art und Weise des Miteinanders, dem prozessualen Aspekt, Raum geben. Vereinbaren Sie am besten gleich zu Beginn – wenn alle noch guter Dinge sind – grundlegende Regeln des Miteinanders und fixieren Sie diese schriftlich mit dem deutlich geäußerten Einverständnis aller. Achten Sie im Laufe der Zusammenarbeit auf die Einhaltung der Absprachen – jedes Tolerieren einer Abweichung bedeutet andernfalls „Vorfahrt" für weitere Möglichkeiten des Ausscherens. Vereinbaren Sie, in welchen vernünftigen Abständen Sie „Meta-Gespräche", also Gespräche über die Art des Zusammenarbeitens, führen wollen. In diesen Gesprächen bekommen persönliche Belange einen Raum, es können Neu-Verabredungen getroffen werden usw. Die Qualität von Gruppenarbeits-Ergebnissen leidet immer, wenn die Gruppen keine vernünftige Form des Miteinanders finden. Begehen Sie nicht den Fehler und glauben, wenn anfangs gute Stimmung herrscht, würde das auch so bleiben. Mit Gruppen- oder Teamarbeiten ist es wie mit der Partnerschaft: Es ist keine Frage, *ob* Schwierigkeiten kommen. Die Frage ist nur, *wann* ... Treffen Sie also Vorkehrungen und klären zu Beginn folgende Fragen:

- Wer leitet das Team?
- Wer protokolliert die Treffen?
- Wer moderiert mögliche Konflikte?

4.2 Studentische Kooperationskompetenzen

- In welchen Abständen führen wir Metagespräche (wie läuft die Zusammenarbeit?)
- Wie strukturieren wir unsere Arbeitstreffen?
(Hier empfehle ich – ähnlich wie beim Lernen – nicht nur zu verabreden, wie viel Zeit zusammengearbeitet wird, sondern vor allem, welche inhaltlichen Ziele erreicht werden sollen.)
- Über welche Medien kommunizieren wir? (WhatsApp-Gruppen sind nicht immer hilfreich.)
- Welches Qualitätsniveau streben wir an? (Lassen Sie hier die angestrebte Note wie in einer anonymen Wahl auf Zettel schreiben und errechnen Sie den Durchschnitt.)
- Wer übernimmt welche Aufgaben?
- Wer arbeitet wem zu?
- Wer kann wen unterstützen oder qualitätssichern?

Im Alltag beobachte ich meist ein ganz anderes als das von mir empfohlene Vorgehen: Trotz ihrer Vorbehalte starten Studierende Gruppenarbeiten in gewollt guter Stimmung, in der Hoffnung, der versprühte Optimismus erhöhe die Arbeitsmoral der Anwesenden. Von vermitteltem Optimismus sind Nicht Willige aber noch nie ins Arbeiten gekommen. Denken Sie also das nächste Mal daran, dass Sie zu Beginn einer Gruppenarbeit klare Verabredungen treffen und im Laufe der Arbeit auf deren Einhaltung achten.

In Gruppenarbeiten geht es nicht darum, Harmonie zu erleben, sondern gemeinsam gute Ergebnisse zu erarbeiten. Um das zu erreichen, müssen Sie – wie in jeder Beziehung – den Mut aufbringen, Farbe zu bekennen und sich zu positionieren. Verabreden Sie zu Beginn Regeln und achten Sie auf deren Einhaltung.

> **Fazit** Viel öfter als wir denken, lohnt es sich, sich zu positionieren, Stellung zu beziehen, Farbe zu bekennen. Entscheidend für den Erfolg eines solchen Vorgehens ist, dass wir – neben einer ordentlichen Portion Mut – argumentativ bei uns bleiben und beschreiben, was mit uns „ist" (anstatt unser Gegenüber anzugreifen), sowie nach einer Lösung suchend nach vorne blicken (anstatt nach den Ursachen des Konfliktes zu forschen). Auch die Technik der Metakommunikation kann zur konstruktiven Analyse und Lösungsfindung beitragen. Nicht zuletzt kann unser innerer Kompass und ein kurzes Innehalten uns dabei helfen zu entscheiden, welche Art von Aktion die angemessenste sein könnte.

Meine Empfehlung
- Lernen Sie, Situationen zu erkennen, in denen es angebracht ist, sich zu positionieren.
- Achten Sie darauf, die empfohlenen Techniken (insbesondere die des konstruktiven Kommunizierens) in diesen Fällen anzuwenden.
- Registrieren Sie ganz bewusst die positiven Effekte dieses Verhaltens.
- Rechnen Sie auch mit Fehlschlägen, doch bleiben Sie Ihrem Weg treu (auch Profi-Fußballer verschießen mal einen Elfmeter …).
- Verabreden Sie zu Beginn von Gruppenarbeiten verbindliche Regeln und achten Sie im Verlauf der Arbeit auf deren Einhaltung.

4.2.4 Schnuppere in das echte Leben

> Ich habe keine besondere Begabung, sondern bin nur leidenschaftlich neugierig.
> (Albert Einstein)

Zu guter Letzt möchte ich Ihnen empfehlen, sich während Ihres Studiums hier und da Einblicke in die Praxis zu verschaffen. Ich bin mir dessen bewusst, dass es bei nur drei Jahren Studium schwierig erscheint, sich neben all dem, was ohnehin zu tun und zu bewerkstelligen ist, auch noch um interessante Praktikumsplätze zu kümmern und diese schließlich zu besetzen. Dennoch möchte ich Ihnen diese Schritte wärmstens ans Herz legen. Abgesehen davon, dass Personaler es natürlich in der Regel schätzen, wenn Bewerber mit ein wenig praktischer Erfahrung im Interview vorstellig werden (ganz nebenbei: die Tatsache, dass Sie neben dem Studium ein oder zwei Praktika absolviert haben, attestiert Ihnen wiederum wertvolle und geschätzte Soft Skills – Engagement, Neugierde, Lernbereitschaft, Kontaktfähigkeit etc.), sind Praktika von großem Nutzen für Sie selbst, denn von „innen" sehen manche Branchen, Unternehmen und Jobs sehr viel anders aus als von „außen". Geben Sie sich die Chance zu prüfen, in welchem Umfeld Sie sich wohlfühlen, in welcher Branche Sie sich selbst wiederfinden, welche Art von Tätigkeit Ihnen liegt. Es kann auch sehr hilfreich sein, zumindest zu erfahren, was man auf gar keinen Fall will … Praktika haben zudem den großen Vorteil, dass Sie Kontakte knüpfen und Ihren Horizont erweitern.

Exkurs – Vom Trugschluss des Netzwerkens
Bestimmt haben Sie schon oft von dem Begriff des „Netzwerkens" gehört – man kennt eine Menge Leute, tut sich gegenseitig Gefallen, eine Hand wäscht die andere, in den gängigen Portalen hat man um die eintausend Kontakte usw. Entgegen dem üblichen Trend, Netzwerken als schlaues Verhalten Berufstätiger zu propagieren, bin ich kein großer Anhänger davon. Beim Netzwerken steht in meinem Verständnis das Thema „Gegenseitiger Nutzen"

im Vordergrund, und ich halte nicht viel davon, wenn Menschen Kontakte pflegen, weil sie sich einen Nutzen davon versprechen. Ehrlich gesagt beobachte ich in meinem Berufsleben auch bei jenen, die das Netzwerken mit Begeisterung und Überzeugung betreiben, sehr selten, dass es weitreichende positive Effekte mit sich bringt. (Hilfreich für ihre Mitglieder sind sicherlich Verbindungen, Business Clubs o. Ä. oder die Alumni-Vereinigungen namhafter Unternehmensberatungen. Ihnen allen ist jedoch ein elitärer Grundgedanke zu eigen, den ich per se ablehne, da er meinem grundsätzlichen Verständnis von der Gleichwertigkeit aller Menschen widerspricht.) Vom Netzwerken halte ich also nicht viel … Was ich hingegen immer und mit Nachdruck empfehle, ist das Knüpfen von Kontakten: Dieses besteht aus einem authentischen Interesse am Menschen einerseits und der Bereitschaft und Freude daran, sich selbst mitzuteilen andererseits. Gehen Sie also auf Menschen zu, sprechen Sie mit ihnen, tauschen Sie sich aus, interessieren Sie sich und vergessen Sie nicht, auch von sich zu erzählen. Wenn Ihnen Menschen aus diesen Gesprächen heraus sympathisch erscheinen, dann bleiben Sie mit ihnen ohnehin in aufrichtig gemeintem Kontakt – das bringt Ihnen aus meiner Erfahrung heraus auf lange Sicht viel mehr als das vielgepriesene nutzenorientierte Netzwerken.

Sollten Sie für sich entscheiden, dass Praktika während der Studienzeit einfach nicht drin sind, weil Sie sich möglicherweise Ihren Lebensunterhalt selbst verdienen müssen (das sollten Sie übrigens stolz vor sich hertragen und in keinem Interview zu erwähnen versäumen), weil Sie auch noch Sprachzertifikate erwerben möchten oder weil Sie einfach einmal Erholung und eine schöne Reise zwischen die Semester schieben möchten (auch das empfinde ich durchaus als positiv erwähnenswert, denn es spricht dafür, dass Sie für sich sorgen und nicht nur eine Sache – nämlich Ihre Karriere – im Kopf haben), bleibt Ihnen auch die Möglichkeit, einfach im Anschluss an Ihr Studium ein Praktikumsjahr einzuplanen, in dem Sie ganz bewusst verschiedene Branchen, Unternehmen und Tätigkeiten kennenlernen, ehe Sie sich spezifisch bewerben.

▶ **Fazit** Praktika sind bedeutsam: Sie eröffnen Ihnen die Chance, Ihre theoretischen Vorstellungen mit der Praxis abzugleichen. Zugleich lernen Sie Menschen kennen und erweitern Ihren Horizont. Bringen Sie sie also in einem für Sie passenden Zeitraum Ihres Lebens unter.

4.2.5 Bewirb dich Erfolg versprechend

Wer nicht wirbt, stirbt. (Henry Ford)

Ich kenne kaum eine Sache, die Studierende mehr fürchten als den Bewerbungsprozess – sei es der für Praktika oder der für eine erste Stelle. Die Personalabteilungen von Unternehmen flößen den jungen Menschen sehr viel Respekt ein, scheinen von außen wie eine undurchschaubare „Black-Box"; die sich in ihnen abspielenden Prozesse wirken mysteriös und scheinen keinen Regelmäßigkeiten zu folgen. Bewerbungsprozesse haben – in ihrer Bewertung von außen – eine Menge mit Prüfungssituationen gemeinsam: Die jeweiligen Entscheider werden als herzlos, vor allem als willkürlich und die falschen Prioritäten setzend wahrgenommen.

Dass das im Wesentlichen nicht stimmt, begriff ich, als ich nach meinem Diplom das Berufsleben an der Universität startete, also sozusagen nur die Seite des Tisches wechselte. Wer ein paar Tage in mündlichen Prüfungen als Protokollant tätig war, weiß, dass es hier selten willkürlich zugeht. Man merkt sehr schnell, welcher Prüfling wirklich gut vorbereitet ist, wer die Souveränität hat, mitzusteuern und flexibel zu reagieren, wer engstirnig denkt oder wer (auch) in großem Bogen studiert hat. Man merkt auch, wer an sich glaubt und bereit ist zu kämpfen oder wer ängstlich und Schlimmes befürchtend wie das Kaninchen vor der Schlange sitzt. (Mein damaliger Doktorvater, den ich in den Abschlussprüfungen als Protokollantin begleiten durfte, behauptete immer augenzwinkernd, wir könnten die 60-minütige Abschlussprüfung durchaus auf 5 min reduzieren und würden vermutlich auf dasselbe Endergebnis kommen.) Ich behaupte heute, dass Prüfungsergebnisse sehr selten etwas mit Willkür zu tun haben, und ich empfehle allen, die eine Prüfung nicht oder schlecht bestanden haben, sich mit Ihren eigenen Beiträgen auseinanderzusetzen, anstatt die Schuld im Außen, nämlich bei den Prüfern, zu suchen. Ähnlich verhält es sich mit Bewerbungsprozessen.

Bewerbungssituationen haben in ihrer Intransparenz einiges mit Prüfungen gemeinsam. Erliegen Sie jedoch nicht der Illusion, dass in beiden Fällen hauptsächlich Willkür über Ihr Schicksal entscheidet, sondern vertrauen Sie darauf, dass Notengebung und Kandidatenauswahl in der Regel einer nachvollziehbaren Logik folgen.

Wer „soft skilled" ist, studiert zunächst einmal idealerweise die ausgeschriebene Stellenbeschreibung sehr genau, notiert sich dabei eine Handvoll berechtigter Fragen und versucht diese dann, über einen Anruf in der entsprechenden Personalabteilung, zu klären. Meistens haben wir Angst, dort zu stören und für Unmut zu sorgen. Nicht umsonst aber sind in den meisten Stellenausschreibungen der Name und die Telefonnummer einer Ansprechperson vermerkt, und da nur sehr wenige Interessenten mutig genug sind, den Telefonhörer in die Hand zu nehmen, gehören diese zu den ganz wenigen, die anrufen und infolgedessen nicht stören. Ein Telefonat mit der Personalabteilung ist Ihre erste Chance, im Bewerbungsprozess zu punkten. Nennen Sie Ihren Namen verständlich, begrüßen Sie freundlich, stellen Sie Ihre vorbereiteten Fragen und erklären Sie mögliche besondere Anliegen nachvollziehbar. Telefonieren Sie immer im Stehen, ordentlich angezogen, tragen Sie dabei Schuhe und lächeln Sie – Ihr Gesprächspartner wird dies zwar nicht sehen, aber auch wenn Sie es vielleicht nicht glauben, er wird es hören.

4.2 Studentische Kooperationskompetenzen

Es lohnt sich, in den Personalabteilungen anzurufen und z. B. Informationen, die nicht in der Stellenausschreibung genannt sind, zu erfragen. Zeigen Sie bei diesem Telefonat einwandfreie Umgangsformen, ohne unterwürfig daherzukommen, und etablieren Sie auf diese Weise einen ersten Kontakt.

Nun gehen Sie Ihre schriftliche Bewerbung an. Beschäftigen Sie sich dabei zunächst eine Weile mit der Gestaltung eines ansprechenden sowie zu Ihnen und zum Unternehmen passenden Layouts. Zeigen Sie das von Ihnen favorisierte Layout mehreren Personen, auf deren Einschätzung Sie Wert legen und prüfen Sie seine Wirkung. Das letztendlich gewählte Layout nutzen Sie dann für alle Teile Ihrer Bewerbung – Deckblatt, Anschreiben, Lebenslauf.

Ich empfehle immer ein Deckblatt zu gestalten, und zwar unabhängig davon, ob Sie sich in Papierform oder online bewerben. (Wenn Unternehmen spezifische Bewerbungsportale nutzen, brauchen Sie es allerdings nicht.) Ein Deckblatt ist wie ein Umschlag, in den Sie eine Geburtstagskarte legen, wie eine förmliche Begrüßung, mit der Sie einen Geschäftskollegen empfangen. Ein Deckblatt muss ansprechend gestaltet sein und die folgenden Dinge beinhalten: Die Stellenbezeichnung und das Unternehmen, bei dem Sie sich bewerben, Ihre Kontaktdaten, ein professionelles und dennoch Persönlichkeit ausstrahlendes Foto von Ihnen sowie im Idealfall eine Auflistung der die Bewerbung umfassenden Dokumente (Abb. 4.7 zeigt die wesentlichen zu beachtenden Kriterien Ihrer Bewerbung in der Übersicht).

Das Anschreiben muss so kurz wie möglich und so umfassend wie nötig sein, sollte aber eine „luftig" bestückte Seite niemals überschreiten. Es muss Persönlichkeit ausstrahlen und zugleich professionell daherkommen. In jedem Falle sollten Sie darstellen, was Sie zurzeit tun und über welche fachlichen Qualifikationen und persönlichen Kompetenzen Sie verfügen. Des Weiteren sollten Sie kurz darstellen, warum Sie in dieses Unternehmen, gegebenenfalls in eine bestimmte Abteilung, möchten und was Sie mitbringen, um die ausgeschriebene Stelle gewinnbringend zu besetzen. Entscheiden Sie sich für die Darstellung irgendeines außergewöhnlichen Aspektes Ihrer Person oder Ihrer Vita oder für eine unerwartete griffige Formulierung. Das, was in einem angemessenen Rahmen anders ist, fällt auf und macht oft erst neugierig. Trauen Sie sich also ruhig etwas Besonderes.

Ihr Lebenslauf muss vor allem eines sein: übersichtlich gestaltet und schnell lesbar. Bündeln Sie alle Aktivitäten sinnvoll (z. B. persönliche Daten, Schule und Hochschule, Praktika, Nebenjobs, weitere Qualifikationen, Hobbys und Interessen) und stellen Sie die Dinge so dar, dass sie vom Leser schnell erfasst werden können. Lassen Sie z. B. bei der Angabe von Daten immer die Tage weg und nennen Sie nur Monate und Jahreszahlen. Stellen Sie des Weiteren Praktika in einer einheitlichen gleichbleibenden Reihenfolge dar: zuerst den vollständigen Namen des Unternehmens, dann den Zeitraum des Praktikums, dann die Abteilung, dann die Tätigkeit nennen. Halten Sie sich an gängige Darstellungsformen (bei Sprachen können Sie z. B. auf den europäischen Referenzrahmen zurückgreifen oder

Deckblatt	Anschreiben	Lebenslauf
• ‚Bewerbung um' + Titel der Stellenbezeichnung • Name und Anschrift des Unternehmens • Ihr professionelles und modernes Bewerbungsfoto • Evtl. unterhalb des Fotos Ihre handschriftliche Unterschrift • Ihre Kontaktdaten • Auflistung der enthaltenen Dokumente	• So kurz wie möglich, so umfassend wie nötig (niemals länger als eine ‚luftig' bestückte Seite) • Muss professionell und zugleich persönlich sein • Was machen Sie zurzeit? • Fachliche Qualifikationen? • Persönliche Kompetenzen? • Warum dieses Unternehmen? • Warum diese Abteilung? • Was bringen Sie mit, um gewinnbringend zu unterstützen? • Wagen Sie etwas Unerwartetes oder Außergewöhnliches	• Übersichtliche Darstellung muss schnelle Lesbarkeit garantieren • Sinnvolle Bündelung Ihrer Aktivitäten • Nur Monate und Jahreszahlen angeben • Praktika in einheitlicher Weise aufführen • Gängige Darstellungsformen nutzen (z.B. bei Sprachen) • Bei Hobbies evtl. persönliche Note einfließen lassen • Ort, Datum, Unterschrift nicht vergessen • Seitenzahl angeben (S. 1/2; S. 2/2) • Kopfzeile

Abb. 4.7 Checkliste für Ihre Bewerbungsunterlagen

die gängige Beschreibung – Grundkenntnisse, sehr gute Kenntnisse, fließend in Wort und Schrift, verhandlungssicher – nutzen). Bei der Beschreibung Ihrer Hobbys empfehle ich, ruhig eine persönliche Note einfließen zu lassen: Anstatt nur „Kochen" anzugeben, könnten Sie die Ergänzung „Kochen – bevorzugt asiatische Küche, karibische Nachtische, winterliche Eintöpfe" hinzufügen; anstatt nur „Wintersport" anzugeben, könnten Sie die Ergänzung „Schlittschuhlauf bei zugefrorener Elbe, Snowboard – bevorzugt Funpark" einfügen; anstatt nur „Joggen" aufzuführen, könnten Sie die Ergänzung „Dreimal wöchentlich 10 km" hinzufügen. Natürlich müssen die Dinge, die Sie angeben, der Wahrheit entsprechen und Sie müssen sich mit den Angaben wohlfühlen. Andernfalls würde die Wirkung verpuffen. Vergessen Sie schließlich niemals, Ihren Lebenslauf zu unterschreiben sowie Ort und Datum hinzuzufügen. Eine Kopfzeile und der Übersichtlichkeit halber die Seitenzahl runden einen wohlgestalteten Lebenslauf ab.

Eine Bewerbung muss in positiver Hinsicht auffallen. Um das zu erreichen, müssen Sie sie fehlerfrei und professionell sowie übersichtlich und schnell lesbar gestalten. Zugleich sollte sie hier und da Aufmerksamkeit erregen und von der Norm abweichen. Eine Bewerbung ist Marketing in eigener Sache – es geht um Sie und Ihre berufliche Zukunft. Geben Sie sich also Mühe und gestalten Sie etwas Besonderes.

Exkurs – Die „Dritte Seite" gibt die Möglichkeit, Ihrer Bewerbung Leben einzuhauchen
Haben Sie von der Möglichkeit der sogenannten Dritten Seite in Bewerbungen gehört? Hierbei handelt es sich um ein Zusatzdokument, in welchem Sie – natürlich ebenfalls fehlerfrei

4.2 Studentische Kooperationskompetenzen

und professionell, aber dennoch weitgehend ohne Vorgaben – Zusatzinformationen über Ihre Person übermitteln können. Viele Studierende stehen der „Dritten Seite" skeptisch gegenüber, da sie befürchten, sie könnten in unangemessener Weise von der Norm einer professionellen Bewerbung abweichen. Aus vielen Gesprächen mit Personal-Experten, aber auch aus Rückmeldungen von Studierenden, die eine „Dritte Seite" in ihre Bewerbung integriert haben, kann ich Ihnen versichern, dass diese in der Regel ausgesprochen gut ankommt. Voraussetzung ist lediglich, dass Sie Dinge darstellen, die des Lesens wert, für einen Personaler von Interesse sind und authentische Besonderheiten Ihrer Person oder Ihres Lebenslaufes illustrieren (vgl. Hesse und Schrader 2013, S. 55.). Abbildung 4.8 ist ein schönes Beispiel für eine gelungene „Dritte Seite", die dem Studierenden laut eigenen Angaben bei der Suche nach seinem Abschlusspraktikum im Studium sehr hilfreich war.

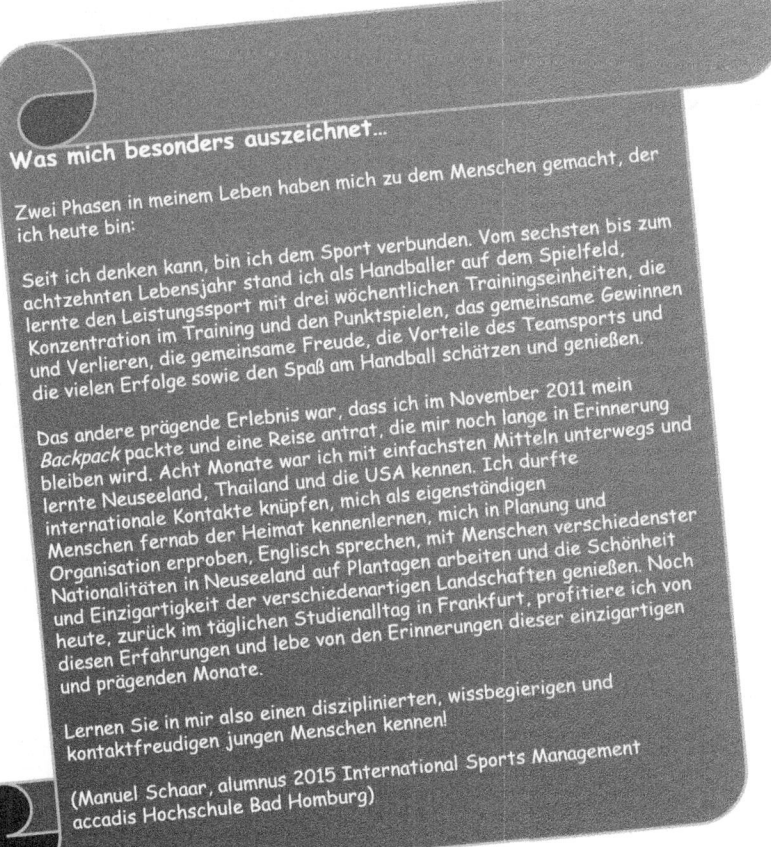

Abb. 4.8 Ein gelungenes Beispiel für eine „Dritte Seite" (Manuel Schaar)

Für ein Interview schließlich gelten ähnliche Empfehlungen wie für eine mündliche Prüfung: Fühlen Sie sich gedanklich nicht vor einer Wand stehend, sondern in ein Gespräch auf Augenhöhe verwickelt. Gestalten Sie dieses Gespräch souverän mit, indem Sie kluge Fragen stellen und es durch bedeutsame Beiträge über Ihre Person und Ihren Werdegang bereichern. Beachten Sie die normalen Formen des Umgangs: Seien Sie freundlich, zeigen Sie einen festen Händedruck, halten Sie Blickkontakt, zappeln Sie nicht herum, sondern strahlen auch körperlich Souveränität aus, ziehen Sie sich angemessen und ordentlich an und erscheinen Sie vorbereitet (Warum möchten Sie diesen Job? Was bringen Sie mit? Welche Fragen haben Sie zu dem Unternehmen? Was zeichnet Sie aus? Welche Schwäche an sich würden Sie gerne verändern? Wie lösen Sie Konflikte? – Der Katalog möglicher Fragen ist unendlich lang, doch Ihre Souveränität wird steigen, je vorbereiteter Sie sind).

Exkurs – Kleider machen (tatsächlich) Leute
Da mehr als die Hälfte des Eindrucks, den wir hinterlassen – zumindest zu Beginn eines Gespräches – durch nonverbale, also körperliche Signale, erzeugt wird, sollten wir hierauf durchaus viel Wert legen, ohne die inhaltliche Vorbereitung zu vernachlässigen. Unsere Kleidung ist zwar nur ein Aspekt unter den vielen anderen nonverbalen Signalen (z. B. Händedruck, Körperhaltung, Blickkontakt, Gang), sagt aber eine Menge über uns aus. Informieren Sie sich vorab, wie der Kleidungsstil einer Firma ist und – so meine Empfehlung – bewegen Sie sich auf gleichem Niveau, oder, wenn legere Kleidung üblich ist, leicht oberhalb dieses Kleidungsstils. Wenn also Kapuzenpulli und Jeans (in Werbeagenturen an Tagen ohne Kundenkontakt durchaus üblich) angesagt ist, empfehle ich eine schöne Jeans und ein Freizeit-Sakko. Vermeiden Sie auch vermeintliche Kleinigkeiten, wie ungepflegte Fingernägel, abgetragene Hemdkragen und -manschetten, abgelaufene Schuhsohlen, den nicht gekämmten Hinterkopf bei der Frisur etc. Wer als Frau im Business ernst genommen werden will, sollte den Ausschnitt auf keinen Fall zu tief und den Rock auf einer vernünftigen Länge belassen. Auch zu hohe Schuhe machen nicht immer einen optimalen Eindruck. Behängen Sie sich nicht mit Accessoires, bedenken Sie die Wirkung von Tattoos, Piercings, bunt gefärbten Haaren. Wer erst einmal zu Erfolg gekommen ist, der kann sich vieles erlauben, je nach Branche auch einen ungewöhnlichen Kleidungsstil, doch wer neu ins Berufsleben einsteigt, sollte sich weitgehend den Gepflogenheiten anpassen. Finden Sie in Summe ein Outfit, welches den Umständen angemessen ist und zugleich zu Ihnen passt. Wer sich in seiner Kleidung nicht wohlfühlt, strahlt immer etwas Unbeholfenes aus.

4.2 Studentische Kooperationskompetenzen

▶ **Fazit** Die Auswahl von Bewerbern erfolgt nicht nach einem mysteriösen Willkür-Schema, sondern folgt ganz bestimmten Maßgaben. Um mit einer Bewerbung Erfolg zu haben, müssen Sie sie professionell auf der einen und individuell auf der anderen Seite gestalten. Achten Sie zudem im Interview auf ein selbstbewusstes, aber natürlich unarrogantes Auftreten und berücksichtigen Sie diverse vermeintliche Kleinigkeiten, wie z. B. Ihren Händedruck, Ihr Outfit, einen mutigen Blick. Machen Sie sich auch hier klar, dass Sie viel mehr Einflussmöglichkeiten haben als gemeinhin angenommen. Behalten Sie schließlich im Hinterkopf, dass Sie in Summe viel stärker wirken, wenn Sie Dinge sagen, die Sie für wichtig und richtig erachten, und weniger versuchen zu erraten, was Ihr Gegenüber vermeintlich hören will.

Meine Empfehlung
- Entscheiden und planen Sie vorausschauend, wann und wo Sie am liebsten eines oder mehrere Praktika absolvieren möchten.
- Sehen Sie das Ganze weniger unter dem Thema „Man muss" als unter der Devise „Ich will" (herausfinden, was für mich passend ist).
- Insbesondere Studierenden, deren Abschluss auf keinen fixen Beruf hinausläuft (also etwa Ethnologen, Psychologen und Literaturwissenschaftlern, aber auch Betriebswirten), empfehle ich, sich mit dem Thema der beruflichen Möglichkeiten auseinanderzusetzen. Sie werden Ihre berufliche Identität zum großen Teil selbst erfinden müssen. Und hier ist vorausschauendes Agieren immer besser als bloßes Re-agieren oder planloses Ausprobieren.
- Sehen Sie dem Bewerbungsprozess zuversichtlich entgegen und nutzen Sie auch hier – ähnlich wie in Prüfungen – alle Freiräume, die Ihnen zur Verfügung stehen. Handeln Sie pro-aktiv, mutig und gestaltend.
- Investieren Sie Mühe und Detailgenauigkeit, aber auch Mut und Kreativität in Ihre Bewerbungsunterlagen und sehen Sie sie als das, was sie sind: Ihr Aushängeschild in Sachen Selbstmarketing.

Zum Weiterlesen
- An dieser Stelle möchte ich Ihnen diverse Bücher und Ratgeber der Bewerbungsexperten Jürgen Hesse und Hans Christian Schrader ans Herz legen. Zunächst einmal ist *Das große Hesse/Schrader-Bewerbungshandbuch* zu nennen,

welches als Kompendium alle Tipps umfasst, die man für die Erstellung einer Bewerbung, für die Vorbereitung eines Interviews und auch für die Gestaltung eines gelungenen Auftrittes in den sozialen Netzwerken benötigt (Hesse und Schrader 2015).
- Darüber hinaus empfehle ich als Praxisratgeber mit sehr vielen Beispielen das Buch *Schriftliche Bewerbung* derselben Verfasser (Hesse und Schrader 2013).
- Insbesondere für Praktikum suchende Studierende empfiehlt sich das Durchstöbern des Hesse/Schrader-Werkes Training – Bewerbung/Training für Praktikanten, Volontäre und Trainees: Mit der optimalen Bewerbung zum erfolgreichen Berufseinstieg, ebenfalls von den Autoren Hesse und Schrader (Hesse und Schrader 2012).
- Sehr gerne habe ich das Buch *Charisma-Coaching* von Martina Schmidt-Tanger gelesen. Vielen Coachees – Studierenden und anderen – empfehle ich die Lektüre insbesondere des Kap. 3.1 „Status – Häuptling oder Häschen" (S. 25–34). Hier lernen Sie viel darüber, wie Sie an Ausstrahlung und Wirkkraft dazugewinnen können (Schmidt-Tanger 2009).

Kurz zusammengefasst – Was Sie aus Kap. 4.2 mitnehmen sollten

Um ein Studium erfolgreich zu beenden, benötigen Sie studentische Selbstführungs- und Kooperationskompetenzen in gleichem Ausmaß wie Ihren Intellekt. Die Übernahme von Eigenverantwortung, das Herausfinden eines effektiven Lernstils sowie ein pro-aktives Agieren in Prüfungen gehören genauso dazu wie das konstruktive Gestalten des Miteinanders mit Studierenden und Dozenten, die Organisation passender Praktika sowie die Fähigkeit, Freundschaften zu schließen und eine der schönsten Lebensphasen in vollen Zügen zu genießen. In höchstem Maße zahlt sich im Verlaufe eines Studiums der Soft Skill Mut aus – Mut, eigene Wege zu gehen, die Entscheidungen zu treffen, die man überdacht hat und für sinnvoll hält, die Dinge zu sagen, die man zu sagen als wichtig erachtet.

Zum Weiterlesen

- Angela Herrmann zeigt in ihrem Buch *Der Känguru-Effekt*, wie Freude und Studieren miteinander zu kombinieren sind. Dabei steht das Känguru für die

Idee, Unwichtiges mit großen Sprüngen zu überspringen und sich stets auf das Wesentliche zu konzentrieren. Eine schöne Lektüre für humorvolle Pragmatiker (Herrmann 2009).
- Kira Klenke, selbst erfahrene Hochschulprofessorin, hat mit ihrem Werk *Studieren kann man lernen: Mit weniger Mühe zu mehr Erfolg* ein sehr wertvolles Buch verfasst. Sie nimmt von einfachen Erfolgsrezepten Abstand, gibt ihren Lesern die Möglichkeit, individuell funktionierende Wege für sich zu entdecken und gibt eine Menge alltagstauglicher Lerntipps mit auf den Weg (Klenke 2014).
- Martin Krengels Buch *Der Studi-Survival-Guide: Erfolgreich und gelassen durchs Studium* hilft Ihnen in erster Linie, sich gut zu organisieren, vernünftige und hilfreiche Zeitpläne zu entwerfen und auf diese Weise ein Leben neben dem Studium möglich zu machen (Krengel 2012b).
- Rieke Kersting und Philipp Appenzeller haben mit dem von ihnen herausgegebenen Buch *Endlich Studium!: Das Handbuch für die beste Zeit deines Lebens* ein für Sie wertvolles Buch auf den Markt gebracht, mit dem sie Studierende in ihrer Lebenswirklichkeit abholen und ganz pragmatische Tipps rund um die „aufregendste Zeit des Lebens" geben (Kersting und Appenzeller 2012).

Literatur

Beck, K (2013) Kommunikationswissenschaft. 3. überarbeitete Auflage. UTB, Stuttgart

Blanchard, K/Carew, D/Parisi-Carew, E (2008) Der Minuten Manager schult Hochleistungsteams. 2. Auflage. Rowohlt Taschenbuch, Reinbek bei Hamburg

Covey, S R (2014) Die 7 Wege zur Effektivität. 29. erweiterte und überarbeitete Neuauflage, Gabal, Offenbach

Faller, H (o. J.) Die Grand Tour des Adels. http://www.grand-tour-reise.de/grand-tour.html. Zugegriffen: 26.04.2015

Frädrich, S (2011) Das Günter-Prinzip – So motivieren Sie Ihren inneren Schweinehund. Gabal, Offenbach

Herrmann, A (2009) Der Känguru-Effekt: Mit Riesensprüngen studieren und dabei fröhlich bleiben. Uni-Edition, Berlin

Hesse, J/Schrader H C (2012) Training für Praktikanten, Volontäre und Trainees: Mit der optimalen Bewerbung zum erfolgreichen Berufseinstieg. Stark Verlagsgesellschaft, Hallbergmoos

Hesse, J/Schrader H C (2013) Schriftliche Bewerbung. Stark Verlagsgesellschaft, Hallbergmoos

Hesse, J/Schrader H C (2015) Das große Hesse/Schrader – Bewerbungshandbuch. Stark Verlagsgesellschaft, Hallbergmoos

Hoch, D (2014) Aufschieberitis: Die Volkskrankheit Nr. 1. tredition, Hamburg

Hofmann, E/Löhle, M (2012) Erfolgreich Lernen: Effiziente Lern- und Arbeitsstrategien für Schule, Studium und Beruf. Hogrefe, Göttingen

Kersting, R/Appenzeller, P (Hrsg.) (2012) Endlich Studium!: Das Handbuch für die beste Zeit deines Lebens. R.A.P. Presse Verlag Werbung, Stegen-Eschbach

Klenke, K (2014) Studieren kann man lernen: Mit weniger Mühe zu mehr Erfolg. 2. Auflage. Springer Gabler, Wiesbaden

Kofman, F (2005) Meta-Management – Der neue Weg zu einer effektiven Führung. Kamphausen, Bielefeld

Kopetzky, S (2004) Grand Tour: oder die Nacht der großen Complication. btb Taschenbücher im Goldmann Verlag, München

Krengel, M (2012a) Bestnote: Lernerfolg verdoppeln, Prüfungsangst halbieren. Eazybooks, Berlin

Krengel, M (2012b) Der Studi-Survival-Guide: Erfolgreich und gelassen durchs Studium. Uni-Edition, Berlin

Medina, J (2009) Gehirn und Erfolg – 12 Regeln für Schule, Beruf und Alltag. Spektrum Akademischer Verlag, Heidelberg

Münchhausen, M von (2006) So zähmen Sie Ihren inneren Schweinehund – Vom ärgsten Feind zum besten Freund. 6. durchgesehene und ergänzte Auflage. Campus, Frankfurt am Main

Przybilla, O/Ramelsberger, A (2010) Auf Schwänzer-Jagd. http://www.sueddeutsche.de/karriere/vorgezogene-schulferien-auf-schwaenzer-jagd-1.596714. Zugegriffen: 22.04.2015

Rosenberg, M (2010) Gewaltfreie Kommunikation – Eine Sprache des Lebens. 9. Auflage. Junfermann, Paderborn

Schache, R (2011) Die 7 Schleier vor der Wahrheit. Wilhelm Goldmann, München

Schache, R (2013) Der geheime Plan Ihres Lebens. Wilhelm Goldmann, München

Schmidt-Tanger, M (2009) Charisma-Coaching: Von der Ausstrahlungskraft zur Anziehungskraft. Junfermann, Paderborn

Schulz von Thun, F (2010) Miteinander reden: 1 – Störungen und Klärungen. 48. Auflage. Rowohlt Taschenbuch, Reinbek bei Hamburg

Zurhorst, E-M (2011) ida – Die Lösung liegt in dir. 4. Auflage. Arkana, München

Die wichtigsten Lebensprinzipien – Was du sonst noch über das Leben wissen solltest

5

> **Zusammenfassung**
>
> Das nun folgende Kap. 5 ist das letzte dieses Buches. In ihm halte ich ein Plädoyer für die Notwendigkeit, innezuhalten und das eigene Tun und Lassen zu beobachten, zu reflektieren und auf seine Sinnhaftigkeit hin zu überprüfen. Es wird ergänzt von dem authentischen Bericht eines Studenten, der sehr überzeugend darlegt, inwiefern ihm sein Coaching-Zyklus weitergeholfen hat. Zum Abschluss formuliere ich schließlich eine Handvoll Thesen, die das im gesamten Buch Dargelegte – wie unter einem Brennglas – zusammenfassen. Nutzen Sie die Zeit des Studiums, um Ihre Persönlichkeit reifen zu lassen und Ihr Soft-Skill-Repertoire zu erweitern und zu perfektionieren, so der Tenor des nun folgenden Kapitels.

Wir können das Leben nicht wie Mathematik, Englisch oder Physik in einem Klassenzimmer lernen; die beste Schule ist das Leben selbst, so die gängige Meinung. Dem stimme ich in Teilen zu: Zum einen, weil man beim Betrachten verschiedener Lebensläufe beobachten kann, dass die unterschiedlichsten Ansätze zu funktionieren scheinen, es also keine zu „unterrichtenden" Regeln oder Formeln zu geben scheint. Zum anderen, weil echte Erfahrung in ihrer Aussagekraft durch keine Theorie der Welt zu ersetzen ist. Dennoch begehen wir aus meiner Sicht einen Fehler damit, dass wir dem Thema Lebenskunst wenig bis gar keinen festen Raum in unserem täglichen Leben gewähren. Aus meiner Sicht ist unser Leben zu kostbar, um es dem „Trial and Error"-Prinzip zu überlassen. Zwei Argumente sind für mich hier von Bedeutung – Erstens: Auch wenn Gelingen oft das Ergebnis individueller Ansätze zu sein scheint, so fördert ein profunder Blick doch zutage, dass Menschen, denen Vorhaben oder Beziehungen gelingen, in irgendeiner Weise ähnlich vorgehen (es scheint also doch so etwas wie universelle Regeln zu geben).

Zweitens: Auch wenn echte Erfahrung in ihrer Überzeugungskraft nicht zu übertreffen ist, so hilft doch die Reflexion über das Geschehene, Begreifen möglich zu machen und gegebenenfalls effektivere Ansätze zu finden. Ich würde es von daher sehr begrüßen, wenn es für Schüler, Studierende und Berufstätige fest etablierte Slots gäbe, in denen Experten ihren Erfahrungsaustausch moderierten, Denkanstöße oder Anregungen gäben oder als geschulte Sparrings-Partner im Zwiegespräch zur Verfügung stünden. Aus meiner beruflichen Praxis weiß ich, wie groß der Bedarf an einem solchen „Raum" ist. Es sind sicherlich Ansätze dafür zu erkennen, dass mehr und mehr Menschen den Reflexionsraum als wertvoll für sich erachten und gerne bereit sind, Zeit und auch Geld zu investieren. Das macht mir Mut! Lesen Sie zum Abschluss den ermutigenden und sehr offenen Bericht eines meiner Studierenden-Coachees darüber, was das Coaching für ihn bedeutete:

> Ich kam an meine derzeitige Hochschule mit einem Koffer voller Ehrgeiz, hochgesteckten Zielen und Visionen. Ich begann ein Managementstudium, das Sprungbrett zu meinem Traumberuf. Ein neues Kapitel also und dazu noch ein so wichtiges. Ich war der Überzeugung: Alles, was ich von jetzt an anfing, müsste perfekt sein (die Konkurrenz schläft nicht, nach oben schaffen es nur die Besten und ich wollte es doch allen beweisen …).
>
> Bezüglich Aufwand und Lernen war das Gymnasium für mich eher ein Selbstläufer gewesen. Um meine Sache gut zu machen, hatte es gereicht, Stoff eher geringeren Ausmaßes in wenigen Stunden auswendig zu lernen. Aber beispielsweise Fachliteratur zu lesen, Wichtiges von Unwichtigem in einem Text zu trennen, richtig zu lernen – das hatte ich nicht gelernt. Nun kamen noch meine erste eigene Wohnung, eine völlig neue Stadt und der Wunsch nach möglichst viel Freizeit für Sport und anderen Hobbys hinzu. Auf der anderen Seite hatte ich gerade erst ein Jahr Pause zwischen Abitur und Studium hinter mir. Trotz oder vielleicht gerade weil ich nur an drei Tagen nebenher jobbte, fehlte mir die Fähigkeit, aber auch die Disziplin für eine Planung meines Tagesablaufes und eine zeitliche Strukturierung mehrerer Wochen. Es gelang mir einfach nicht, den Vollzeitjob Studium mit allem anderen unter einen Hut zu bringen und meine mittel- und langfristigen Ziele zu erreichen.
>
> Ich war schnell heillos überfordert – Blockaden und Aufschieben waren die Folge. Ich hatte Angst davor, vieles nicht gut genug zu machen und isolierte mich, weil ich mir in meinem Kopf so viel aufbürdete, dass ich nicht einmal die Hälfte des Vorgenommenen erledigt bekam. Nachdem ich erkannte, dass ich weit davon entfernt war, meine Ziele zu erreichen, ich aber keine Ahnung hatte, wie ich es besser machen sollte, wusste ich, dass ich mir Hilfe suchen sollte. Daher zögerte ich nicht lange, mich für ein Coaching-Programm meiner Hochschule zu bewerben.
>
> Für eine Coaching-Sitzung gibt es, glaube ich, keine Schablone, zumindest könnte ich nicht beschreiben, wie eine Sitzung in der Regel aussieht, da ich jede Sitzung anders erlebte und verschiedenste Themen behandelt wurden. Der Schlüssel für den Erfolg einer jeden Sitzung lag aus meiner Sicht in dieser für mich völlig neuen und sehr offenen Art der Kommunikation. Das unverblümte Reden mit einer speziell ausgebildeten und bis dato an meinem Leben unbeteiligten Person, das half mir. So leicht es auch klingt, so schwer war es anfangs, aus mir herauszukommen und einfach zu

5 Die wichtigsten Lebensprinzipien

reden. Doch es war sehr befreiend und ungeahnt erkenntnisreich zu erzählen, was mich bedrückte und daraufhin objektives Feedback zu bekommen. Es galt stets, die Probleme auszusprechen und die angedachten Lösungswege aufzuschreiben, um das Notierte mit nach Hause zu nehmen (ich hängte es mir immer über meinen Schreibtisch). Statt Ausgesprochenes wieder in Millionen anderer Gedanken versinken zu lassen, machte ich es zum Gegenstand konstruktiver Arbeit. Ich hätte mir nie vorstellen können, was alles passiert, wenn man seine Gedanken nach außen befördert und festhält. Zum Teil fielen durch Fragen und Gegenfragen ganze Gedanken-Konstrukte in sich zusammen, Elefanten wurden wieder zu Mücken oder zaghafte Ansätze endlich zu neuen Plänen und Visionen. Zudem hat mir das bloße Vertrauensverhältnis zu meinem Coach im doppelten Sinne gutgetan. Ich wusste, dass meine Probleme vertraulich behandelt werden. Zum anderen war da jemand, der Vertrauen in mich setzte, es besser machen zu können. Das hat mich zusätzlich motiviert. Und unabhängig davon, ob die Dinge, die wir besprachen, hochschultechnischer Art waren (etwa Prüfungsvorbereitung) oder wir uns mit sehr privaten Fragen und Ängsten vor zukünftigen Entscheidungen auseinandersetzten – jede Sitzung war ein voller Erfolg.

Meiner Meinung nach setzt gutes Management immer sehr gutes Selbstmanagement voraus. Projektmanagement beginnt schon lange vor dem Bachelor-Abschluss und man selbst ist und bleibt sein größtes Projekt. Im Rahmen eines Coachings daran zu arbeiten war eine der besten Entscheidungen während der letzten drei Studienjahre. Ich habe viel über mich selbst gelernt, darüber was ich will und wie ich es erreichen kann. Mein Zeitmanagement hat sich sehr verbessert, ich habe gelernt, meinen Perfektionismus richtig einzusetzen und bin selbstverantwortlich geworden. Vor allem aber bin ich zufriedener geworden.

Felix Neuhauser, Alumnus 2015 Marketing- und Eventmanagement,
accadis Hochschule Bad Homburg

Zum Abschluss meines Buches möchte ich Ihnen gerne noch einige Erkenntnisse mit auf den Weg geben, die die bisher dargestellten Inhalte zum Teil noch einmal aufgreifen und abrunden, zum Teil aber auch über sie hinausgehen:

- Die wahre Kraft von uns Menschen kann sich nur entfalten, wenn wir es wagen, unsere Individualität zu leben. Es ist ein Trugschluss zu glauben, Dinge könnten uns gelingen, wenn wir einen bedeutsamen Teil von uns unterdrückten, uns anpassten, nicht wir selbst seien.
- Wirksame Lösungen sind immer individueller Natur. Wir müssen sie daher stets autark, unter Berücksichtigung der uns betreffenden Parameter, entwickeln. Empfehlungen anderer passen so gut wie nie in das eigene System.
- Und dennoch gibt es bestimmte Prinzipien, die sich für den Einzelnen und für Menschen im Miteinander immer auszahlen. Hierzu gehört z. B. eine gesunde Selbstfürsorge ebenso wie Respekt und Anstand gegenüber anderen. Hierzu gehört eine realistische Selbsteinschätzung ebenso wie das Beherzigen der Regeln des konstruktiven Kommunizierens. Hierzu gehört Pro-Aktivität ebenso wie

das aufrichtige Interesse an den Standpunkten anderer. Hierzu gehört die Suche nach Lösungen ebenso wie die grundsätzliche Fähigkeit zur Wertschätzung.
- Alles, was in Balance ist, hat eine Chance auf Fortbestand: Arbeit und Muße, Genuss und Verzicht, Reden und Schweigen, Ruhen und Bewegen, alleine und miteinander sein, wach sein und schlafen, Anspannung und Entspannung. Halten wir in unserem Leben die Dinge nicht weitgehend in Balance, so sorgt das Leben von alleine für Ausgleich: Überanstrengte Sportler verletzen sich, gestresste Menschen werden krank, sodass sie zu einer Auszeit gezwungen werden, überspannte Systeme „explodieren"...
- Wir können viel mehr in unserem Leben mitgestalten, als wir dies gemeinhin für möglich halten. Dabei ist es schon viel, wenn wir innerhalb der Rahmenbedingungen, die wir vorfinden, kreativ werden. Oft genug reicht aber auch das nicht, und wir müssen den Mut aufbringen, gesetzte Rahmenbedingungen nicht für unumstößlich zu halten, ihre Sinnhaftigkeit zu hinterfragen und brauchbare Modifikationsvorschläge ins Spiel zu bringen.
- Dauerhafte Harmonie ist kein Kennzeichen gelungener Beziehungen. Es ist ein Trugschluss zu glauben, Liebespaare (und ebenso Freunde) müssten sich in ewiger Harmonie befinden und Streit wäre ein erstes Anzeichen für das Abklingen der Liebe oder ein drohendes Ende der Freundschaft. Wo geliebt wird, muss auch gestritten werden. Wo Spannung und Kribbeln sein soll, muss Reibung möglich sein. Ein Fortbestehen von Beziehungen findet seinen Ursprung nicht in Dauerharmonie, sondern wird erst durch das Aufeinandertreffen des Verschiedenen ermöglicht.
- Gute und schlechte Phasen wechseln sich im Leben ab. Es besteht also kein Grund, sofort nach einer Möglichkeit der Veränderung oder Flucht zu suchen, wenn wir eine schlechte Phase erleben. Die schlechte Phase ist Bedingung für das Erleben der nächsten guten Phase. Wer Glück erleben will, der muss auch schlechte Tage aushalten. Denn wer immer nur glücklich wäre, würde sich nicht als glücklich empfinden. Erst die Abwesenheit von Glück ermöglicht uns die Wahrnehmung seiner Präsenz.
- Streit unter Menschen ist manchmal unabdingbar, um zu etwas Höherem zu gelangen. Manche Systeme laden sich so sehr mit Spannung auf, dass nur eine Explosion diese Spannung entladen kann. Wenn wir Streit unter der Überschrift „Veränderung beginnt mit Irritation" lesen können, erkennen wir das Schöpferische in der Zerstörung und sind offen für das, was sie uns bringt.
- Alles, was uns im Leben passiert, hat eine Bedeutung für uns. Manchmal kann es lange dauern, bis wir die Bedeutung eines Ereignisses erkennen. Die Erlebnisse, die uns am meisten zu schaffen machen, tragen dabei in der Regel das größte Lehrpotenzial für uns in sich. Wir können wachsen, wenn wir nach dem

5 Die wichtigsten Lebensprinzipien

Lehrpotenzial suchen und uns nicht auf die negativen Begleiterscheinungen konzentrieren.
- Disziplin ist der Gewinnbringer schlechthin. Erst wenn wir eine Sache diszipliniert eine ganze Weile durchgehalten haben, können wir ihren wahren Wert erkennen bzw. beurteilen, ob sich eine Sache für uns auszahlt oder nicht, ob sie zu uns passt oder nicht, ob wir ihr treu bleiben wollen oder nicht.
- Wir können darauf vertrauen, dass wir Dinge zu ändern beginnen, wenn sie uns in ausreichendem Maße stören. Wenn wir also noch nicht zu Veränderung bereit sind, ist die Sache für uns einfach noch nicht schlimm genug. Kettenraucher hören von heute auf morgen mit dem Rauchen auf. Übergewichtige nehmen in zwei Jahren 100 kg ab. Notorische Nichtsportler laufen nach einer Zeit des soliden Trainings einen Marathon. Absolute Faulpelze werden zu disziplinierten Lernern. Menschen machen das Unerwartete und für unmöglich Gehaltene möglich. Jeder von uns kann das. Die Dinge, die uns stören, müssen in ihrer Beeinträchtigung nur größer werden als die Mühe, die uns die Veränderung unserer Einschätzung nach kostet.

Meine verehrten Leser! Sie sind jung und halten Ihr Leben in Ihren Händen. Vertrauen Sie auf die Kräfte, die in Ihnen stecken. Seien Sie stolz auf das, was Sie ganz alleine ausmacht. Haben Sie den Mut, das zu leben und zu sagen, was Sie für richtig halten. Hören Sie auf Ihren inneren Kompass. Folgen Sie der Stimme Ihres Herzens. Lernen Sie, mit dem Leben umzugehen und seine Signale zu deuten. Reservieren Sie sich regelmäßig Zeit für ein Nachdenken über das, was Sie sich wünschen, über das, was Sie erleben, über das, was Sie tun und darüber, ob Ihr Tun das Potenzial hat, Sie auf Ihrem Weg voranzubringen. Nutzen Sie die Zeit des Studiums – auch – für die Reifung Ihrer Persönlichkeit. Genießen Sie, dass Bildung für Sie möglich ist und denken Sie immer daran: Ihre Soft Skills sind die wertvollsten Helfer in der Umsetzung Ihrer diversen Vorhaben. Eines davon ist Ihr Studium …

Glossar

Beziehungsohr Wer im Rahmen des von Schulz von Thun entwickelten „Vier-Ohren-Modells" das Beziehungsohr geöffnet hat, versucht der Botschaft eines Senders den Gehalt abzuringen, den diese Aussage möglicherweise über ihn selbst impliziert. An einem Coaching-Prozess nehmen in der Regel zwei Beteiligte teil: der Coach, der den Prozess des Coachings führt, und der **Coachee**, welcher sich mit Anliegen, Sorgen, Fragestellungen an den Coach wendet. Den Begriff **Emotionaler Pool** habe ich selbst geprägt. Er ist ein Ausdruck für die emotionale Grundtonalität, in der wir aufwachsen, die uns maßgeblich prägt und die wir ein Leben lang unbewusst in uns tragen. Er ist letztendlich das emotionale Wasser, in dem wir schwimmen, und aus dem heraus wir unser Leben lang Begebenheiten wahrnehmen und interpretieren.

Feedback ist die bewusst eingeforderte oder absichtsvoll geäußerte Rückmeldung.

Flow bezeichnet den Zustand des totalen Versunkenseins in einer Tätigkeit. Wenn wir im Flow sind, vergessen wir Zeit und Raum um uns herum, werden eins mit der Beschäftigung, der wir nachgehen, und empfinden tiefste Befriedigung in und bei dem, was wir tun.

Kooperationskompetenzen umfassen alle Fähigkeiten, die uns dabei helfen, mit anderen im Allgemeinen gut klarzukommen und gemeinsam mit anderen im Speziellen Herausforderungen zu bewerkstelligen, die uns alleine nicht möglich sind.

Metablick-Kompetenz ist die Fähigkeit, Phänomene, Angelegenheiten, Entwicklungen „von oben", aus der Vogelperspektive, zumindest aus einer weiteren Distanz als der alltäglichen zu betrachten. Die Metablick–Kompetenz ermöglicht uns häufig, den Wald vor lauter Bäumen wieder zu sehen, die Sinnhaftigkeit von Geschehnissen in einen größeren Zusammenhang zu sortieren und entscheiden zu können, welche Dinge sich im Gesamtwerk unseres Lebens als sinnhaft erweisen oder nicht.

Neurolinguistisches Programmieren kurz NLP genannt, ist eine Erfolgstechnologie, die in den 70er-Jahren in den USA entwickelt wurde und deren Techniken in den Handwerkskoffer eines jeden Coaches gehören sowie in immer weitere Berufszweige Einzug halten. Die Grundthese des NLP ergibt sich aus ihrem Namen: Man geht davon aus, dass Menschen bestimmten Wahrnehmungs-, Reaktions- und Verhaltensprogrammen folgen, die sich im Wesentlichen sprachlich (linguistisch) und im Bereich der Sinneswahrnehmung (neurologisch) manifestieren. Wer in der Lage ist, seine erlernten Programme zu identifizieren, so die NLPler, kann diese auch mittels ganz bestimmter Übungen umprogrammieren.

Reflexion meint den Vorgang des Sich-selbst-Betrachtens und -Beobachtens. Zugleich denkt der Reflektierende über das nach, was er an sich wahrnimmt, und prüft, ob seine Denkmuster und/oder Verhaltensweisen hilfreich für sein Vorankommen sind. „Reflexion" ist beinahe mehr „Lebenshaltung" als bloße „Aktion" und resultiert aus der Überzeugung, dass wir nachdenkend zu vielversprechenderen Wegen gelangen können. Das Wort **Resonanz** leitet sich von dem lateinischen *resonare* – „zurück klingen" – ab und meint, dass die Dinge, die wir empfangen, wahrnehmen oder die uns passieren, immer mit uns selbst bzw. mit den Signalen, die wir ausgesandt haben, in Zusammenhang stehen. „Wie du in den Wald hineinrufst, so schallt es wieder hinaus" ist ein Sprichwort, welches einen Teil des Resonanzprinzips wiedergibt. Wenn wir davon sprechen, dass wir „mit etwas in Resonanz gehen", meinen wir aber noch etwas Umfassenderes, nämlich, dass uns ein Mensch, eine Verhaltensweise, ein Thema zunächst einmal in besonderer Weise auffällt – es kann uns gefallen oder auch abstoßen –, doch die Tatsache, dass wir es überhaupt wahrnehmen, zeigt, dass dieser Mensch, diese Verhaltensweise, dieses Thema uns auch in besonderer Weise angeht und mit uns zu tun hat.

ROWE – Results Only Work Environment ist ein Phänomen, mit dem sich Arbeitspsychologen mehr und mehr beschäftigen. In Anbetracht der medialen Möglichkeit, seine Arbeit in vielen Berufsfeldern überall und zu jeder beliebigen Zeit erledigen zu können sowie unter Berücksichtigung biorhythmischer

Besonderheiten der Arbeitnehmer, wird die Gestaltung von Arbeit in Zukunft wohl mehr und mehr darauf hinauslaufen, dass Ergebnisse zählen und nicht der zeitliche Rahmen und der Ort, innerhalb dessen und an dem eine Arbeit erledigt wurde.

Selbstführungskompetenzen umschließen alle Fähigkeiten, die uns dabei helfen, uns selbst in die Richtung der von uns formulierten Ziele zu führen. Wer das **Selbstkundgabeohr** geöffnet hat, prüft, was die Aussage eines Senders über den Sender selbst aussagt anstatt beispielsweise aktiv zu werden (Appell-Ohr), die Aussage persönlich zu nehmen (Beziehungs-Ohr) oder sie als rein sachliche Information zu verbuchen (Sach-Ohr).

Spiegelung ist die unabsichtliche und naturgemäß erfolgende Rückmeldung, die in engem Zusammenhang mit dem Resonanzprinzip steht. Der Gedanke des **Studium Generale** greift den Ansatz des humanistischen Bildungsideals auf und erinnert auch heute noch daran, dass es durchaus Sinn macht, über den Tellerrand hinauszublicken und sich als Student einer bestimmten Fachrichtung auch für ganz andere Disziplinen zu interessieren. Dahinter steckt das erstrebenswerte Ziel, seine Allgemeinbildung zu komplettieren und die Fachkompetenz auch durch das Üben ganz anderer Perspektiven zu verbessern.

wingwave®-Coaching ist eine neurologische Variante des Kurzzeit-Coachings. Es wurde in Anlehnung an das körpereigene Stressverarbeitungssystem der Rapid-Eye-Movement-Phasen entwickelt und ursprünglich in der Behandlung von Traumapatienten eingesetzt. Inzwischen hat es sich zu einer anerkannten Coaching-Methode entwickelt, die zur Auflösung von – unter anderem – irrationalen Ängsten und Verhaltensblockaden eingesetzt wird.

Literatur

Adams, J (2004) Think! Einfach genial denken lernen. Econ, Berlin
Augstein, R (Hrsg.) (2015) Richtig scheitern. Der Spiegel Wissen 1/2015
Beck, K (2014) Kommunikationswissenschaft. 3. überarbeitete Auflage. UTB, Stuttgart
Bender, S (2014) Paul Watzlawick über menschliche Kommunikation. http://www.paulwatzlawick.de/index.html. Zugegriffen: 15.04.2015
Benien, K (2005) Schwierige Gespräche führen. 3. Auflage. Rowohlt Taschenbuch, Reinbek bei Hamburg
Berne, E (2002) Spiele der Erwachsenen. 14. Auflage. Rowohlt Taschenbuch, Reinbek bei Hamburg
Berne, E (2012) Was sagen Sie, nachdem Sie ‚Guten Tag' gesagt haben? 22. Auflage. Fischer Taschenbuch, Frankfurt am Main
Besser-Siegmund, C/Siegmund, H (2010) wingwave-Coaching: Wie der Flügelschlag eines Schmetterlings. Junfermann, Paderborn
Blanchard, K/Carew, D/Parisi-Carew, E (2008) Der Minuten Manager schult Hochleistungsteams. 2. Auflage. Rowohlt Taschenbuch, Reinbek bei Hamburg
Borbonus, R (2011) Respekt – Wie Sie Ansehen bei Freund und Feind gewinnen. Econ, Berlin
Bruch, H/Vogel, B (2008) Die Philosophie der Nummer Eins. Harvard Business Manager Juni 2008, S. 33–42
Bundesagentur für Arbeit (2013) Gute Bildung – gute Chancen, Der Arbeitsmarkt für Akademikerinnen und Akademiker in Deutschland. Nürnberg. http://statistik.arbeitsagentur.de/Statischer-Content/Arbeitsmarktberichte/Akademiker/generische-Publikationen/Broschuere-Akademiker-2013.pdf. Zugegriffen: 15.03.2015
Corssen, J (2004) Der Selbst-Entwickler. Das Corssen Seminar. Beust, Wiesbaden
Covey, S R (2014) Die 7 Wege zur Effektivität. 29. erweiterte und überarbeitete Neuauflage, Gabal, Offenbach
Csikszentmihalyi, M (2014) Flow: Das Geheimnis des Glücks. Klett-Cotta, Stuttgart
Dietz, A (2013) Gesundes Kommunizieren. BusinessVillage, Göttingen
Eppelsheim, P (2007) Der Charme der Vielfalt – Unternehmen entdecken die Toleranz. http://www.faz.net/aktuell/beruf-chance/arbeitswelt/unternehmenskultur-der-charme-der-vielfalt-1411868.html. Zugegriffen: 15.04.2015
Faller, H (o. J.) Die Grand Tour des Adels. http://www.grand-tour-reise.de/grand-tour.html. Zugegriffen: 26.04.2015

Literatur

Fehling, J (2014) Lehre, Abitur, Studium – Mit diesen Abschlüssen ist der Weg zur Million frei. Focus online. http://www.focus.de/finanzen/karriere/ausbildung-abitur-studium-lebenseinkommen-im-vergleich-mit-einem-studium-ist-der-weg-zur-millionen-frei_id_3573693.html. Zugegriffen: 15.03.2015

Frädrich, S (2011) Das Günter-Prinzip – So motivieren Sie Ihren inneren Schweinehund. Gabal, Offenbach

Franckh, P (2008) Das Gesetz der Resonanz. Koha, Burgrain

Franken, S (2015) Personal: Diversity Management. Springer Gabler, Wiesbaden

Frei, I u. T (2011) Das Lebensspiel – Die Regeln verstehen, anwenden und – gewinnen. Arkana, München

Gardner, H/Hatch, T (1989) Multiple Intelligences go to school: The Theory in Practice. Educational Researcher Vol. 18. No. 8 (Nov. 1989) S. 4–10

Gay, F (2006) Das DISG® Persönlichkeits-Profil. 34. Auflage. Persolog, Remchingen

Goleman, D (1997) Emotionale Intelligenz. Deutscher Taschenbuch Verlag, München

Goleman, D (1999) EQ2 – Der Erfolgsquotient. Carl Hanser, München

Goleman, D (2003) Kreativität entdecken. 3. Auflage. Deutscher Taschenbuch Verlag, München

Goleman, D/Kreissl, R (2008) Soziale Intelligenz. Verlagsgruppe Droemer & Knaur, München

Haag, S (2012) NLP – Eine Einführung. 9. Auflage. Schirner, Darmstadt

Haerdle, B (2014) Rätselhafte Studienabbrecher: Plötzlich waren sie nicht mehr da. http://www.spiegel.de/unispiegel/studium/studienabbrecher-in-der-statistik-wie-viele-bleiben-a-988295.html. Zugegriffen: 16.03.2015

Harris, T A (1975) Ich bin o.k., Du bist o.k.: Wie wir uns selbst besser verstehen und unsere Einstellung zu anderen verändern können. Eine Einführung in die Transaktionsanalyse. Rowohlt Taschenbuch, Reinbek bei Hamburg

Herrmann, A (2009) Der Känguru-Effekt: Mit Riesensprüngen studieren und dabei fröhlich bleiben. Uni-Edition, Berlin

Hesse, J/Schrader H C (2012) Mit der optimalen Bewerbung zum erfolgreichen Berufseinstieg. Stark Verlagsgesellschaft, Hallbergmoos

Hesse, J/Schrader, H C (2013) Persönlichkeitstests. Stark Verlagsgesellschaft mbH, Hallbergmoos

Hesse, J/Schrader H C (2013) Schriftliche Bewerbung. Stark Verlagsgesellschaft, Hallbergmoos

Hesse, J/Schrader H C (2015) Das große Hesse/Schrader – Bewerbungshandbuch. Stark Verlagsgesellschaft, Hallbergmoos

Hoch, D (2014) Aufschieberitis: Die Volkskrankheit Nr. 1. tredition, Hamburg

Hoffman Seminar (2015) Über das Hoffman Seminar. http://www.hoffman-seminar.de/ueber-das-hoffman-seminar.html. Zugegriffen: 18.03.2015

Hofmann, E/Löhle, M (2012) Erfolgreich Lernen: Effiziente Lern- und Arbeitsstrategien für Schule, Studium und Beruf. Hogrefe, Göttingen

Horx, M (2014) Das Megatrend-Prinzip – Wie die Welt von morgen entsteht. Pantheon, München

Hübner-Weinhold, M (2015) So verschaffen Sie sich mehr Respekt. http://www.abendblatt.de/wirtschaft/karriere/article125103908/So-verschaffen-Sie-sich-mehr-Respekt.html. Zugegriffen: 14.04.2015

Kersting, R/Appenzeller, P (Hrsg.) (2012) Endlich Studium!: Das Handbuch für die beste Zeit deines Lebens. R.A.P. Presse Verlag Werbung, Stegen-Eschbach

Klenke, K (2014) Studieren kann man lernen: Mit weniger Mühe zu mehr Erfolg. 2. Auflage. Springer Gabler, Wiesbaden

Kofman, F (2005) Meta-Management – Der neue Weg zu einer effektiven Führung. Kamphausen, Bielefeld

Kopetzky, S (2004) Grand Tour: oder die Nacht der großen Complication. btb Taschenbücher im Goldmann Verlag, München

Kreller, A (2014) Soll der Staat die Arbeitszeit begrenzen? Brand eins – Wirtschaftsmagazin. 16 Jg. 05/2014, S. 12–13

Krengel, M (2012) Der Studi-Survival-Guide: Erfolgreich und gelassen durchs Studium. Uni-Edition, Berlin

Krengel, M (2012) Bestnote: Lernerfolg verdoppeln, Prüfungsangst halbieren. Eazybooks, Berlin

Leutloff, J (2013) (Leitung Redaktion) http://www.hauptsache-bildung.de/2013/bachelor-und-master-studium-anzahl-der-studiengaenge-in-deutschland-im-wintersemester-201213/. Zugegriffen: 07.02.2015

Malik, F (2014) Führen Leisten Leben – Wirksames Management für eine neue Zeit. Campus, Frankfurt am Main

Matchar, E (2012) How those spoiled millennials will make the workplace better for everyone. http://www.washingtonpost.com/opinions/how-those-spoiled-millennials-will-make-the-workplace-better-for-everyone/2012/08/16/814af692-d5d8-11e1-a0cc-8954acd5f90c_story.html. Zugegriffen: 23.02.2015

Medina, J (2009) Gehirn und Erfolg – 12 Regeln für Schule, Beruf und Alltag. Spektrum Akademischer Verlag, Heidelberg

Middelhoff, P/Schmergal, C/Schrep, B (2014) Im Unruhestand. http://www.spiegel.de/spiegel/print/d-127078968.html. Zugegriffen: 26.01.2015

MSA Motivation Systems GmbH (2014) MSA – Emotionale Intelligenz für Business, Sinn und Selbst. http://www.msaprofil.com/. Zugegriffen: 27.03.2015

Münchhausen, M von (2006) So zähmen Sie Ihren inneren Schweinehund – Vom ärgsten Feind zum besten Freund. 6. durchgesehene und ergänzte Auflage. Campus, Frankfurt am Main

Musall, B/Pieper, D (2014) Leben in der Kribbelzone (Ein Interview mit Herbert Renz-Polster) Der Spiegel Wissen1/2014 – Entspannte Eltern, starke Kinder, S. 12–19

Pörksen, B/Schulz von Thun, F (2014) Kommunikation als Lebenskunst – Philosophie und Praxis des Miteinander-Redens. Carl-Auer, Heidelberg

Przybilla, O/Ramelsberger, A (2010) Auf Schwänzer-Jagd. http://www.sueddeutsche.de/karriere/vorgezogene-schulferien-auf-schwaenzer-jagd-1.596714. Zugegriffen: 22.04.2015

Rosenberg, M (2010) Gewaltfreie Kommunikation – Eine Sprache des Lebens. 9. Auflage. Junfermann, Paderborn

Schache, R (2011) Die 7 Schleier vor der Wahrheit. Wilhelm Goldmann, München

Schache, R (2013) Der geheime Plan Ihres Lebens. Wilhelm Goldmann, München

Schipper, L (2014): „Roboter bleiben herzlos und fleißig" – Technikforscher Carl Benedikt Frey sagt, wie Roboter die Welt aufräumen und warum wir Grundschülern besser Programmieren beibringen. Frankfurter Allgemeine Sonntagszeitung, Nr. 17, 27.04.2014, (Wirtschaft)

Schmidt-Tanger, M (2009) Charisma-Coaching: Von der Ausstrahlungskraft zur Anziehungskraft. Junfermann, Paderborn

Schulz von Thun, F (2007) Miteinander reden: Fragen und Antworten. Rowohlt Taschenbuch, Reinbek bei Hamburg
Schulz von Thun, F (2010) Miteinander reden: 1 – Störungen und Klärungen. 48. Auflage. Rowohlt Taschenbuch, Reinbek bei Hamburg
Schulz von Thun, F (2013) Miteinander reden: 3 – Das „Innere Team" und situationsgerechte Kommunikation. 23. Auflage. Rowohlt Taschenbuch, Reinbek bei Hamburg
Schulz von Thun, F (2014) Miteinander reden 1–4: Störungen und Klärungen. Stile, Werte und Persönlichkeitsentwicklung. Das „Innere Team" und situationsgerechte Kommunikation. Fragen und Antworten. Rowohlt Taschenbuch, Reinbek bei Hamburg
Schulz von Thun, F/Ruppel, J/Stratmann, R (2009) Miteinander reden: Kommunikationspsychologie für Führungskräfte. 10. Auflage. Rowohlt Taschenbuch, Reinbek bei Hamburg
Schwarz, A/Schweppe, R (2009) NLP Praxis. 4. Auflage. Südwest, München
Schwinghammer, H (2014) Der neue Taschen-Knigge – Gute Umgangsformen in jeder Lebenslage. 2. Auflage. Mankau, Murnau a. Staffelsee
Stewart, I/Joines, V (2000) Einführung in die Transaktionsanalyse. 12. Auflage. Herder, München
Stopp, U (2007) Praktische Betriebspsychologie. 14. Auflage. Expert, Renningen
Trenkamp, O (2011) Ausgebrannte Studenten – Lost in Perfection. http://www.spiegel.de/unispiegel/studium/ausgebrannte-studenten-lost-in-perfection-a-741692.html. Zugegriffen: 07.02.2015
Trentmann, N (2012) Fünf Dinge, die Sterbende am meisten bedauern. http://www.welt.de/vermischtes/article13851651/Fuenf-Dinge-die-Sterbende-am-meisten-bedauern.html. Zugegriffen: 21.03.2015
Watzlawick, P (2011) Menschliche Kommunikation: Formen, Störungen, Paradoxien. 12. unveränderte Auflage. Hans Huber, Bern
Wiedeking, W (2007) Anders ist besser: Ein Versuch über neue Wege in Wirtschaft und Politik. 6. Auflage. Piper, München
Windhausen, C/Reifferscheidt, B-R (2012) Das flüssige Ich – Führung beginnt mit Selbstführung. Kindle Edition, Books on demand
Wolter, A (2014) Eigendynamik und Irreversibilität der Hochschulexpansion. Die Entwicklung der Beteiligung an Hochschulbildung in Deutschland. http://www.boeckler.de/impuls_2014_07_4-5.pdf. Zugegriffen: 07.02.2015
Zurhorst, E-M (2011) ida – Die Lösung liegt in dir. 4. Auflage. Arkana, München

The manufacturer's authorised representative in the EU is Springer Nature Customer Service Centre GmbH, Europaplatz 3, 69115 Heidelberg, Germany. If you have any concerns regarding our products, please contact ProductSafety@springernature.com

Printed and bound by CPI Group (UK) Ltd, Croydon, CR0 4YY
23/03/2026
02076679-0007